上海出品：1848—2024上海品牌故事

李羚靓 著

上海人民美術出版社

【基金项目】
2019年度上海市"晨光计划"项目,项目编号:19CG78
2022年华东师范大学文化传承创新研究专项项目,批准号:2022ECNU—WHCCYJ-15

Preface
序言

作者是一个土生土长的"90后"上海小囡，同时也是上海老品牌的目标受众之一。她对这些老品牌既熟悉又陌生，熟悉在于它们是其生活环境中的一部分，而陌生则源于一些品牌在她儿时便已不复存在。作者对老品牌的研究，始于国内导师的启蒙，随后，在外国导师的鼓励与支持下，她更加坚定了传承老品牌与文化的决心，于是着手研究并撰写了这部著作。

本书挑选了上海人耳熟能详的10个品牌，并讲述它们诞生至今的故事。作者较为全面而有针对性地考察了上海经典品牌自清末至改革开放这一时期适应、发展、演变的一系列过程，以融合创新的角度，梳理了各品牌在各个变革时代中演化出的生存方式，讲述品牌的进化故事，结合国情抓牢中国品牌历史发展的脉络和特点，更好地帮助读者了解中国品牌发展的规律。书中标题运用了上海方言，使阅读的体验陡然生动起来，沉浸感十足。作者之所以选择上海的品牌，是因为近现代的上海一直是中国发展的革新区。上海，以其独有的魅力，吸引了无数梦想与希望。它见证了时代的更迭，文化的交融，也孕育了无数传奇的品牌故事。那些风起云涌的历史事件，如同鲜明的坐标，标记着这座城市与这些品牌的成长轨迹。从辛亥革命的炮火中，我们看见了民族工业的觉醒，那些土生土长的品牌，在时代的洪流中顽强生长，它们不仅承载着民族的自豪与希望，而且见证了中国人民不屈不挠的精神。当战争的阴霾散去，和平的阳光再次照耀这片土地，人们带着各自的故事与梦想，汇聚在这片繁华之地。他们与上海本土的文化相互融合，共同书写着这座城市多元文化的篇章。上海的，既是中国的，也是世界的。正如罗兹·墨菲（Rhoads Murphey）在《上海——现代中国的钥匙》中所说："上海，连同它在近百年来成长发展的格局，一直是现代中国的缩影。"

要认清品牌发展的道路，必然要先了解品牌本身。品牌的力量，在于它能够构建一种信任机制，使消费者在面对众多选择时，能够基于过去的经验和品牌的承诺，快速做出抉择。在商业社会的语境下，品牌已超越了简单的识别功能，构建了品牌资产中最宝贵的客户信任，成为连接企业与消费者情感的桥梁。企业打造品牌的动力正是来自对商业世界的"马太效应"的追逐，优秀品牌能够获得更多的资源和机会，使消费者产生忠诚度，形成良性循环，进一步巩固和扩大其市场地位。

在经济层面，品牌是企业资产的重要组成部分，它不仅能够提升产品的附加值，还能通过品牌效应吸引消费者，增加市场份额。更重要的是，品牌是企业长期竞争优势的源泉，它代表了企业的创新能力、产品质量和服务水平，是企业持续发展的关键。在文化领域，品牌是文化传承和创新的载体。品牌背后蕴含的故事、价值观和审美观念，通过产品和服务传递给消费者，影响着人们的生活方式和思维习惯。品牌促进文化交流，实现多样性和包容性，成为传播社会价值观、推动社会进步和促进社会和谐的重要力量。品牌同时也体现国家形象和民族精神，能够提升国家的文化软实力和国际影响力。

戴维·A.阿克（David A. Aaker）在《创建强势品牌》中说道："扩展价值主张的范围，不仅包括功能利益，而且包括情感和自我表达利益。"情感表达最终仍回到马斯洛需求层次理论，与人的需求挂钩，品牌满足了哪一层次的需求，自然就能获得相应的品牌地位。适者生存是每个品牌的重大课题，原本拥有良好品牌认知、形象、口碑的品牌都不可避免地会出现低谷，需要从更多维度、更高层次进行价值创新，真正提升品牌附加价值。

上海对品牌的发展尤为重视。近年来，上海不断在品牌建设方面做加法。早在10年前，上海便发布了《上海市推进品牌经济发展专项支持实施细则》，并每隔几年进行更新。2020年，上海发布了《〈上海市重点商标保护名录〉管理办法》，落实上海扩大开放重大举措，推进"四大品牌"建设，进一步加强商标行政保护，提高执法监管效能，打造国际知识产权保护高地。同年，上海发布了《关于加强质量品牌建设、推动高质量发展的指导意见》，覆盖中小品牌激励、孵化到老字号品牌保护23项举措，包含打造100项获得"上海品牌"认证的产品和服务、主导制定100项国际标准、树立100家政府质量奖标杆，形成一批国际竞争力强、品牌价值高的企业和品牌。从2023年开始，上海发布了《上海市加强消费市场创新扩大消费的若干措施》以及相关后续政策，为品牌发展提供合适的经济环境。在2024年"中国品牌日"活动上，中共上海市委书记陈吉宁表示，上海品牌的竞争力和影响力是"五个中心"建设的重要内容。上海将一以贯之打响"四大品牌"，着力推动品牌提质升级，持续优化品牌发展环境，更好服务品牌扬帆出海，推动品牌建设不断取得新突破，顺应产业升级、消费升级、市场升级趋势，大力支持新技术、新模式、新业态，加快发展新质生产力，让更多品牌脱颖而出。为此，上海市政府印发了《上海市建设国际消费中心城市实施方案》，提出加快消费提质扩容，吸引高端消费回流，全面提升上海国际知名度。上海对老品牌支持力度空前：不但高度重视品牌的文化传承，增强品牌的文化底蕴和情感价值，也鼓励老品牌拥抱新技术、新业态，推动老字号品牌与现代科技、新兴消费模式的融合，通过数字化转型、跨界合作等方式，让传统品牌焕发新生。此外，上海通过政策支持、平台建设、国际合作等多种方式，构建开放包容的品牌生态环境，为品牌提供成长的沃土。在国际化方面，上海通过更新城市宣传片、编制《上海年度城市探索手册》

以及社交媒体宣传推动品牌"走出去",参与国际竞争,提升中国品牌的全球影响力。

品牌精神是品牌经营的底色,是品牌主张的依托所在;质量是品牌发展的基石,是消费者对产品和服务建立信任的前提;创新是品牌发展的动力,是品牌生命力的源泉;文化是品牌发展的精髓,赋予品牌鲜活的个性;国际化是品牌发展的通道,能够提高我国品牌形象。品牌凝聚着追求卓越的理念、坚守信誉的承诺、持续创新的精神和文化积淀的传承。如今依旧活跃在我们视野中的老品牌,呈现出股权改革、线上经营、跨界合作、体验为王的四大特点。

过去,我们以产品品类为基础整理老品牌史料,从各个渠道了解品牌信息,分析品牌视觉设计、产品设计的创新性,内容零散、碎片化。现在,我们对老品牌的"融合式创新"这一薄弱环节进行研究,力求更加系统性、更有针对性地挖掘老品牌在不同时代背景下进行传承、融合与创新的案例。未来,我们将着力推动品牌学发展,加强本土品牌、海派文化复兴,为下一阶段品牌更新与创新研究奠定基础。

黎音

EUCA 优迦文化首席顾问 /CEO

奥美原广告创意总监、董事会成员

(我国第一位在国际 4A 担任创意总监的专业人士)

2010 年上海世博会品牌管理总监

教育部职业院校艺术设计类专业教学指导委员会平面视觉顾问委员会首席顾问

Foreword
前言

本书选择上海的 10 个经典品牌，其中有土生土长品牌、外地迁沪品牌、外资改制品牌，类别涵盖食品、化妆品、穿戴用品、日用品等，围绕品牌背景、品牌主要事件、品牌形象与视觉设计、品牌跨界与延伸等方面，结合当时的文化、经济、社会、政治、受众群体特征与心理等内容，让读者了解上海品牌从传承到融合式创新的转变及其背后的意义。

总体来说，"中华老字号"（China Time-honored Brand）始终面临困境。中华人民共和国成立初期中国有 16 000 余家，然而，目前商务部认证的"中华老字号"仅有 1128 家。虽然"中华老字号"正面向年轻用户，也收获了一定效果，但平均购买转化率仅为 34%，新生代对客源的补充仍不能弥补老客户的流失，且从年龄维度上，不同代际的消费者显示出明显的消费区隔。我们现在缺乏的不是故事，而是讲好故事的能力。

自洋务运动起，中国正式开始了现代化的尝试，品牌观念伴随工业和贸易发展开始起步。上海诞生或孵化了中国最多的"中华老字号"，共有 180 家之多，目前约占到总数的 16%。2018 年阿里巴巴的《中华老字号品牌发展指数》中 Top100 榜单中，上海的"中华老字号"也占到了 20 个，名列地区榜第一。江海通津、华洋杂处的沪上贸易环境促进了食品、化妆品、穿戴用品、日用品等老品牌的诞生，又吸引了一大批创立于各省市的品牌"迁徙"至上海，发展并成名于此。可以说上海的老品牌是在竞争最激烈、交流最充分的环境中成长起来的，这种发展兼容了大江南北文化，弥合了中西差异，是最值得借鉴的中国品牌发展历史。书中的 10 个知名品牌选自上海的食品、化妆品、穿戴用品、日用品行业，它们历经多个时代经营延续至今或被重新启用，是上海乃至中国老品牌中的佼佼者。

上海品牌的诞生源自人们对新生活的渴望——不过当你不知道如何开启"新"生活时，你便需要创"新"。当不断涌入的洋文化与上海本土文化近距离共存时，它们杂糅到一起，中西融合、新旧交替，这样，一种融合式的创新应运而生。可以说上海老品牌的血液中原本就有创新的基因，而这种基因在现在的变革浪潮中再次成为品牌化的基础。晚清时期国货运动与民族品牌崛起，民国时期中西与新旧的融合与创新，改革开放时期本土品牌现代化，新时代本土品牌跨界与联名……老品牌犹如努力适应环境并寻找阳光的幼苗，努力吸引一代代新的消费群体。我们观察老品牌现状，关心老品牌发展，也同样是为了以史为鉴，为众多中国新品牌提供有效发展建议，规避可预见的风险，来面对更大的市场竞争。金融风暴、竞争对手的阻挠没能遏制中国的崛起，也无法阻碍中国进步。审视自我、回望过去，是因为河中再无可摸的石头，所以，我们要依靠自己的力量继续前行，突破自我，完成中国的产业转型，将中国制造升级为中国创造，打造"中国品牌"。

目录
CONTENTS

食品品牌

13　"含个"大白兔
　　"七颗大白兔等于一杯牛奶"（创始于1943年）

39　"喝个"正广和
　　宝瓶倾水而出，广和恩泽于民（创始于1864年）

63　"品个"杏花楼
　　杏花枝头粤香飘，百年美味展新貌（创始于1851年）

日化品牌

83　"涂个"双妹
　　海派名媛，盛装归来（创始于1898年）

119　"喷个"六神
　　夏日里的绿色帝国，传统与现代的融合（创始于1907年）

135　"搨个"百雀羚
　　声名"雀"起，东方之美（创始于1931年）

穿戴品牌

159 "着个"回力
回眸初创，领跑时尚（创始于 1927 年）

177 "戴个"老凤祥
中国的"老凤祥"，世界的"金凤凰"（创始于 1848 年）

其他品牌

191 "踏个"永久
脚踏未来，骑行永久（创始于 1940 年）

215 "亮个"亚浦耳
创新自强，神州之光（创始于 1921 年）

232 参考书目

食品品牌

"含个[1]"大白兔
"七颗大白兔等于一杯牛奶"
（创始于1943年）

---

[1] "个"字在沪语中拼音"hhek1"或"hhak1"，助词，同"的"。该拼音参考了钱乃荣教授的著作《上海话大词典》。
钱乃荣：《上海话大词典》，上海辞书出版社，2018，第443页。

品牌主要事件

1943年,"大白兔"奶糖的前身——上海爱皮西糖果饼干厂的老板品尝了英国制造的牛奶糖后,邀请沪上著名的制糖大师刘义清研发出"ABC米老鼠糖"。

1954年,在公私合营的风潮中,ABC糖果厂被收归国有,改名为"上海爱民糖果饼干厂",主要产品为"米老鼠奶糖"。

1956年,厂名改为"上海爱民糖果厂"。为符合新中国新市场,商标尝试改为"三喜"牌和"光明"牌,但均无法复制"米老鼠奶糖"的辉煌。历经大半年,"大白兔"最终成为奶糖包装的主形象,并一夜爆红。

1959年,"大白兔"奶糖作为中华人民共和国成立10周年的献礼产品出现在全国人民的眼前。

1972年,"大白兔"奶糖作为国礼被赠送给来华访问的美国总统尼克松,从此开启了"大白兔"的海外市场。

1976年,上海爱民糖果厂并入冠生园食品厂,"大白兔"挂上了"冠生园"的商标。

1979年,"大白兔"荣获国家银质奖。

1985年,"大白兔"打响商标保卫战,冠生园迅速为"大白兔"注册了商标,让"大白兔"商标拥有"家族商标群",组成了一个"立体防御体系"。

1993年,"大白兔"商标被认定为首批中国驰名商标。

1996年,在上海市经济委员会和上海市轻工控股公司的直接关注和支持下,经谈判和磋商,上海3家冠生园终于统一字号,求同存异地走到了一起,实现了冠生园的大集合,组建冠生园集团上海有限公司。

2002年,"大白兔"奶糖生产线实现全自动改造。

2006年,"大白兔"奶糖申请了4个发明专利,这4个专利是冠生园立足传统、创新生产工艺的结晶。

2009年,"大白兔"品牌诞生50周年。"大白兔"糖果获"品牌食品博览会"金奖。

2011年,注册商标"大白兔"被中华人民共和国商务部授予"中华老字号"称号。

2012年,"冠生园""大白兔"两大品牌首次入选上海市自主品牌发展试点。上海冠生园食品有限公司被光明食品集团梅林正广和股份有限公司收购。

2013年,"大白兔"开启体验式销售模式。

2014年2月,为庆祝冠生园100年诞辰,冠生园推出"大白兔100"系列奶糖。

最早叫"ABC 米老鼠糖"

20 世纪二三十年代的食品加工业,受西方工业理念的影响,逐渐摆脱了传统的以家庭为单位的作坊式的手工业生产。食品加工业的分工细化和生产机械化,使得生产规模不断扩大,催生了一批具有工业化生产能力的食品加工厂。

1937 年,抗日战争全面爆发,国内经济倒退,糖果原料匮乏,生产停滞。1941 年太平洋战争爆发后,食品进口也中断了。然而在恶劣的环境中,上海多家食品厂凭借良好的商业意识、经济基础、工业基础等优势,将现代西方产品融入中国本土需求,创造出新的产品填补市场空白。在这一时期,有多家生产替代进口产品的小型糖果、饼干、面包、乳品、香精等食品厂崛起了。由于糖果生产投资少,生产简易,糖果厂在此时期一度繁荣。据不完全统计,20 世纪二三十年代的上海已有 200 多家糖果厂。上海成为中国糖果行业的发祥地。

1943 年,资源匮乏,上海商人冯伯镛在此大背景下品尝到了永安公司代理的英国进口鸟结糖,品尝后回味无穷、意犹未尽。如此美味激发了他仿制的念头,并随即邀请制糖高手刘义清研究其原材料。在此过程中,他们不断摸索配方比例,创新研发出的奶糖比鸟结糖奶香更浓,咬劲更韧,又不粘牙,可谓青出于蓝而胜于蓝。1928 年,世界上第一部有声动画——以米老鼠为主角的《汽船威利》(Steamboat Willie)在美国热映,圈粉无数。30 年代,米老鼠登陆上海,掀起一股热潮。《良友》《滑稽画报》和《滑稽世界》等多家杂志宣传米老鼠,鲁迅、林语堂、张爱玲等多位文人为其撰文。于是,冯伯镛提议把米老鼠形象印在自己生产的糖果纸上,并取名为"ABC 米老鼠糖"。

彼时上海已沦陷,原材料只能依靠进口,再加上冯伯镛的 ABC 糖果厂只有一条生产线,高生产成本导致奶糖的高售价。普通家庭一个月的收入是两块大洋,而一包"ABC 米老鼠糖"售价是四分之一块大洋。虽然许多普通家庭只能望"糖"兴叹,但不妨碍"ABC 米老鼠糖"因其纯正的牛奶口味、比进口奶糖便宜的售价、时尚的外观而成为优秀的"洋糖中做"的产品。

抗战胜利后,"ABC 米老鼠糖"因米老鼠形象深入人心,加上 ABC 糖果厂的大力推广,一举取代洋货,成为民族食品工业的标志性产品。

"米老鼠"一夜消失,"大白兔"一跃成国礼

1954 年是具有重要历史转折意义的一年,在当时工商业最为集中的上海,私营工业企业纷纷开展公私合营。此次公私合营,是中华人民共和国成立后进行的第一次大规模、成

批量的私有企业制度变革。作为此后不久的全国范围内全行业公私合营高潮的前奏，公私合营是配合第一个五年计划的"由资转社"过渡措施。上海在1954年总共实现扩展公私合营工业企业166户，全国各省市扩展公私合营工业企业622户，上海约占全国扩展公私合营工业企业数的1/5。这166户公私合营企业数虽然只占上海全市私营大型工业企业5745户的2.89%，但职工人数已占17.93%，工资占20.03%，年生产总值占20.22%，大致上亦已达到1/5的比重。在公私合营的风潮中，ABC糖果厂被收归国有，改名为"上海爱民糖果饼干厂"，1956年又改称"上海爱民糖果厂"，主要产品依然为"ABC米老鼠糖"。不过因为米老鼠的卡通形象来自美国，而当时美国对我国实行孤立的外交政策，同时又因为老鼠是"四害"之一，所以上海爱民糖果厂决定弃用米老鼠的外观包装。

更换了包装的奶糖令消费者感到陌生，知名度不高，甚至令人怀疑是否假冒，购买者数量大不如前。此举最终让奶糖的销售一落千丈，上海爱民糖果厂蒙受了巨大的损失。于是，上海爱民糖果厂进行了一系列的尝试，如将奶糖换上"三喜"牌糖纸包装，去掉商标，借用"光明"牌商标等，但都赢不回市场，经营一蹶不振。奶糖包装对销售的巨大影响是企业始料未及的，自此，上海爱民糖果厂开始注重品牌形象。

1956年，上海爱民糖果厂将设计重任交给了厂内美工组——十几平方米空间内窝着3个画师的非核心部门。历经厂领导和美工组多次讨论，糖果厂选用中国传统文化中代表长寿、祥瑞的"兔子"，结合新中国的红色基因，设计了"大红兔"作为包装形象。不过，这个方案短暂实施后，糖果厂经理冯伯镛又将方案交托一位徐姓自由设计师微调。历经数月后，"大红兔"形象被改成了更无害、可爱的"大白兔"。从这时开始，上海爱民糖果厂的销售业绩奇迹般飙升，日销量由300斤涨到2000斤，这也让糖果厂自此敲定了"大白兔"这个形象，为奶糖的再次辉煌奠定了基础。直到1959年，"大白兔"奶糖作为中华人民共和国成立10周年的献礼产品出现在全国人民的眼前（见图1）。

在20世纪60年代初，"大白兔"奶糖超前地甚至可以算是夸大地使用"七颗大白兔等于一杯牛奶"的广告语进行传播，牢牢抓住了当时人们渴望获取营养的心理，使得"大白兔"奶糖一时间成为馈赠病友、帮助儿童成长的佳品，几乎得到所有人的喜爱。当时上海南京路的上海第一食品商店、淮海路的上海第二食品商店门前购买"大白兔"奶糖的顾客常常大排长龙。排队中也发生了很多的趣事，如据《档案之上海的甜蜜往事：大白兔的故事》记载，由于当时"大白兔"奶糖产量低，所以往往搭配其他糖果作为什锦糖售卖。

图 1 "大白兔"奶糖品牌形象

    消费者买什锦糖的时候都希望"大白兔"奶糖多一点,其他糖果少一点。小朋友吃什锦糖时,肯定会先挑其中的"大白兔"奶糖。为了满足顾客的需要,公司紧急增加了几条生产线,"大白兔"奶糖的产量从每天的 1600 斤提升到 4000 多斤。

    1971 年 2 月 8 日,中国粮油食品进出口公司上海市食品分公司革命委员会向上海市食品工业公司革委会上报《关于爱民糖果厂大白兔奶糖对外供不应求事》,其中提到上海爱民糖果厂的"大白兔"奶糖尤其畅销,对抵制外货起到一定作用。1965—1970 年,"大白兔"奶糖销量大,且远销国外,但由于工厂生产限制,对外只能成为限额分配商品。经调研发现,上海爱民糖果厂从 1965 至 1970 年生产出口糖果总量及"大白兔"奶糖出口数量为:1965 年全年生产出口糖果 185 吨,"大白兔"奶糖生产出口糖果 57 吨(占全年生产出口糖果总量的 30.8%);1966 年生产出口糖果 234 吨,"大白兔"奶糖生产出口糖果 111 吨(占全年的 47.4%);1967 年生产出口糖果 392 吨,"大白兔"奶糖生产出口糖果 155 吨(占全年的 39.5%);1968 年生产出口糖果 574 吨,"大白兔"奶糖生产出口糖果 244 吨(占全年的 42.5%);1969 年生产出口糖果 548 吨,"大白兔"奶糖生产出口糖果 330 吨(占全年的 60.2%);1970 年生产出口糖果 593 吨,"大白兔"奶糖生产出口糖果 360 吨(占全年的 60.7%)。"大白兔"奶糖出口量五年间翻了六倍,占全国出口糖果总量的比例翻了一倍。上海爱民糖果厂不能满足外国客户需求,突出表现在 1968—1970 年。"大白兔"奶糖的要货数量上升,糖果厂除了限额分配外,常常只能答复"暂无货供"或"改供××糖",

而客户表示"大白兔"奶糖是畅销品种，要以畅销带滞销品种，要求糖果厂供货。有的客户在电报上连写两个"谢"字。总之，"大白兔"奶糖很畅销，但供不应求。春节交不上货的预计有 1500 箱，共 65 吨左右，不能节前出口，客户意见很大，国外也有模仿。1971年每月生产出口糖果 50 吨左右，节日只有 40 吨左右，但需要完成 65 吨至 70 吨。

1972 年，周恩来总理与美国总统尼克松在上海签署《中美联合公报》。美国总统尼克松的随行人员先行来到上海，觉得"大白兔"奶糖非常好吃，就推荐给了尼克松。尼克松表达了喜爱后，周恩来总理当即批示将"大白兔"奶糖作为礼物送给尼克松。根据中国外交家章含之回忆，当时上海的接待人员偶然发现在美国代表黑格一行居住的宾馆内，中方为他们准备的"大白兔"奶糖竟然所剩无几，这一幕让中国外交部工作人员心中一喜，立即汇报给上级。于是，当天晚上周恩来总理来电话传达毛泽东主席的指示，要给每位美国的随行人员送十斤糖果。[1] 然而，在当时的情况下，中国根本没有那么多现成的糖果可在第二天中午之前送给美方代表。上海爱民糖果厂接到指示后，连夜把糖果厂的职工召回工厂。上海市劳动模范、上海爱民糖果厂原包糖工人陆秀琴对这段往事仍记忆犹新，厂里收到上级的指示后，马上开工。上中班的人留下来，但人手不够，厂里再打电话通知其他人来加班加点，生产了大概几千斤糖果送给美方代表，而且周恩来总理特意嘱咐'大白兔'奶糖要做得软一点。上海爱民糖果厂终于在第二天早晨将 500 多斤"大白兔"奶糖送到黑格一行的手中。这些糖果也将中国人民的友好愿望传递给了美国朋友。等到尼克松正式访华，周恩来总理又特别指示再加紧生产一批"大白兔"奶糖。自此，"大白兔"奶糖开始走向世界，兔子作为西方复活节的象征物之一，听装"大白兔"奶糖也成了美国人民复活节喜欢购买的礼品。

自 1966 年开始，随着许多糖果小作坊的合并，生产能力得到了提升，上海生产的糖果出口品种迅速增加到 100 余种，销往 31 个国家和地区。据《上海对外经济贸易志》记载，从 1950—1995 年共出口糖果 10.99 万吨，创汇 1.19 亿美元。其中，1983 年中国糖果出口 7597.14 吨，创汇 926.94 万美元，为糖果出口最高年。其中的明星产品——"大白兔"奶糖外销美国、加拿大、日本、丹麦、德国、马来西亚等 50 多个国家和地区，当时的"大白兔"奶糖、奶油话梅糖为畅销商品。历年来外销"大白兔"奶糖占总产量的 30% 左右。"大白兔"奶糖原由上海爱民糖果厂生产，1976 年并入冠生园食品厂后，因冠生园的大力支持，

---

[1] 参见上海纪实频道《档案》栏目推出的《上海甜蜜往事：大白兔奶糖的故事》纪录片，22 分钟时长，7 分 54 秒，2014 年 11 月。

生产规模大大提升，当年糖果出口由 200 箱扩增到 20000 箱，即 400 吨。1981 年糖果出口 1431 吨，创汇 183 万美元；1992 年达到 2453 吨，创汇 372 万美元，20 世纪 80 年代增长 71.42%。"大白兔"奶糖在 1979 年、1984 年和 1989 年连续三次被评为国家优质产品银质奖。截至 2006 年，"大白兔"奶糖累计销售 60 亿元，成为全世界奶糖累计销售额最多的单品。据美国华人讲述，改革开放之前，在美国超市内仅能见到两样来自中国大陆的产品，其中之一就是"大白兔"奶糖。

吃亏后重视商标保护

早在 1923 年 5 月北洋政府就颁布了《商标法》，其中规定：专用商标必须经过注册才具有效力；商标权的取得，以先使用先注册为原则，如不能区分使用之先后，商标权归先注册者所有；商标专用权自注册之日起生效，有效期为 20 年，并可延期 20 年。1930 年 5 月 6 日，南京国民政府以北洋政府的《商标法》为蓝本，制定颁布了《商标法》，与北洋政府的《商标法》大同小异，后在 1934 年 8 月微调。1950 年，中央人民政府出台了《商标注册暂行条例》以及《商标注册暂行条例实施细则》，至 1950 年年底，全国新注册申请商标共有 2651 只，其中上海申请注册商标数为 2000 只，占总数的 75.4%。1983 年 3 月 1 日，我国颁布了《中华人民共和国商标法》，这是中华人民共和国成立之后制定的第一部保护知识产权的法律，确立了对商标的专用权保护，在立法宗旨中强调保护注册商标专用权，并以此为中心规定了商标注册、商标管理、商标侵权等各项制度。但是不论是早前的"米老鼠"还是后来的"大白兔"都从未重视商标和知识产权，并未及时注册，以致在经营 40 年后尝到了苦果。

1983 年，来自广州的一家糖果厂到冠生园取经，习得了奶糖生产技艺，并注册了牵着三个气球的"米老鼠奶糖"商标——这时冠生园已经不再使用"米老鼠"商标形象。后来这个商标又以 4 万美元的低价被卖给迪士尼公司。虽然当时的冠生园确实已不再使用"米老鼠"商标，但是更严重的问题是，"大白兔"商标当时也未注册。1985 年，"大白兔"奶糖因此而暂停生产。以当时社会的认知，商标注册已经是非常常见的经营操作之一，连广州小厂都十分在意，而冠生园和"大白兔"却毫不在意，若不亡羊补牢，连"大白兔"的商标也将付诸东流。总结了经验，认识到不足，冠生园意识到了品牌的重要性，立即着手对"大白兔"进行品牌权益保护,成立"打假部"赴全国各地打假维权,并且更要"抢滩"。当时全国已有众多"李鬼"奶糖,冠生园先后注册了近60个不同名的"兔子",有大白兔、大灰兔、大花兔、大黑兔、小白兔、金兔、银兔等等,还将"大白兔"奶糖的包装作为8种商标进行了注册。据统计,冠生园在国内注册商标共524件,在国外50多个国家和地区注册各类商标共270余件,包装纸的各个部位都被法律保护。这些保护性注册商标,极大程度防住了各种"李鬼"的碰瓷行为,有效地保护了"大白兔"商标,让"大白兔"这个品牌发展得更为顺利。"大白兔"的商标注册值得所有中国品牌引以为戒:"大白兔"奶糖在蒙受伤害之时,针对抄袭者的惯用伎俩,注册多个类似商标杜绝仿冒,是一个现代化企业的优秀操作,这杜绝了后患,为"大白兔"的永续经营提供了有力保障,是对经典的经营管理模式的融合创新。

"大白兔"注重工艺提升

上海的区县专业志《徐汇之最》中提及,"大白兔"奶糖长期出口海外,占上海市全部糖果出口量的40%。不过这仍不是"大白兔"品牌的目标。让全世界的更多人品尝中国味道——"大白兔"奶糖,才是这个老品牌的终极梦想。虽然自爱民糖果厂并入冠生园食品厂后,"大白兔"奶糖从原来的日产1吨增至4吨以上,但由于"大白兔"奶糖使用半手工作坊式的生产工艺,至21世纪初已不能再提升并满足大规模的生产和需求,新的生产革命迫在眉睫。

《上海市国民经济和社会发展第十个五年计划纲要》的第三章"经济发展"中提及:"鼓励企业加快对传统工业的改造,积极提升有市场前景、有品牌优势的传统工业。支持企业运用先进制造技术、信息技术和生物技术,加快造船、轻工、纺织、食品等传统工业升级改造。"[1] 年迈的"大白兔"为了跟上时代的步伐,由负责人亲自带上原料远赴德国,尝试使用先进生产线进行试产。虽然先进的生产设备与"大白兔"生产工艺不甚符合,一开始没法完成试产,但是"大白兔"没有气馁,最终凭借长时间的努力,将"大白兔"的工艺融合进先进德国生产线,并且不但保留了传统的经典口味和奶糖特色,而且实现了"四化"生产线,即"喂料智能化、充气自动化、拉白独特化、清洗封闭化"。"大白兔"奶

---

1 上海市人民政府:《上海市国民经济和社会发展第十个五年计划纲要》,《政府公报》,2001年第9期。

糖在利用新的生产线提高生产效率和糖果品质的同时，还研发了新口味：花生牛轧糖、话梅糖等。2011年，"大白兔"奶糖突破生产瓶颈，销量同比增长30%，再创历史新高。

"大白兔"长出多只脚

"大白兔"奶糖从单一品牌架构向联合品牌架构转变的做法让日常经营更稳定、安全。"大白兔"奶糖的品牌架构、产品结构是整个品牌战略中非常关键的一环（见图2）。

1956年公私合营期间，"大白兔"的品牌结构单一，以"大白兔"为品牌名称生产以奶糖为主的各类产品。那个时期，"米老鼠"奶糖正向"大白兔"奶糖转变，"大白兔"的统一形象，让产品具有强烈的识别性，给消费者留下深刻的印象，提高了糖果厂和品牌的信誉及知名度。这一时期，"大白兔"品牌的产量不高，而且还定点、定量供应。统一的品牌名、品牌形象便于传播识别，大大节省了广告等费用，减少了糖果厂经营品牌的总开支。在没有广告的年代，商店门口挂着一块写有"本店有'大白兔'奶糖卖"的牌子，就是最有力的广告。过年时，送礼就送"大白兔"奶糖；结婚时，要托关系买"大白兔"奶糖；恋爱时，心意也要用"大白兔"奶糖来表达。用原上海爱民糖果厂车间主任姚锡麟老先生的话来说："没有'大白兔'奶糖就差了。"

2002年，"大白兔"奶糖初步转型，引入主副品牌架构，从功能贩卖到情感贩卖，更换配方、包装、口味、产品，推出"大白兔"天山话梅糖与"大白兔"百花花生牛轧糖。2004年，"大白兔"品牌在央视广告黄金时段投放广告，借助媒体平台唤醒大众对"大白兔"奶糖的记忆。2009年，"大白兔"品牌将广告词改为"快乐分享"，"大白兔"奶糖正式拉开情感体验式营销的序幕。"大白兔"奶糖的良好品牌形象是企业的无形资产，它可以成为副品牌强有力的支撑。"大白兔"天山话梅糖、"大白兔"百花花生牛轧糖将享有盛誉的"大白兔"奶糖主品牌效应延伸过来，一方面节省了广告宣传开支，一方面能使新产品显示出不同的特色，使各个品牌保持相对的独立性。

2018年，"大白兔"品牌正式向联合品牌架构转型，与美加净联合推出润唇膏，变身"新晋网红"。"大白兔"品牌与年轻消费群体喜欢的品牌有效协作、联盟，相互借势，以此提高品牌市场的影响力与接受度。品牌联合所产生的传播效应是整体远远大于个体。

跨界营销模式从以产品为中心转变为以用户为中心，与消费者建立了全新的连接点，给品牌带来纵深感和立体感。任何一个成功的品牌，必然是强化了某种产品素质，并深深得到了消费者认可，体现了消费者自身的特质，甚至是投射了消费者的某种向往。"大白兔"

Brand Architecture

品牌架构

联合品牌架构
跨界合作美加净联合推出润唇膏
以此为契机正式向联合品牌架构转变

2018

2002

单一品牌架构
以"大白兔"品牌名称生产
以奶糖为主的各类产品

主副品牌架构
推出"大白兔"天山话梅糖、"大白兔"百花花生牛轧糖
引入主副品牌架构

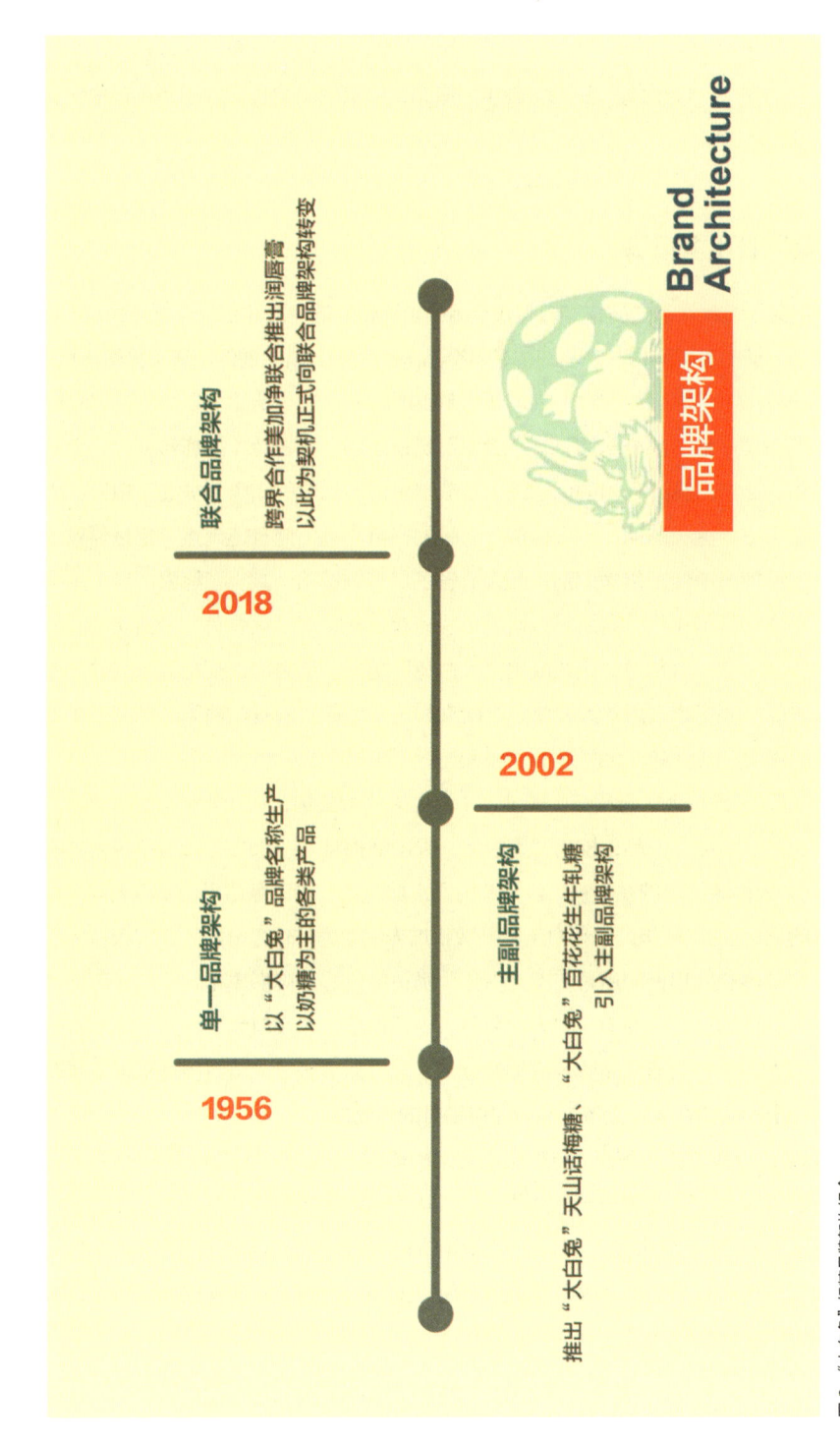

1956

图 2 "大白兔"奶糖品牌架构组合

的品牌优势原本是产品质量和口味，特别是在物资匮乏时代，"大白兔"品牌满足了消费者对精致生活的追求。时至今日，"大白兔"奶糖的质量仍然过硬，能够吸引新的消费者，如"90后""95后""00后"，而对年龄渐长的忠实拥趸，更是增加了一份怀旧的情感。

"大白兔"奶糖频繁跨界，在稳固品牌已有消费群体的同时，迎合品牌的新消费群体，从而提升品牌知名度，扩大品牌影响，让老品牌年轻化。"90后""00后"听到这个品牌时，往往感到陌生，因此，用创意、创新和与年轻人亲近的新方式进行营销是必须的。

"大白兔"奶糖与上海家化美加净携手推出奶糖味润唇膏，激起消费者心中埋藏已久的回忆，瞬间销售一空，成为"网红"产品。之后，"大白兔"奶糖与快乐柠檬跨界合作"大白兔"奶茶店，又与美国冰激凌店Wanderlust Creamery合作推出中国新年款"大白兔"奶糖味冰激凌。"不安分"的"大白兔"一跃跨到时尚界，联合太平鸟乐町推出"大白兔"系列服装；联合国内品牌Laber Three（无中文名），运用"大白兔"的Logo、特有的红白蓝配色及元素走起了T台，推出"大白兔"糖纸系列女鞋，怀旧的同时回忆儿时的快乐；香氛品牌气味图书馆与"大白兔"奶糖联名推出快乐童年香氛系列产品；2022年，"大白兔"与时尚品牌蔻驰（Coach）合作推出"大白兔"系列手袋和服饰系列，携手走进第五届中国国际进口博览会（见图3）。

"大白兔"的品牌跨界营销形式多样，种类丰富，已能够将主流形式统统涵盖在内，积累了许多前沿实践经验。盘点各种营销形式，如需制造印象深刻的营销效果，往往需要真正的新产品，而不仅仅是"经典款"。产品的研发力度是至关重要的，可算是未来发展策略中最重要的一环。以短期的"话题感"快速吸引年轻一代，能够提高品牌知名度，达到宣传的效果。同时，选择跨界合作对象也至关重要。

综观"大白兔"品牌的营销与宣传方式，可以看出它对品牌年轻化的迫切追求。对一个传统品牌而言，年轻化只是一种手段，一只脚的"大白兔"长出多只脚，从单一品牌架构变为联合品牌架构，其最终的目的是重新树立品牌。消费者对"大白兔"的形象认知已从"有文化、老字号、可信赖、老品牌"逐渐走向"经典的、时尚的、活跃的"。

目前"大白兔"奶糖的产品组合长度约有60个产品，产品组合宽度共有6条产品线，奶糖类以及奶糖礼盒产品多达48种，其余类型产品种类较少。奶糖产品数量多，但实际不同的口味仅有9种，其余多为包装规格与包装风格的差异（见图4）。

作为国内糖果品牌中的中流砥柱，"大白兔"奶糖当然也为糖果行业趋势所左右。据《2016年中国糖果行业现状分析与发展前景研究报告》的数据显示，糖果在全世界的人均消费量在每年3公斤左右，而我国的消费量仅有0.7公斤，因此我国的糖果市场仍具有巨大的发展潜力。产品的质量本身固然重要，但是品牌附加值、品牌内涵以及品牌体验才是

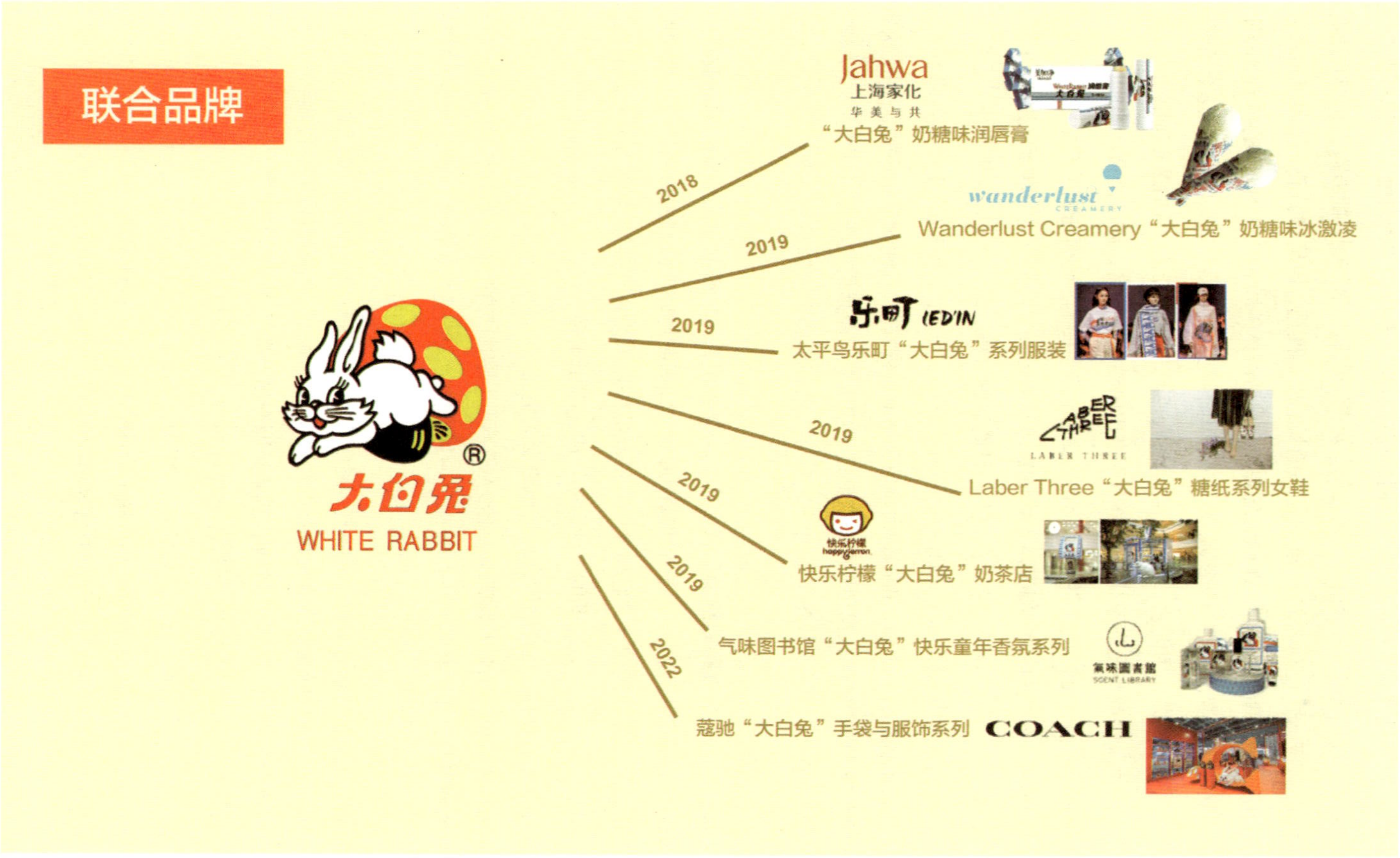

图3 "大白兔"奶糖联合品牌架构

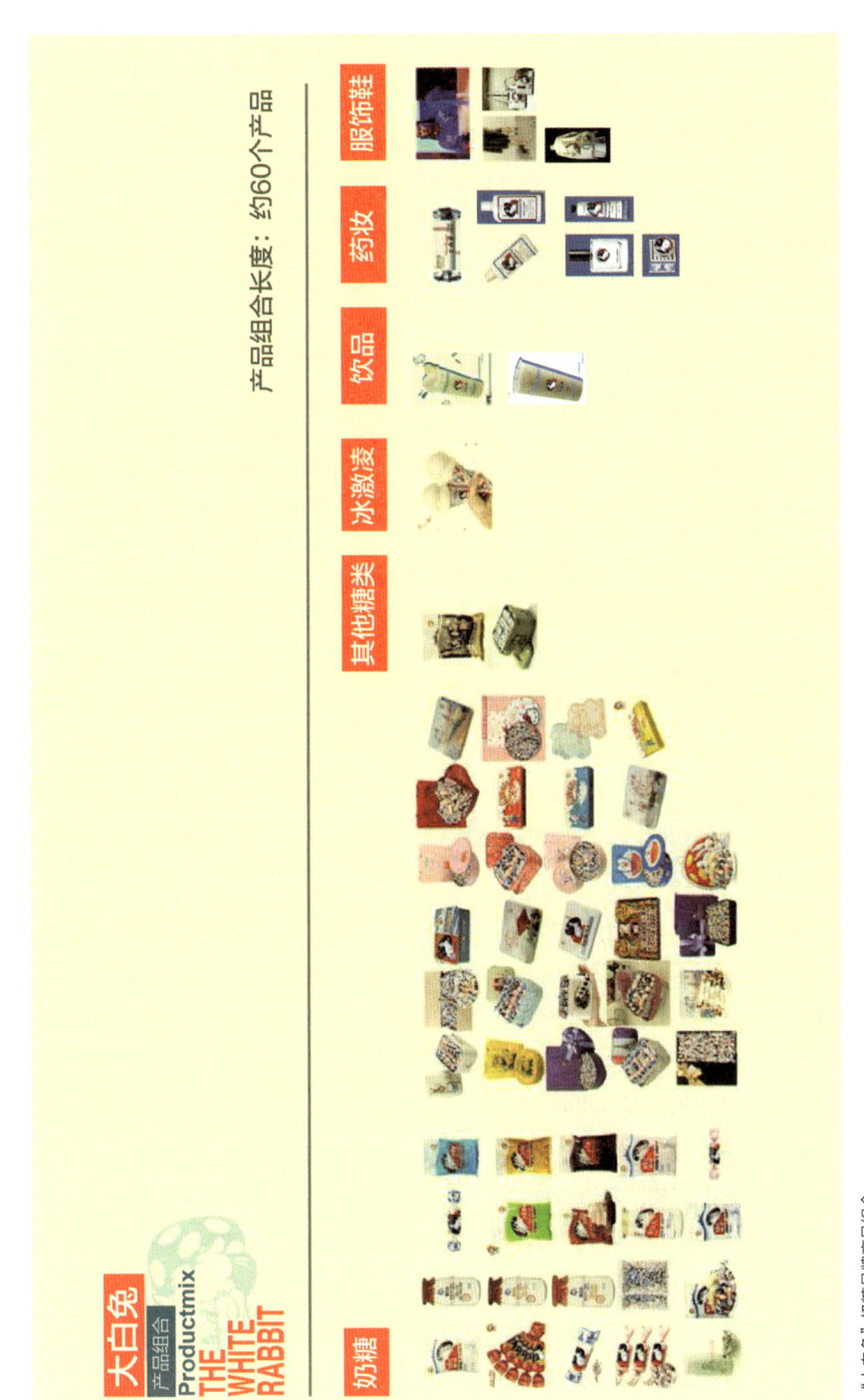

图 4 "大白兔"奶糖品牌产品组合

现今能够改变"游戏规则"的撒手锏。糖果行业进入了品牌竞争时代，糖果行业集中度不断提升，功能化、高端化、细分化将成为行业竞争热点，为此，企业必须加固原有销售渠道，同时开辟新的营销途径。

根据产业和市场的发展现状，坐拥上海开放、宽松、新潮的商业环境，"大白兔"奶糖频繁跨界，让这个上海老字号重获生机。在稳固品牌已有消费群体的同时，"大白兔"奶糖迎合新消费群体，从而提升品牌知名度，扩大品牌影响，让老品牌年轻化。

包装变，变，变！

20世纪二三十年代，食品卫生、科学饮食的观念的转变促进了糖果包装等食品消费细节的改进。裸糖、散装糖逐渐发展到带有独立包装的糖果，使得糖果成为方便携带的休闲食品，可自用，也可分享，随时随地可以享用，非常便利，因而格外受到消费者青睐。从裸糖发展到带有包装的糖果，包装设计成了拉动食品消费的重要组成部分。于是各糖果厂商都开始注重包装设计。最初，为追求洋气、吸引消费者，当时的包装一般使用西洋画的透视方法、华丽的美术字和醒目的配色等西式元素，如小天使等元素，提升糖果饼干的外在魅力。随后糖纸的设计也融合了中国本土风格，从西方绘画的几何图案逐渐变化，加入了东方文化的元素，如汉字、牡丹花等图案，英文商标和亮色是20世纪二三十年代糖纸的特色。造型精美、高档大方、洁净典雅、卫生安全的理念，也成为糖果包装设计追求的境界（见图5）。

20世纪40年代初，上海私营糖果厂竞争激烈，消费者的口味和市场的导向逼迫厂商注重糖纸设计，厂商甚至不惜重金聘请画手或著名画家来描绘糖纸，以迎合消费者的审美需求。那时期出现了大量以动植物命名的糖果，用美好可爱、有象征意义或隐含经营者对事业的期望的事物命名的名称，能建立与竞争品牌的差异性，并在消费者心中树立特有的品牌形象。如米老鼠在当时的上海滩备受喜爱，特别是在孩子中风靡一时，很多商家便利用此红色米老鼠卡通形象来做生意。如ABC糖果厂的"米老鼠"糖纸用的就是动画片《汽船威利》的主角米奇和米妮的形象。糖纸设计中，上下形成辅以装饰味较浓的西文花体字MICKEY MOUSE ROLLS与中文相呼应。文字以两只米老鼠为轴中心置于两侧，并用米黄色作为糖果名称、品牌形象的主色调。

中华人民共和国成立后，为配合中国老百姓迎接新生活的心态和对喜事的向往，已完成更名的上海爱民糖果饼干厂将米老鼠奶糖挂上了"三喜"牌商标。ABC与"三喜"牌商标相对应，以此达到糖纸中心主画面的视觉平衡。当时的糖果包装需要出口海外，要有厂

图5 20世纪二三十年代糖果饼干包装

商的中英文名称。糖纸边缘的两侧则由几何四边形整齐且有序地排列组合，并呈现水平对称，几何四边形采用黑色和红色，与主画面的颜色相呼应。品牌商标、中英对照的厂家名称、包装装饰图案等众多元素集聚方寸糖纸之间，却依旧井然有序，这也是设计者的多次研究与尝试的成果（见图6、图7）。

无论包装怎么讨喜，"三喜"牌奶糖的销量未能收获"ABC米老鼠糖"时代的辉煌。由于包装改变，消费者无法产生共鸣，甚至以为是一个陌生的新产品，对奶糖的口味、口碑存疑，导致产品的销售量一落千丈，库存积压严重。经过一番讨论，上海爱民糖果饼干厂决定重新设计包装，建立全新形象。1956年，上海爱民糖果厂设计了"大红兔"作为包装形象（见图8）。不过"大红兔"并未给爱民糖果厂带来好业绩，历经数月后，"大红兔"形象被改成了"大白兔"形象。"大白兔"奶糖这才正式开始起飞。通过线、形、面的组合，设计者用反差强烈的用色表现出了他对"大白兔"奶糖浓、淳、糯的品牌理解，并将个人解读与品牌内涵相结合，最终形成了简练的大白兔形象。在此基础上，奶糖糖纸被稍作调整，融合了中西方不同艺术手法。主角是一只造型紧凑、朴实的白兔，静卧草丛中，背后是极具时代特色的黑红版画风格背景，整个糖纸包装中最特别的是两侧的兔子剪影，蓝底白图的用色仿佛民间印染艺术，也似剪纸风格，两只成对，面对面，极具民族风格（见图9）。

紧接着，上海爱民糖果饼干厂选择了作品风格极具民族风的黄善赉出任包装盒设计师。黄善赉出生于1918年，擅长中国年画、水彩画、装饰图案、喷绘等，早年从事年画创作和工商美术设计。1956年进入上海美术设计公司，担任装潢美术室主创设计师。他的绘画功力和美学修养扎实，经典设计案例有体现京剧铿锵有力气韵的戏曲唱片《杨门女将》封套图、体现抒情柔美风格的昆曲唱片《长生殿》封套图（见图10、图11）、中国纺织品出口公司的布匹商标、中国食品出口公司的罐头食品标贴等等。其中"金三杯布标"的三只锦泰蓝奖杯被红色丝绒背景映衬得富丽堂皇，显示出一派高贵气质；另一件"三花布标"，三朵月季花鲜艳夺目，活力四射；各种食品罐贴，富有新鲜的质感，勾起食欲；蝴蝶牌缝纫机、蜜蜂牌缝纫机设计的贴花面板优美、精致、大气，视觉表达能力强，图案功夫特受青年设计师的钦佩和羡慕。20世纪50年代末，黄善赉首先设计了"大白兔"奶糖礼盒上可爱的卡通形象，为该系列奶糖的商标奠定了基础。中国古代神兽风格的静卧姿态大白兔形象安静而质朴。他对朴素的静卧白兔形象进行了进一步加工，使其"动"了起来。这只大白兔形象卡通，身形修长，眉毛上扬，眼尾的画法往上扫。无论是表情还是它蹲着的形态，看起来都有点像中国的神兽，有20世纪60年代前的新中国风格，十分严肃，甚至看上去略有凶相。将中式元素融入西洋糖果包装，是融合式创新的最大体现，能够将西洋商品以最本土化的方式带进市场，符合当时社会的要求，也呼应着糖纸上剪纸、皮影戏风格的花纹。从糖果盒上可以看出，这款包装属于当时的"三喜"牌大白兔奶糖（见图12、图13）。

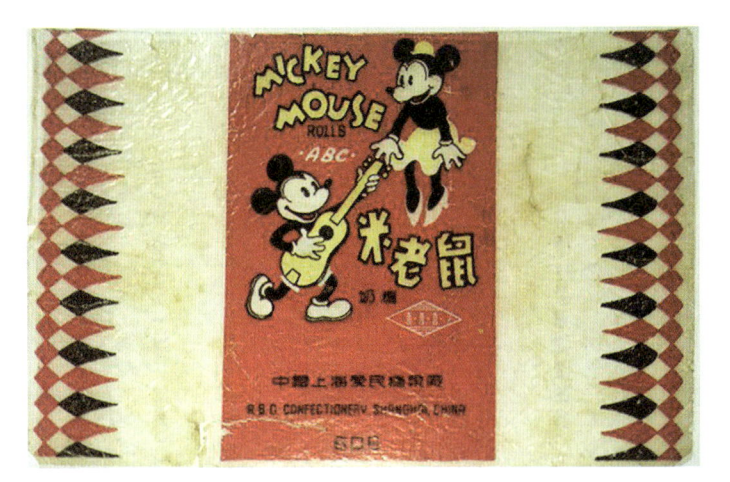

图 6 出口的"米老鼠"糖纸上标有 ABC 标记

图 7 早期"米老鼠"糖纸上的"三喜"牌商标

图 8 "大红兔"奶糖糖纸

图9 "三喜"牌大白兔奶糖糖标

图10 黄善赉设计的戏曲唱片《杨门女将》封套图

图11 黄善赉设计的昆曲唱片《长生殿》封套图

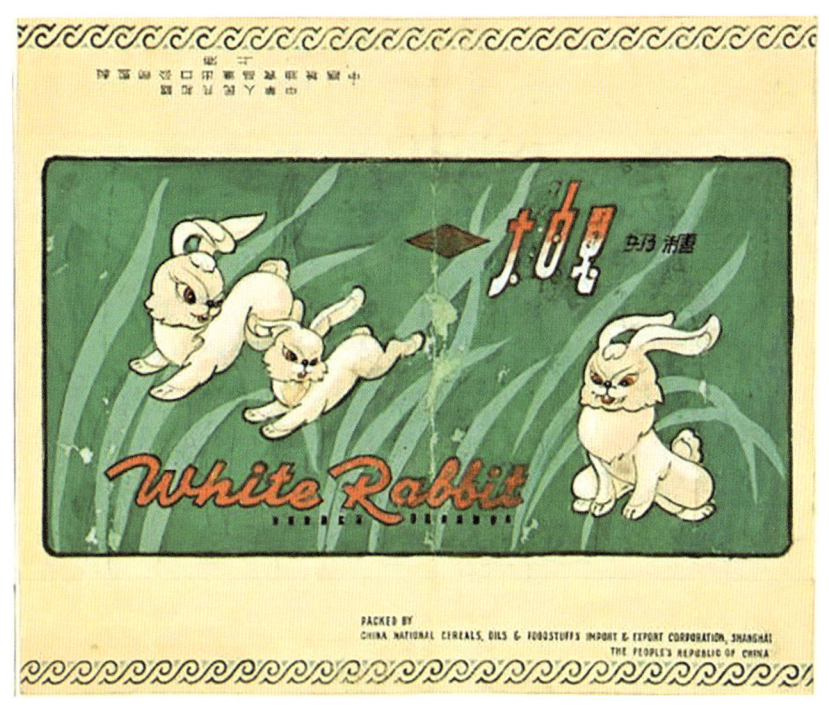

图12 20世纪60年代,"三喜"牌大白兔奶糖设计稿

图13 "三喜"牌大白兔奶糖包装

"大白兔"糖纸在数十年中变化不大，基本以原始的静卧白兔为主，延续了"三喜"牌大白兔奶糖糖纸设计。此时的"大白兔"奶糖糖纸上无厂名，因此在糖纸上将"中国上海爱民糖果厂""A.B.C. CONFECTIONERY SHANGHAI, CHINA"中英文工厂名称改为"中国·上海""SHANGHAI, CHINA"（见图14）。后因借用"光明"牌商标，在保留其他设计元素的情况下，糖纸包装上添加了"光明"牌的商标。通常来说，新品牌的打造需要时间的积累，尤其是消费类品牌。不过当企业认为一个先天不足的品牌即便给足时间也无法成长时，便会不断更换品牌试错。另外，中国轻工业有一个传统，出口的产品往往会使用同一个品牌名，且通常会扎堆选用知名度高、美誉度高的品牌名。因此，上海爱民糖果饼干厂在"三喜"牌之后，又在糖纸上借用了"光明"牌商标（见图15）。

　　此时，"大白兔"奶糖的礼盒设计风格则更加奔放。20世纪70年代，江爱周重新设计了"光明"牌大白兔奶糖的商标主形象以及配套包装，开启了大白兔在蘑菇旁边奔跑的造型。一改"三喜"牌大白兔奶糖眉毛上扬的凶相，新设计的大白兔圆润、可爱、活泼，包装主色调由冷色系的绿色改为中性色系的白色，添加了暖色系的红色蘑菇作为跳跃大白兔的背景，可谓"弹眼落睛"，吸引眼球。这一调整主要针对儿童这类消费人群，从各方反馈来看，此举是成功的（见图16、图17）。

　　改革开放后，西方现代主义设计思潮被集中引进，并在交流、竞争、奋进过程中积极建构设计行业与教育规范，从而形成新的设计观念，丰富了上海设计的内涵。

　　20世纪70年代末，一名叫王纯言（1946—1997）的工人让"大白兔"重获新生。王纯言毕业于上海师范大学美术专业，后在上海交通大学工业设计专业、中央工艺美术学院装潢系进修，是现代版画家、装潢美术家。当时王纯言在上海爱民糖果饼干厂当学徒，"大白兔"让他发挥了自己的专长，借"大白兔"的创作表现了不少新中国的新生活与新景象，也使他获得了一个称号——"大白兔之父"。他推出的最经典的"王派"跳跃的白兔形象，增添了可爱活泼、幽默风趣的视觉风格。王纯言对大白兔的形象进一步做了调整，改变了兔子跳跃的方向。商标本体的白兔形象，则延续了"江派"圆润、可爱的卡通风格，有着20世纪80年代，甚至接近当代的新潮审美风格，头左尾右的方向则更符合大部分人的潜在习惯，在视觉上更为放松、写意。糖果铁罐的背景有两种，常见的一种采用了经典的白、蓝、红为主色调，以些许黑色作为勾勒线条的点睛之笔，同时期还有另一种纯大红色涂装的铁盒，让消费者有不同的选择。打开糖盒，白、蓝、红三色蜡纸扭角包装醒目异常，包装上蓝线条简笔画的白兔仿佛直接跃进我们心里，浓郁的奶香味承载了数十年中国品牌的风雨变迁，也让爱好者们看到了中国创造的光明未来。王纯言还绘制了许多形态各异的动漫风格的大白兔，使品牌形象更为丰满、可爱（见图18、图19）。

图 14 "大白兔"奶糖糖纸

图 15 "光明"牌大白兔奶糖糖纸

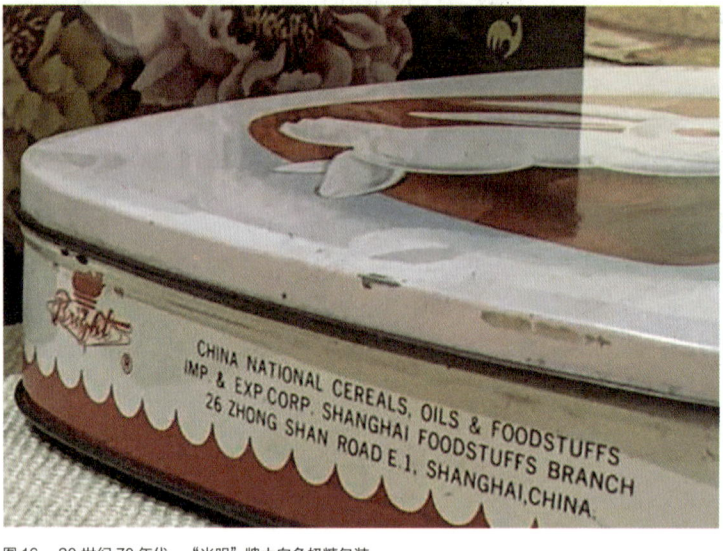

图16　20世纪70年代，"光明"牌大白兔奶糖包装

图 17　20 世纪 70 年代 "大白兔" 奶糖出口广告

图 18　用于出口的罐装"大白兔"奶糖　　　　图 19　20 世纪 80 年代，王纯言设计的用于出口的红色"大白兔"奶糖包装

　　因在"大白兔"项目上的出色表现，王纯言荣获轻工业部劳动模范、上海市劳动模范称号，后期在冠生园任副总工程师、高级工艺美术师。作为"大白兔"奶糖的重要设计师，他不断提高设计水平，甚至放弃了数次进入专业美术设计单位的机会，潜心钻研"大白兔"产品系列品牌设计。他在设计中广采中外之长，立意新颖，手法独特，其包装、广告设计作品获得了 20 多项大奖，并多次参加全国各地商品展示会和企业形象设计展览，为冠生园树立了良好的企业形象。

　　1985 年，冠生园食品厂将"大白兔"注册为商标，并将"大白兔"糖纸上的厂名、厂址、商标图案及中英文字都放大了，使之更加清晰（见图 20）。2006 年年初，冠生园又在"大白兔"糖纸的品牌名称旁边新增了"奶糖"二字，同时增加了中英双语的"上海冠生园食品有限公司"（见图 21）。2008 年 10 月新上市的"大白兔"奶糖糖纸印有"质量安全"标志（见图 22）。多年来，"大白兔"奶糖糖纸图案基本相同，只有细微差别，糖纸上的四根红色细直线改成了四根红色粗直线。之后，因出现假冒商标，"大白兔"奶糖糖纸用上了印刷防伪标志，即微缩文字。四根红色直线中左边第一根粗看是整齐排列的小圆点，连成一根直线，在放大镜下每个点隐藏着一个汉字，组成一连串"大白兔"文字。

　　时至今日，"大白兔"品牌已归入冠生园集团旗下。60 余年的发展中，品牌研发了各

图20　1985年"大白兔"奶糖糖纸

图21　2006年"大白兔"奶糖糖纸

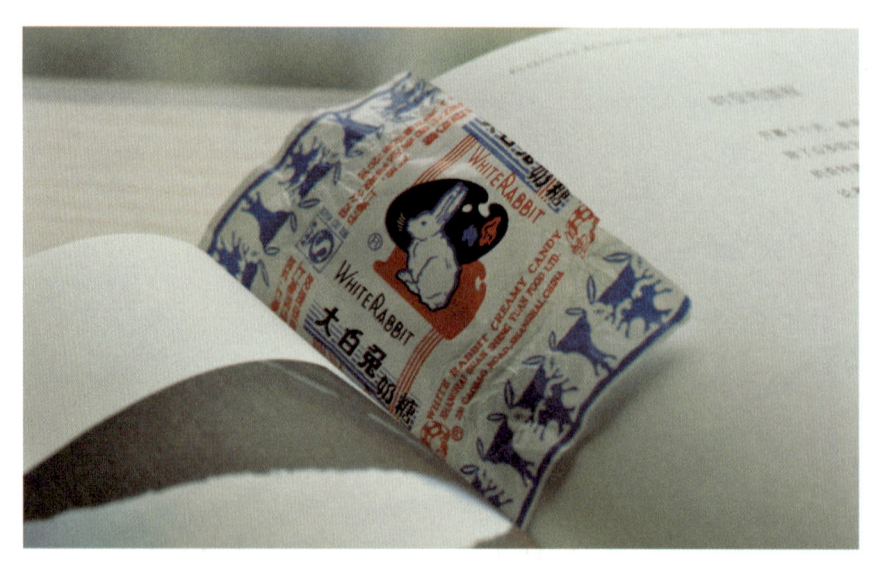

图22 2008年"大白兔"奶糖糖纸

种口味系列和各种包装系列的奶糖。

  60余年中,"大白兔"深知将产品理念不断与市场需求融合的重要性。我们可以发现,"大白兔"每过几年总会有包装、商标或者生产上的调整,这样的决策使"大白兔"时刻保持活力,正如包装上那只兔子一样,活泼好动,四处搜寻着新鲜事物。

  目前,糖纸和外包装上的设定也有着"大白兔"的巧思:经典原味还是老包装,其他新口味采用了奔跳的白兔,更栩栩如生,外包装以蓝色为主色调,凸显了兔子的活泼感,预示着"大白兔"跳得越高越好。"大白兔"不再只是一个产品品牌,而是"活"在消费者的身边,"看到、听到、摸到、尝到、嗅到"的五官式的整体设计将"大白兔"品牌推向一个新的高度。

  "大白兔"的换装,是由内而外的一次品牌形象转变。此外,冠生园还通过吉祥物"大白兔小乐"的卡通形象来扩大其品牌影响力。卡通兔子也象征"大白兔"将再次生机勃勃地出现在我们的生活中,跟上潮流,符合年轻人的品位,打开市场新的广阔天地,而不再是定位于回忆的产品和老品牌,这个新形象塑造了新的品牌定位。

  与时俱进而不"守株待兔",勇于创新且富有创意,注重质量、口味的同时注重包装设计,这就是60多岁的"大白兔"至今青春常在的秘密。

  总的来说,天真善良的兔子无疑是一种"正面形象",变化的是在不同时期融合人们的不同喜好设计的造型各异的白兔形象等,而不变的是奶糖的白色。

食品品牌

"喝个"正广和

宝瓶倾水而出,广和恩泽于民

(创始于1864年)

品牌主要事件

1864年,"广和洋行"创立。

1882年,"广和洋行"改名为"正广和洋行"。

1892年,上海虹口区提篮桥附近开办了一家专门生产汽水的泌乐水厂,翌年建成投产。约翰·麦格利格(John Macgregor)和杰克·考德贝克(Jack Caldbeck)以AQUARIUS星座命名产品名称,中文为"宝瓶座",同时将"宝瓶座"星座图案用作产品商标,和英文AQUARIUS一起使用。

1923年,正广和公司扩建的新厂房投入使用,并将原泌乐水厂改名为"正广和汽水厂"。

20世纪30年代中期,AQUARIUS牌汽水商标成为国内食品饮料行业中的第一品牌,成为最著名的饮料商标。

抗战爆发后,上海沦陷,正广和汽水厂被日军强行占领,更名为"大日本军管正广和汽水厂"。

1949年,上海解放后,正广和汽水厂和AQUARIUS牌产品商标被人民政府接管,AQUARIUS牌汽水得以恢复部分生产。

1954年,正广和梅林集团股份由上海市地方工业局按市政府令代管。

1956年,上海市政府将上百家小食品厂、小汽水厂和糖果厂等先后并入该厂。该厂注册了"正广和"商标,但AQUARIUS牌还是和"正广和"商标继续在汽水产品上使用。改革开放后,该厂根据新颁布的商标法律、法规,又重新登记注册了AQUARIUS牌汽水、饮用水等产品商标。

1966年,正广和汽水厂改名为"上海汽水厂"。

1992年,恢复"正广和汽水厂"厂名。

1995年,上海正广和饮用水有限公司成立。同年,第一桶正广和饮用水面世。

1997年,正广和(集团)有限公司挂牌,与梅林集团强强联手。

2001年,上海正广和饮用水有限公司与法国达能集团合资。

2011年,上海正广和网上购物有限公司收购达能50%股权,成为国有企业。

2012年,梅林集团股份重组,"正广和"成为其重要业务板块。

外国人创正广和洋行

1876年，清人葛元熙在《沪游杂记》中，曾提到晚清时上海卖汽水的情景："夏令有荷兰水、柠檬水，系以机器灌水与气入瓶中，开时，其塞爆出，慎防弹中面目。随倒随饮，可解散暑气，体虚人不宜常饮。"傅兰雅创办的《格致汇编》杂志中也提到，荷兰水为解暑之物，西人多喜饮之。1887年的晚清，荷兰水出现在上海街头。

民国初期，汽水已实现规模化生产，外资、民营和自制汽水商贩多点开花，共同构成了民国汽水行业版图。然而近代汽水行业算不得好，甚至可说发展困难，因为汽水虽然是比较普遍的商品，但售价高企。汽水生产需要香精、苏打等原料，还需要对应的机器设备；汽水的配方则都为外国汽水厂商所掌握，而国产汽水的配方要么高价购自海外，要么因模仿不太成功无法获得市场青睐，所以成本高，定价也高。相当一部分汽水还成了奢侈品，而外商汽水则是低价倾销。由于我国近代并没有完全收回关税主权，导致外商汽水可以长期倾销，而国产汽水基本上在夹缝中求生存。

1840年鸦片战争后，英国依靠武力迫使清政府签订了中国近代史上第一个不平等条约——中英《南京条约》，其中的重要内容就是开放广州、厦门、福州、宁波、上海五处为通商口岸。1843年，上海被列为沿海通商口岸，欧洲列强将大宗日用商品倾销到上海。在外国资本主义经济和外国商品的冲击下，中国小农业和家庭手工业相结合的自然经济逐步解体，中国经济命脉控制在外人手中。与此同时，洋行以及其他来上海淘金的外国投资者还充分利用特权开办企业，从而利用中国低廉的劳动力以及原料就地生产，就地销售，间接带动了上海以及周边地区的经济发展。其主要垄断的产业分布在银行业、船舶制造业、食品工业、卷烟业、制药业等，由此也催生了众多外资品牌。

在此背景之下，1864年，英国商人乔治·史密斯（George Smith）、约翰·麦格利格和杰克·考德贝克合伙奔赴中国淘金，开办洋行，参考中国商号常用字将其命名为"广和"，中国味十足，专门从事洋酒销售业务。洋行成立后不久，总部迁至上海四马路（今福州路）。他们从英国进口各种洋酒半成品，在上海配水、装瓶，利用中国广阔而未开发的市场谋取利润。1882年，史密斯同麦格利格和考德贝克散伙，自己另立"老广和洋行"。麦格利格和考德贝克则在原广和洋行名称前再加上一个"正"字，逐渐成长为后来大名鼎鼎的"正广和洋行"。

正广和洋行生产汽水

19世纪90年代，正广和洋行为扩大利润，将业务扩大至香港，并于1893年在上海虹口区提篮桥开办了一家汽水生产企业，即泌乐水厂，并引进了当时远东地区唯一的蒸馏水设备，颇有市场前景。麦格利格和考德贝克两人思考为公司取个好名字，有好的寓意，代表产品的优秀品质。两人根据一则传说命名汽水。早在公元前3000年，位于亚洲两河流域的文明古国巴比伦曾久旱未雨，河床干裂，万民翘首期盼生命之源——水。有一位貌美仙女盗取宝瓶，倾水而出，恩泽于民。于是两河河水充沛丰盈，人类得以在此繁衍生息，薪火相传，成为人类文明的发源地之一。而那位仙女因触犯天条被贬为凡人。AQUARIUS是天象黄道十二宫中的第十一宫，即宝瓶宫（或译为宝瓶座），古巴比伦宝瓶宫的形象就是一位仙女手持宝瓶倒水的模样。

下了一番功夫后，麦格利格和考德贝克最终决定以AQUARIUS（宝瓶座）为名，意为：仙女用宝贵的瓶子盛装圣水洒向人间，赐福人间，为消费者解渴。视觉上，"正广和"当时将象征宝瓶座的水波纹图案用作产品商标，和英文AQUARIUS一起使用。这个商标被广泛运用在瓶盖与玻璃瓶上。正广和公司的汽水产品商标设计的构思寓意和文化底蕴很深刻，图案也遵循极简思路，同时借鉴了中国甲骨文"水"的写法，迅速抓牢各色人等，尤其是水厂总部所在地民众的眼球。中文名、英文名再加上星座水波纹图案，"正广和"商标终于完整了（见图1—图3）。1895年前后，"正广和"陆续进军海外的华人社区，如新加坡和马来西亚的槟城、吉隆坡、怡保等地。

1915年，汽水已风靡全国，"无论何人莫不用之"。各类汽水陆续登陆市场，包括鲜橙、柠檬、桑子等果味汽水，玫瑰花露汽水，以及颇具粤式特色的沙士汽水、忌廉汽水等。汽水生产商如雨后春笋一般在中国各大城市出现，各类汽水层出不穷，但品质和卫生情况参差不齐。为此，在1916年，当时的警察厅还在《中华全国商会联合会会报》和《政府公报》刊登汽水营业管理规则，向公众告知香蕉、葡萄、雪梨等口味的近30种汽水已获批准，并在其后屡次调整规则。

1917年，麦格利格逝世。他的儿子小麦格利格继承父亲遗产之后，AQUARIUS牌汽水生意越做越大。除了原先已在中国香港、马来西亚设立的分公司外，品牌还在新加坡、澳大利亚等国相继设立分支机构，在中国北京、天津等大城市设立了营业处。1920年，正广和公司进一步扩大生产规模。如泌乐水厂每台灌水车的龙头由8只增加到12只，工人从10多人增加到30多人，运输工具也由最初的人力车改为马车，后来又发展到汽车。

1923年6月，正广和公司扩建的新厂房投入使用，并将原泌乐水厂改名为"正广和汽水厂"。到20世纪20年代末，正广和汽水厂一举成为当时国内规模最大的汽水饮料厂，

图1 1893年"正广和"商标设计

图2 20世纪40年代"正广和"商标设计

图3 正广和公司早期使用的AQUARIUS牌（"宝瓶座"牌）汽水搪瓷广告盘子

43

而该厂使用的 AQUARIUS 牌汽水商标，也成为国内食品饮料行业中最著名的第一品牌。正广和汽水厂生产的 AQUARIUS 牌汽水，在整个沿海地区已是家喻户晓。

由于系英商开办，正广和汽水厂在当时的上海租界享有各种特权，其中包括生产经销、卫生免检、商标保护等。同时，使用资金有英国在华的几家大银行做后盾。这些均增加了 AQUARIUS 牌汽水在市场上的竞争力。而当时国内华商汽水饮料厂纷纷倒闭，就连与正广和汽水厂同一时期诞生的、生产规模、社会影响力都较大的美商屈臣氏汽水厂的"星"牌汽水，也难与正广和汽水厂的 AQUARIUS 牌汽水相抗衡。

20 世纪 30 年代中期，正广和汽水厂还大做 AQUARIUS 牌产品商标广告。当时国内很多知名大报、杂志等均刊登他们的汽水广告。在一些如茶杯、茶盘、日历牌、日记本等日常生活用品上面，人们也能发现"正广和"AQUARIUS 牌商标广告。国内同行华商汽水生产厂家，由于一无特权保护，二无雄厚资金做后盾，其产品销售量、生产量和品牌社会影响力等，根本无法与正广和汽水厂的 AQUARIUS 牌汽水相提并论。抗战前夕，正广和汽水厂生产的 AQUARIUS 牌汽水进入鼎盛阶段，完全控制了上海这个国内汽水销售量最大的市场。

抗战爆发后不久，上海沦陷，正广和汽水厂被日军强行占领，厂名随即被换成"大日本军管正广和汽水厂"，汽水是战争物资，生产的产品直接为日军侵略者服务。1943 年，日本侵略者为了欺骗我国民众，曾表面上将该厂转交给汪伪政府。但汪伪政府无心经营，又将产品商标 AQUARIUS 牌转让给其他小汽水厂使用，以直接获得利益。抗战胜利后，该厂又重新回到英商手中。因遭到日寇的掠夺和汪伪政府的破坏，该厂已是千疮百孔，难以维持生产。

1949 年 5 月，上海解放后，正广和汽水厂和 AQUARIUS 品牌被人民政府接管，自此实现了完全国有化，成为名副其实的第一代国货，AQUARIUS 牌汽水得以恢复部分生产。1956 年，市政府有关部门将上百家小食品厂、小汽水厂和糖果厂等先后并入该厂，扩大了生产规模。另外，由于当时中央工商行政管理局规定国内企业内销产品不能注册外文商标，正广和汽水厂注册了"正广和"牌与"天象"牌商标，让 AQUARIUS 这个英文单词和"正广和"商标继续在汽水产品上使用。

1966 年，因"正广和"是外商所起，AQUARIUS 又是外文名称，不符合当时社会主义建设原则，使用了近百年的"正广和"被改名为"上海汽水厂"。

1978 年党的十一届三中全会后，国内汽水饮料厂不断兴起，市场开始出现竞争。1980 年，上海汽水厂领导审时度势、考虑再三，决定恢复使用"正广和"及 AQUARIUS 商标，而上海商标局也批准商标再启用。

沿用近百年的"正广和"星座商标，在20世纪八九十年代遭遇新险患。美国可口可乐公司向我国有关部门申请AQUARIUS英文商标的专用权。依照《中华人民共和国商标法》，谁先注册，谁就拥有商标专用权。若"正广和"品牌失去此英文商标，流通在市的"正广和"汽水瓶必须悉数收回，这对其将是沉重打击。"正广和"沉住气搜集取证，提供了保存完好的1926年、1941年该厂的商标注册档案资料，证明早在中华人民共和国成立前，其"天象"商标、水波纹图案及英文AQUARIUS商标均已注册，且自中华人民共和国成立以来，三者一直同时使用，并被全社会认可；同时，"正广和"翻出英国最权威的《韦氏大辞典》，证明瓶上水波纹图案和英文AQUARIUS意义完全相同。所有材料在上报国家商标总局后得到认可，可口可乐公司的注册申请被撤销，"正广和"品牌依法依理保护了品牌的无形资产。

重广告，擅营销

"正广和"品牌从租界洋行起家，特有的企业性质和商业环境、国外的宣传方式和经营理念对品牌的发展有着重要影响，其中汇丰银行对其扩张给予了资金周转上的极大便利。创业伊始，洋老板为与竞争对手抗衡，获取高额利润，绞尽脑汁做宣传方式上的创新。20世纪20年代末，可口可乐进入中国市场，通过先进工艺和高超的营销策略，配合堪称经典的商品译名，塑造了不可动摇的品牌形象，时至今日依然拥有汽水界"一哥"的地位。

首先，"正广和"在各大报刊刊登广告。当时的报刊插画与招贴广告主要受到法国新装饰主义风格的影响。以法国工艺美术家朱尔斯·查尔特（Jules Cheret）和法国画家劳特累克（Lautrec）为代表，他们继承洛可可传统，又受布歇（Boucher）、华托（Watteau）等画家的影响，发展了一种直接应用于商业美术的新艺术式样，这就是法国式招贴。他们在风格上强调速写式的曲线与轻快的色块涂抹，注重人物轮廓线与动态，是现代广告招贴画的先驱。这种画风形式一经传入中国，立即为中国的商业美术家们所采用，广泛见诸报纸杂志，传遍了街头巷尾，如著名设计教育家、艺术家丁浩教授于20世纪二三十年代所绘的"正广和"沙士汽水（见图4）、"双钱牌"球鞋的平面广告。这一时期的广告不仅构建出"使用商品后"的情景，同时对"使用商品时"的情景构建也极其重视。这种"情景化"的传播策略不仅描述了商品特性，同时对推动商品消费的大众化，培育民众的新型消费理念、消费方式和消费习惯等都有着润物细无声的作用。

从早期的两幅广告中我们能够看出，"正广和"的广告会"讲"故事，具有叙事性的广告画、品牌产品和简洁明了的文字信息将内容整合得清晰明确，突出了"正广和"饮

图4 著名设计教育家、艺术家丁浩教授于20世纪二三十年代所绘的平面广告

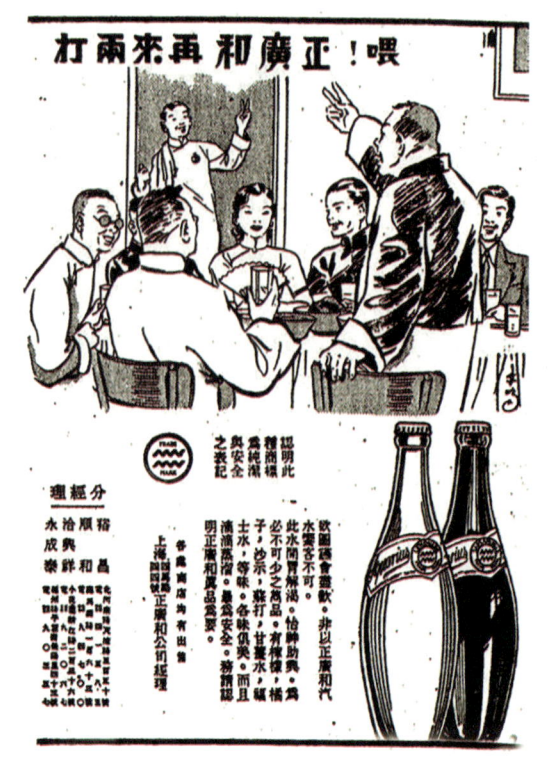

图5 早期正广和公司的汽水产品广告

品的特点和使用场合。两幅广告作品中的广告画都采用了速写的形式，画面线条简单，故事性的场景对唤醒受众记忆以及引导消费有着明显的优势，能够给受众留下深刻印象。

"喂！正广和再来两打"这幅广告为上下两段式，上半部分为广告画及广告语，下半部分为产品和文字（见图5）。上半部分画面是民国装扮的客人围坐店堂内，有坐有站，画面构图和视角呈现出聚会的氛围，也有节奏上的起伏变化；人物之间的表情及视线都说明了他们互相熟识的关系，气氛欢快融洽。其中一位着深色马褂的顾客背朝读者正招呼店小二，两人形成互动，而顾客此时的站立身姿也是一个很重要的细节，由作者含蓄地表达着人与人之间的尊重与平等，反映出"正广和"的价值观。而传统服饰与西式饮料略显矛盾，显示它仍是一种尚未被纳入日常生活的舶来品。再来深入观察绘画技巧，作者运用简笔画形式，配合娴熟的光影明暗技巧，人物的动态刻画各有千秋：最左边的人物戴着眼镜微笑着，同时身体微倾，享受着聚会的快乐；中间的女性端坐，体现出中国女性的内敛和端庄，任何状态都保持着其特有的含蓄美；她身边的男性侧过头，应该在对她说话，还流露出一丝欣赏的神情。上述的细节通过静止时间中的凝固身姿和表情传递出来，却饱含故事性，是广告的高明之处。画面虽为黑白色调，但是中间穿插不同的灰度，为画面带来了层次感。从黑白灰布局来看，前景中的站姿男性是最突出的"黑色"，与后面坐着的男性连成了大面积的"黑"；桌面餐食、桌椅、店小二身后的背景则为"灰"：整张画面聚合，张弛有度，重心稳定，有紧有松。而画面的核心则是那一句广告语——"喂！正广和再来两打"，与上面的整体画面形成对比，构图有张力，使画面颇具空间感。广告的下半部分是产品和相关文字信息。"正广和"的汽水瓶身具有独特的美感和辨识度，与法国"巴黎水"（Perrier）瓶身仿佛一脉相承，可谓英雄之所见略同，是跨越时代的优雅代表，也显示出当时"正广和"的包装是多么时尚、前卫。其中不同的文字信息形成不同体量的文字块，在字体的大小、字间距、行间距之间做调整，突出重要的信息，干净利落又醒目，与上面的广告画形成了一动一静的对比关系，很和谐。

"正广和"还善于提炼标志性且极富煽动性的语言作为广告语。广告中最醒目的广告语"喂！正广和再来两打"中的"再"代表了时间性并且带有明确的指向性，既包含过去时又是现在进行时，故事的前因后果通过这句情景式的话语完整地再现出来。这张单色的平面广告所带来的故事流动性，展现了广告宣传的魅力，并且也能让观者产生代入感和共鸣。从整体画面中可以看出，"正广和"汽水虽是外资制造的舶来品，但也并非全盘西化，而是在营销等方面加入了中国特色。

图文并茂的广告设计和宣传是"正广和"的特色，另一则广告通过展示"室内"和"户外"运动娱乐的场景，利用"游泳后闲聊、打球累了小憩、骑马野外漫步、跳舞开心聚会"的情景表现出"正广和汽水"广受大众欢迎的程度（见图6）。汽水的流行不仅反映出人们闲暇时的追求，也印证着20世纪二三十年代百姓消费观念的空前变化，即走出私人空间、走入公共消费场所进行享乐型消费。从人与人的关系来看，汽水主要是一种公共空间内的消费行为，人们在闲坐畅聊的同时品尝汽水。闲暇之风的形成需要的不仅是空间，还有时间。从工业革命和机械化生产的普及开始，人们的闲暇时间较之古代社会大大增加。第二次工业革命更促使人们在饮食方面脱离温饱问题的考量，当时人们也在工业文明观念的强势渗透下，对"闲暇"的社会功能形成了更为多元和正面的评价，因为劳动者享有规律性的闲暇是维持生产的必要润滑剂。不过很遗憾的是，虽然这是大众的追求，但是20世纪初期的大部分中国人无法享受到这种工业化的好处，而这也为后期人们推翻半殖民地半封建社会打下了基础。

广告的下半部分依然是介绍"正广和"的企业和产品的信息。画面的左边主要罗列"总经销处"和"正广和公司"的地址，并提醒大众"各处商店均有出售"，以便购买。画

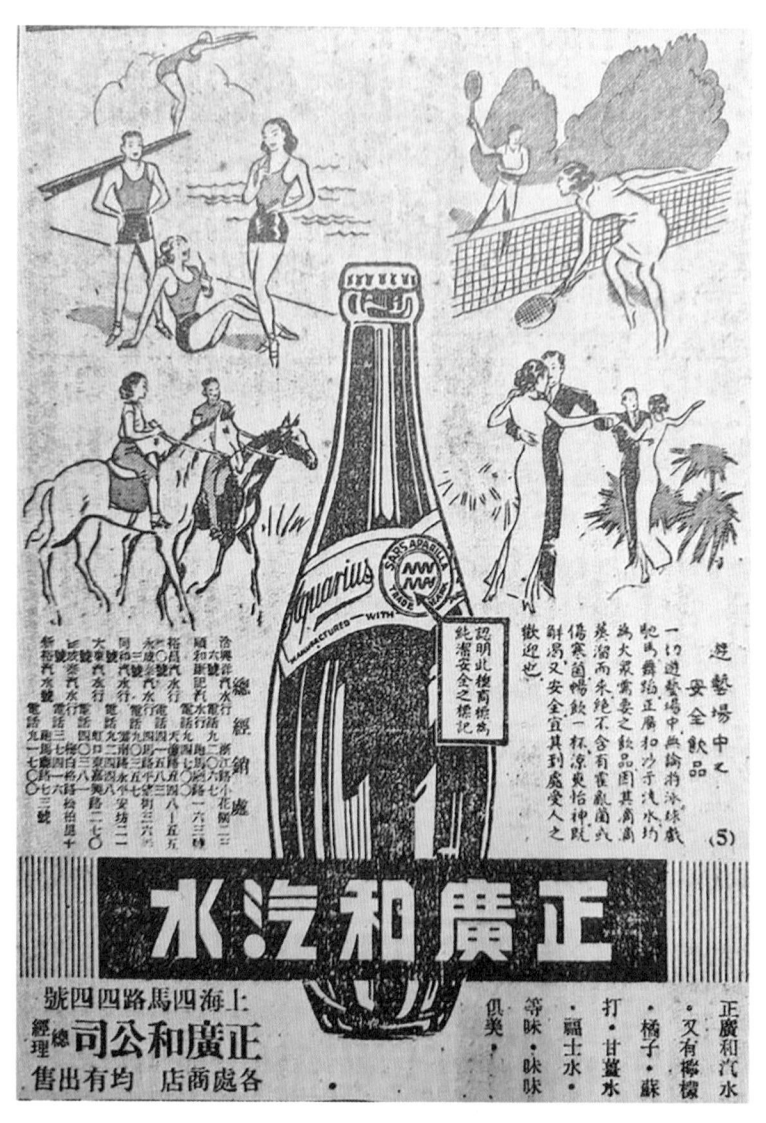

图6 20世纪30年代"正广和"汽水广告

面的右半部分主要细数"正广和"汽水的成分以及汽水作为"游艺场中之安全饮品"所具备的优越特性，突出"正广和"汽水具备的工艺先进、清洁味美等优越之处。作为舶来品，汽水带来的不仅是新奇的异域风味，也给当时的中国人提供了新的社会空间、新的娱乐方式。在社交场合、娱乐场合选择什么饮料是一种社会行为，是身份的展现，也是社交方式。因此，中国人最初喝汽水，除了满足口腹之欲，还满足了心理需求：在中国当时羸弱的国力之下，汽水不仅是一种时髦、时尚，也是先进事物的缩影，民众把对先进社会的向往，投射于时髦工业品——汽水之上，喝汽水也成了尝试"摩登生活"、变身"进步人士"的象征，代表了现代化。

这则广告画面的视觉中心是一个具有独特的美感和辨识度的"正广和"汽水玻璃瓶，值得注意的是瓶身上的"正广和"商标的右下方位置，清晰地标注了"认明此种商标为纯洁安全之标记"，并用箭头标识指向品牌标识，瓶身与长方形框的面积大小与强烈的黑白对比，形成了大众的观看路径，具有一定的视觉引导作用。1920年、1922年"屈臣氏"的假冒汽水案的商标侵权事件，引起了汽水行业的重视，因此"正广和"汽水广告将商标作为重要且必要信息，广而告之给大众，并将商标和文字信息放在画面的中心位置。

商业美术这一新兴的艺术，随着西洋画造型观念逐渐深入人心，在民国时期不断演进。虽然从产生、发展到消亡的整个过程，历时不过短短几十年，但在这一过程中，许多艺术家都在不断地接受西洋画艺术观念的洗礼与考验，而广大民众则在这个日益变化的世界里，享受着商业时尚与繁荣带来的快乐。

"正广和"以装有漂亮的锯齿形布篷的马车在街上宣传，在中国开创饮料送货上门之先河。20世纪初，汽车从国外引进上海，敏锐的商家便看到了流动车辆传播信息的巨大潜力。"正广和"便捷足先登，于是商家开始利用自家运送货物的汽车车厢做不花钱的广告，向沿途的人们宣传自己的商品。据《二十个对中国香港、上海和其他开埠城市的印象》[Twenty Impressions of HongKong, Shanghai and Other Treaty Potes of China，阿诺德·赖特(Arnold Wright)主编，1908年]一书介绍，"正广和"生产的汽水水质清纯、口味上佳、滴滴蒸馏，在市场上很畅销，不仅供应上海以及中国其他主要城市，还出口远东和英国、澳大利亚等（见图7、图8）。"正广和"品牌的营销宣传方式为品牌赢得了更多的消费者。由于当时的车辆广告刚刚诞生，商家多是在自家车厢外壁两侧做广告，车体的其他广告位置并没有得到充分的利用，广告内容也很简略，仅绘上企业名称、商标、品牌等。1921年，工厂迁址韬朋路（现通北路400号），购地17 333平方米，并添置巨资购置最先进的进口设备，成为当时国内最大的汽水厂。

这一时期，中国都市的物质形态发生改变，大众意识等也逐渐改变。丹尼尔·贝尔

图 7　正广和公司早期运送汽水的马车及汽水广告

图 8　正广和公司早期运送汽水的车辆及汽水广告

（Daniel Bell）指出，资本主义文化通过把个人从传统束缚和血缘纽带中解脱出来，以获得主观上的"自我实现"，它确立了自我控制规范和延期满足原则。[1] 市民文化逐渐生成，潜在消费需求被挖掘，对非生活必需品的消费热情高涨。在消费水平低的民国时期，汽水作为"价格低廉却能实现身份"的商品，风靡也可理解，就如同近年来电子消费品的风靡一样。也就是说，"充气糖水"本身并不真的吸引人，吸引人的还是社会赋予的身份象征。让·鲍德里亚（Jean Baudrillard）给予消费经典定义："消费不尽然是某个物质产品的流通过程，它也作为一种'文化'，使物品成为交流的普遍中介物。"[2] 人与物之间以及人与人之间，都通过这一物质建立起了一个携带着意义和价值的消费空间。20世纪二三十年代，汽水为消费者营造出一种摩登人士的身份幻想。从前两张"正广和"的广告画面中就能看出，当上流社会人士聚会闲坐或户外活动时享受消暑佳品喝汽水被赋予安闲、富有的象征意义，喝汽水的人也被贴上了"有钱有闲"的富人身份标签，消费者会从喝汽水之外获得额外的精神享受。这时，中下阶层的消费者也可通过购买汽水，给自己贴上暂时的富人标签，体验一瞬间的摩登、闲暇的上流社会生活。此外，二三十年代喝汽水一般在派对等高级活动中，还会享受店内服务员的照顾，这更加重了"上等人"生活的错觉，消费者能获得更大的心理满足。

扩大重工业发展红利，打造全民夏日快乐水

1955年7月，第一届全国人民代表大会第二次会议通过了"一五"计划。按照既定方针，重工业发展越来越兴旺，国内诞生了一些具有时代背景的汽水，如鞍钢汽水、太钢汽水、首钢汽水、柳钢汽水、宝钢汽水等。重工业工人的工作环境高温高湿，他们容易因为大量流汗而失去体力。因此，各厂纷纷推出自己的盐汽水，让工人既解渴又降温，同时补充盐分。于是全国的工厂都开始效仿。当时工厂自制的盐汽水，制作工艺简单，成本不高，但因为是统一生产和分配，没有商标，在普通商店里也买不到，所以工人们舍不得自己喝完，总是拎着重重的玻璃瓶盐汽水回家。这也是为什么现在上海很多的"80后"，从小就习惯了这种咸中带甜的口味。在那个可乐还没普及开来的年代，不管是工厂免费发的，还是商店里花钱买的，能够喝上一瓶盐汽水，都是很时髦的事情。

后来无名的盐汽水消失在岁月中，"正广和"成了最知名的盐汽水生产者。中华人民共和国成立后，"正广和"接到的第一个任务是盐汽水研发。1956年，"正广和"研发并

---

1 汪行福：《资本主义精神与批判的命运——解读博坦斯基、恰佩罗的〈新资本主义精神〉》，《哲学动态》2012年第10期。
2 让·鲍德里亚：《消费社会》，刘成富、全志钢译，南京大学出版社，2000。

量产了中国市场上第一款保持人体电解质平衡的功能饮料——"正广和"盐汽水，将盐汽水推广给普罗大众，该款汽水随即成为广受国人欢迎的防暑降温饮品。对许多"50后""60后"来说，父母夏天下班会带回一个保温桶或大玻璃瓶，里面盛着盐汽水，那咸咸的、酸酸的盐汽水是他们每天傍晚都会在家门口翘首以待的美味，整整一个夏天从不停下。"正广和"盐汽水的推出把一代人的回忆封存到小瓶中，每到夏天便能回味，记起心底单纯的美好。盐汽水反映了中国重工业的快速发展，也给了"正广和"机会，以在商业不发达的年代继续生存，保存实力，让这个老品牌得以在未来再次破土而出、开花结果。

正广和与幸福可乐

"正广和"品牌的百年历史中，品牌架构组合设计非常关键：从单一品牌架构演化到联合品牌架构，并结合到踏实稳定的日常经营中（见图9）。

"正广和"自1893年到1978年的品牌结构，基本都是以各种汽水为主要产品。"正广和"采用单一品牌架构，所有汽水类产品都拥有AQUARIUS英文商标。这能向社会公众展示"正广和"品牌的统一形象，大大提高"正广和"的知名度，在推出新产品时也省去了命名的麻烦，促进产品快速进入市场。

1954年，正广和企业由上海市地方工业局按政府令代管，纳入国家计划轨道。1956年，40余家公私合营的小型食品厂先后并入，使其成为一家以生产汽水为主的综合性食品厂。在那热火朝天的年代，厂里大搞技术革新，采用各种办法克服原料匮乏等困难，完成生产任务。1966年，企业改名"上海汽水厂"。后又从国外引进汽水皇冠盖等先进设备，并于1978年成功推出了与国际名牌"可口可乐"相似的"幸福可乐"。

在"正广和"的主副品牌架构中，主品牌"正广和"代表该产品在企业的声誉，它是产品品牌识别的核心，副品牌"幸福可乐"代表该产品的特征与个性形象。因为消费者识别、记忆、认可、信赖、忠诚的主要依据是"正广和"这个主品牌，所以，企业能够最大限度地利用已有的主品牌，推出新产品。依靠前期的品牌宣传以及汽水饮料的品质，品牌在消费者心中已树立了良好的形象，有一定的知名度和美誉度。"正广和"良好的品牌形象是企业的无形资产，这成为副品牌"幸福可乐"强有力的支撑。

1979年3月9日晚，上海电视台正转播一场国际女篮赛，中场休息时，插播了一条电视广告。这是我国内地第一条电视商业广告，广告语为"清爽可口，芬芳提神"。画面上，著名男篮运动员张大维和其队友在一场激烈比赛后，举起标示"幸福可乐"字样的瓶子津津有味地喝起来，这让观赛正酣的观众一度以为播错了节目。那时的人们纷纷对那瓶

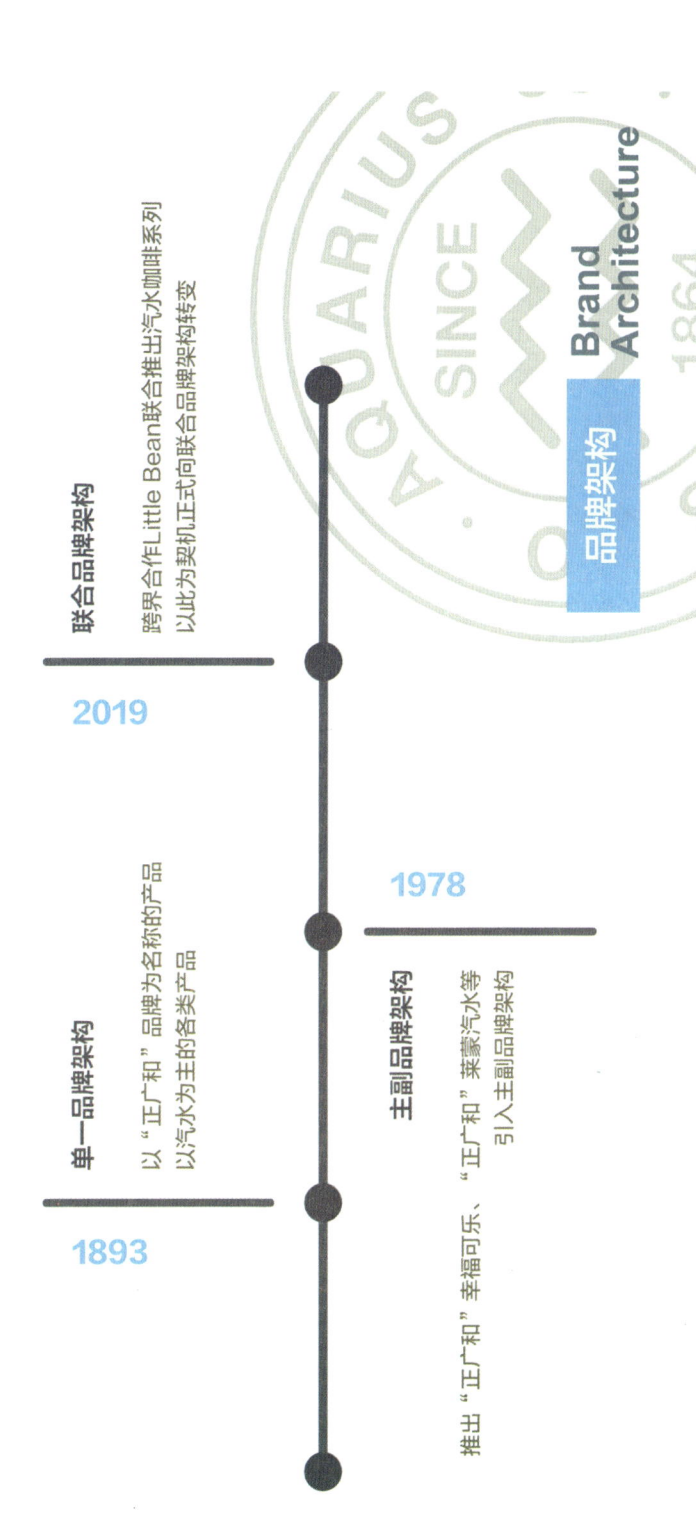

品牌架构
Brand Architecture

2019
联合品牌架构
跨界合作Little Bean联合推出汽水咖啡系列
以此为契机正式向联合品牌架构转变

1978
主副品牌架构
推出"正广和"幸福可乐、"正广和"莱蒙汽水等
引入主副品牌架构

1893
单一品牌架构
以"正广和"品牌为名称的产品
以汽水为主的各类产品

图9 "正广和"品牌架构组合

名为"正广和"的汽水一见钟情。因此，生产"幸福可乐"的上海汽水厂成为时代弄潮儿。之后，"正广和"汽水仍旧不断创新，又推出了"莱蒙汽水"，它与"幸福可乐"一起成为当时最流行的饮料（见图10—图12）。

然而，20世纪80年代后期，上海汽水厂在激烈的市场竞争中陷于被动，经济效益连年滑坡。随着上百种品牌饮料涌进上海市场，"正广和"汽水被挤出宾馆、饭店的宴会桌，甚至被挤出南京路、淮海路等主要商业街的大型食品店，只能在油酱店、小杂货店里上柜亮相。直到1989年夏季，上海第一食品商店、大丰土特产商店的柜面上才又出现"正广和"饮料，结束了南京路等主要商业街难觅"正广和"的历史。

2014年，"正广和"从汽水转型饮用水，推出Aquarius新品系列，明确品牌定位，立志成为中国健康饮用水专家。"正广和"也凭借多年的经验，研发出了更适合现代人的纯净水、蒸馏水、矿物质水、山泉水，以及接轨国际潮流的天然矿泉水。多种包装规格满足消费者更多的个性化需求。

目前，"正广和"品牌产品因市场需求而细分，产品组合长度约有25个产品，产品组合宽度共有5条产品线，以饮用水产品为主，其余类型产品类别较少（见图13）。20世纪90年代，中国饮料市场竞争激烈，美国可口可乐和百事可乐疯狂抢滩，正广和、北冰洋、崂山可乐、健力宝等本土品牌都逐渐式微。"正广和"品牌为了巩固原有的消费群体，推出功能性饮料"盐汽水"，因上海自来水口感不好，"正广和"华丽转身，生产采用反渗透水处理技术制造而成的桶装水并实行全城配送。"一个电话，送货上门"的服务，延续了品牌的特色服务与宣传，一定程度减轻了都市人的快节奏的生活压力，也将"正广和"品牌的目标群体从酷爱汽水的年轻群体扩大至以家庭、企业为单位的群体，从"快乐肥宅水"、功能性饮料到生活中必备的饮用水，"正广和"品牌以便民、利民、一切为顾客着想为宗旨，为人们提供了健康、时尚、快乐的新生活体验。追求更精致、便捷、舒适的生活，是"90后""00后"普遍的生活理念，咖啡已成为他们的生活必需品和"精神食粮"，"正广和"率先与咖啡品牌合作也是为了吸引更多年轻受众，树立新的品牌形象，提升知名度。饮品、冰激凌都是以"正广和"品牌为中心，向味觉延伸的品牌矩阵扩展，最终形成了一张以"正广和"为中心的情感联结网络。

图 10 "幸福可乐"包装

图 11 "莱蒙汽水"包装

图 12 "幸福可乐"户外广告

55

正广和 品牌产品组合

产品组合长度：约25个产品

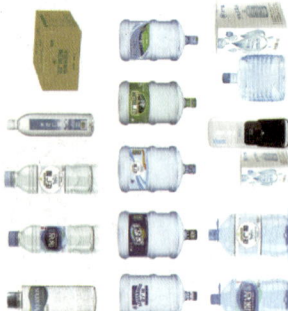

冰激凌

咖啡

奶制品

饮用水

汽水

图13 "正广和"品牌产品组合

老品牌跨界！

近年来，"正广和"品牌如同其他国货一样选择进行新时代的融合式创新。国潮和跨界是目前主流的创新形式。

通过品牌的营销、宣传，"正广和"一如既往延续品牌的"招牌动作"，以全程送水服务作为宣传与营销模式，树立品牌良好的形象，提升品牌的知名度；同时也积极迎合年轻消费群体的喜好，打造年轻化品牌。消费者对"正广和"品牌的认知已从"洋气、时髦、大牌"转变为"安全、健康、放心"。

饮料的消费主力是年轻"潮"人，国潮让食品饮料也"潮"了起来。不但要潮，饮料也需要健康。每过一个甲子，潮流就会回到原点。"正广和"品牌联手乐源果汁和上海顶尖IP创意部门，复刻1946年的两款主打产品，合作推出新款复合型果汁产品，打造成饮品界的国潮爆点。乐源品牌可追溯水果源头，优选优质品种水果，与世界一流的果汁供应商达成长期战略合作，长期为星巴克、瑞幸、盒马鲜生、沃尔玛、华润等公司提供优质的果汁产品。"正广和"是上海的知名老牌企业，乐源则在快消品行业有20多年的积淀。从品牌战略、产品定位看，两家有一定的互补性。乐源的优势在于产品研发和更新换代的速度较快，"正广和"品牌的知名度很大，乐源可以借助"正广和"品牌多年来在市场渠道上的优势，做产品的推广，"正广和"则可以借用乐源在整个市场的策划及产品研发。"潮"和品质，都是年轻人关注的重点。

但"正广和"作为一家正宗的上海公司，在宣传方面当然不能脱离上海元素。于是乎，"正广和"选择与申花、豫园、绿波廊等上海人耳熟能详的品牌一起合作。豫园是上海老城区的缩影，上海申花足球俱乐部是中国足球甲A联赛的创始球队之一，融合这些上海元素的产品一经推出就受到球迷们的欢迎，例如联名申花队蓝色战袍的黑枸杞柠檬味汽水、瓶身带有豫园九曲桥和绿波廊的国潮汽水等。

之后，"正广和"又与"英雄"牌钢笔合作，相互借势，获得更多的关注，建立新的消费者的认同，让品牌更具想象力。"英雄"也是上海的传奇，是许多代人耳熟能详的国货钢笔品牌。或许是想让大家在快节奏的生活中"多喝点墨水"，"正广和"品牌与"英雄"联名推出黑枸杞柠檬味汽水，融合了记忆中的笔尖色彩与舌尖口味。

哔哩哔哩百妖谱与"正广和"汽水合作，赋能动漫IP。新品延续经典橘子水的瓶身造型、生产工艺，但在包装细节和口味上更加迎合年轻人的喜好变化。"正广和"总经理朱卫东认为，只有丰富"小时候的味道"的内涵，才能让新老消费者都找到适合自己的产品。销售数据也证明了这点：在以上各种"复刻经典"和"创新经典"的加持下，"正广和"汽水自2020年6月起，销量和利润持续实现双增长。

联合品牌架构是指两个或两个以上企业的合作、联营、合资等，对联合生产的产品使用两个企业品牌并列的品牌命名方式。联合品牌架构可以使两个或更多个品牌有效协作、联盟、相互借势，以此提高市场的影响力与接受程度。这种扩散效应要比单独品牌大得多，品牌联合所产生的传播效应是"整体远远大于单体"。

2019年，"正广和"还尝试了快闪店这一宣传方式。产品上，与Little Bean咖啡合作推出"汽水咖啡系列"（见图14），这种新旧碰撞激发出无与伦比的畅爽口感；同时"正广和"以怀旧上海城市为灵感的"冰激凌系列"，携手"家家好"品牌推出了豆浆、芝麻、乐口福味冰激凌。"正广和"与这些品牌的合作联名，以强扶弱，知名老字号携手新品牌，实现1+1>2的传播效果。

视觉风格上，正广和洋行快闪店的设计以Aquarius的手写体代表水瓶座的星座图案作为设计元素，并以此为基础设计了2019年全新的"正广和"系列产品。正广和洋行快闪店内销售袜品、帆布袋、搪瓷杯、香薰蜡烛等产品，在店铺风格和周边设计上都融入了品牌150多年来的"正本清源、广泛流通、和颜悦色"的企业理念。"正广和"和"大白兔"品牌一样，选择了LuOne凯德晶萃广场作为快闪店的场地，也是想要保持国潮跨界之风的热度。种种操作让"正广和"的复兴走上了快车道。

复刻历史是为开创未来

新国货的流行、跨界合作的成功让"正广和"下定决心复刻100年前最时髦的汽水，因为最好的创新式融合，便是拥抱过去的自己，这既是复刻，也是创新。

复刻版橘子汽水，瓶身选择了1946年版的设计，口味则根据老顾客的回忆调配。当年"正广和"的这款汽水作为第一代国货，远销海外。

既然是融合式创新的新设计，一点点改变是需要的。比如，针对餐饮市场的产品，延续使用需要开瓶器的瓶盖；针对零售市场，瓶盖换成拉环式的易拉盖或旋转盖。新设计既要有传承和延续，也要有创新，与市场的新需求同步。说到配方，找到百年前的老配方是机缘巧合。2013年11月，通北路上的"正广和"大楼为适应城市新规划，平移了38米。在工程实施前，有员工无意间在档案室找到了橘子汽水的老配方。2020年，"正广和"认为复刻老产品的时机成熟了。可一模一样按老配方来也不行，因为如今的水质、食品原料、工艺技术都与百年前大不相同，而且消费者需求也有变化。比如，以前的果味汽水使用香精增味，但现在消费者更崇尚健康，偏爱原汁。于是，"正广和"比照老配方，邀请了老技术员反复调整、改良配方，还将汽水注气压强从国家规定的1.6个大

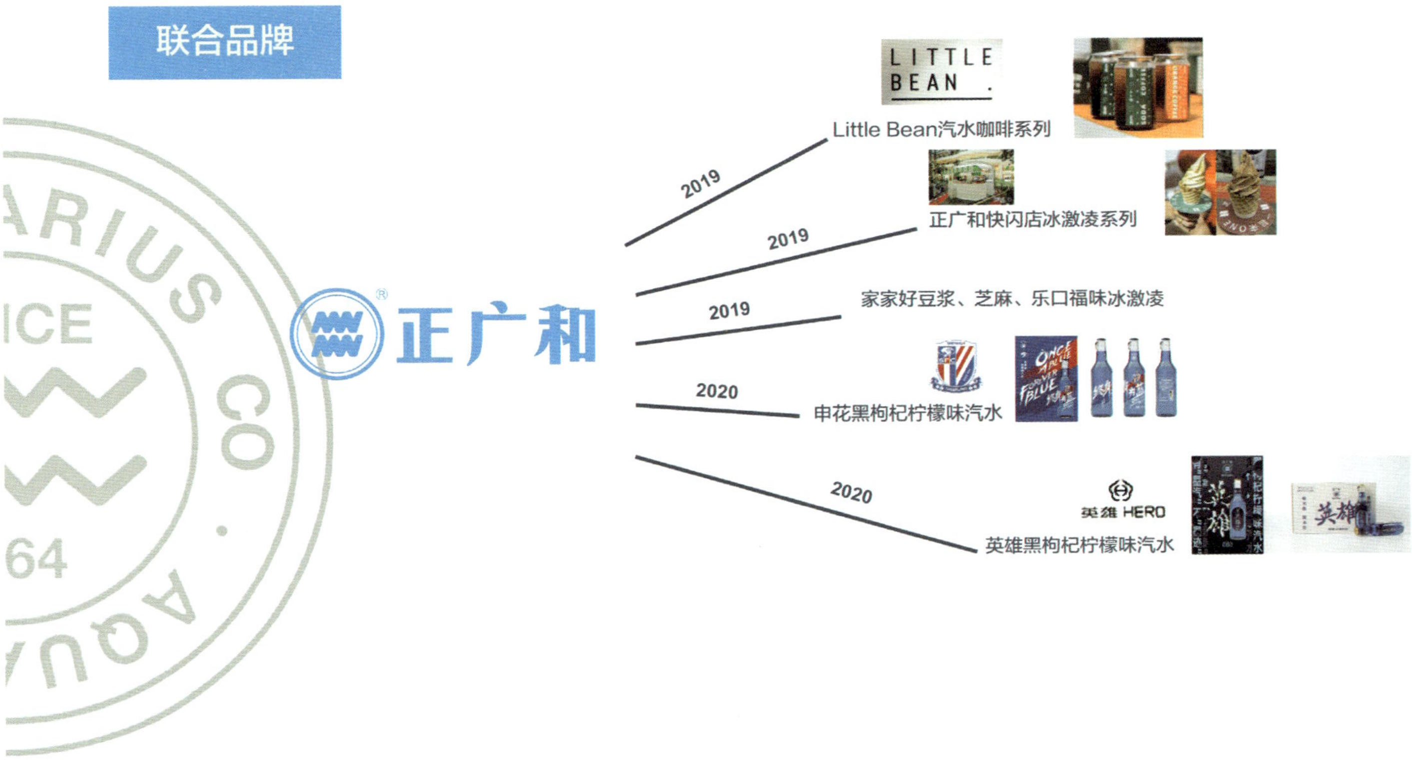

联合品牌

Little Bean汽水咖啡系列 — 2019
正广和快闪店冰激凌系列 — 2019
家家好豆浆、芝麻、乐口福冰激凌 — 2019
申花黑枸杞柠檬味汽水 — 2020
英雄黑枸杞柠檬味汽水 — 2020

正广和

图14 "正广和" 联合品牌架构

气压提高到 2.8 个大气压。当消费者拧开瓶盖喝汽水时，会感觉更加沁爽，能瞬间获得"杀口感"。当打开第一瓶复刻版橘子汽水，一口气喝完时，老员工纷纷竖起大拇指："没错，就是原来的味道！"可如果仔细看一下成分表，细心的消费者会发现，配方变了：少了食用色素和香精，多了真果汁。包装不变、味道不变，但工艺变了。这是市场新需求下必然的改变（见图 15—图 18）。

这个味道是上海人小时候的回忆。但仅有橘子汽水还不够，因为当下饮料市场让人眼花缭乱，即便是恋旧的消费者，也未必能一直钟情于橘子汽水。"90 后""00 后"等年轻群体对橘子汽水有记忆的很少，他们也许会因为好奇父母们"小时候的味道"而尝试，但如何将他们留下来成为老字号的回头客，考验的是"怀旧牌"之后的"创新牌"。针对年轻消费者的偏好，"正广和"还设计了复刻版汽水的文创衍生品，如环保袋、徽章等。

另外，复刻版橘子汽水被送往各种"潮"店，成为混搭、跨界的主角。愚园百货公司买手店的"气泡橙咖"、上生新所里酿酒熊精酿酒吧的"香橙小麦"、TX 淮海里 RTD 饮品店的"橙会玩"鸡尾酒饮料、进贤路 House198 小餐厅的"初雪炸鸡 + 橘子水"套餐等参与混搭或跨界的约 12 家店都有"正广和"橘子汽水的影子，就连一些宠物店和理发店也会提供"正广和"橘子汽水或联名饮料。

凭票换汽水的传统销售渠道也没有被遗忘。"正广和"特意印制了一批复古的"汽水券"（见图 19），每逢双休日就在相关潮店附近派发，吸引更多的年轻人去混搭门店免费领取汽水。这与老字号以往的推广方式很不同。从销售来看，反响很不错，部分门店还排起了兑换汽水的长队。

融合式创新的目标永远是创新，而非怀旧，怀旧只是手段。年轻人可能会因为对老品牌国货的好奇和联名营销"入坑"，但品牌想要长期稳定发展则一定要针对年轻人的偏好，找准创新点切入，持续更新理念、创意、产品、营销。年轻人最后会因产品品质真正沉淀下来，成为品牌的长期受众。在融合式创新中，做好差异化、个性化、品质化，赋予老品牌新内涵，体现的是品牌发展过程中的"工匠精神"。

图 15、图 16 "正广和"复刻版橘子汽水海报设计

图 17、图 18 "正广和"复刻版橘子汽水

61

图 19 "正广和"汽水券

食品品牌

"品个"杏花楼

杏花枝头粤香飘，
百年美味展新貌

（创始于1851年）

品牌主要事件

1851年（清代咸丰元年），广东人在上海创建了"杏花楼"的前身：原上海虹口老大桥的"生昌号"番菜馆（又名"探花楼"）。此后，一名在沪广东人徐阿润将店开到了福州路山东路转角处，并改店名为"杏华楼"。

1872年，徐阿润因年事已高，将"杏华楼"转手他人，后又多次易主。直到20世纪20年代，因在沪广东人的不断捧场，"杏华楼"生意日渐兴隆，继任店主将店面扩建为二层楼房。

1927年，当家名厨李金海被推选为经理。他改制店铺，再次扩建门面为"七开间、四层高"的酒楼，并将店名改为如今家喻户晓的"杏花楼"。

1928年，"杏花楼"作为一家粤菜馆创造性地涉足月饼经营。

1930年，清朝末科榜眼朱汝珍为"杏花楼"题写店名。

1980年，"杏花楼"注册了"杏花"图案商标。

1996年，"杏花楼"三字商标在月饼等产品上获得注册。

1997年，"杏花楼"完成了股份制的企业转型，将有70余年历史的月饼工艺配方珍藏在了浦东发展银行的银行保险箱里，成为国内外的热点新闻。

2006年，"杏花楼"荣获"中国名牌产品"称号。

2007年，"杏花楼"被评为上海市级非物质文化遗产。

2010年，"杏花楼"开始多元化开拓销售渠道和网络，全面扩展"杏花楼"在餐饮业等的业务。

在170余年的漫漫岁月中，"杏花楼"品牌融合了几代人的心血和智慧，历久弥新。

牧童遥指"杏花楼"——粤商的沪上餐饮奇迹

拥有170余年历史的"杏花楼",相传由曾在外国邮轮上当过厨师的广东人"胜仔"始创于1851年,主营广东甜品,原名"探花楼"。后来"探花楼"转手给了广东人徐阿润,店名也改为了"杏华楼",后来又在更多不知名的经营者间转手多次,其间门店迁至今天的福州路。因颇受粤籍食客欢迎,以粤菜为主的"杏华楼"生意日渐兴隆。通过不断创新和对菜式的反复改良,到20世纪20年代,已更名为"杏华楼"的饭店发展为沪上精通粤菜并兼营英美大菜(西餐)的著名饭店。

广东番禺人李金海(1876—1947)从1888年开始便在"杏华楼"厨房担任学徒了,经过多年努力,李金海已成为擅长粤菜的当家名厨,于1927年被推选为经理(见图1)。李金海的上任为"杏华楼"带来了重大转折,他发现供应小吃已不能适应商业上的交际酬需要,逐步提出了增加筵席、月饼等业务,使"杏华楼"成为经营"中西大菜、喜庆筵席、龙凤礼饼、回礼茶盒"的著名酒楼。他又盘下隔壁小旅馆,将小吃店翻建成了四层楼大饭店,备有电梯,可同时摆近百桌酒席。所有的外立面除了窗户外全被利用起来,"杏华楼"所擅长的所有菜式与承接业务在外墙上一览无余,加强了广告效应。菜式与店招匾额紧密排在一起的表现形式让消费者在途经饭店门口时不禁以为来到了广州的闹市。店内装潢考究,不论是家具还是摆饰,都流露出高贵优雅、古色古香之感,洋溢着浓郁的文化气息。彼时的"杏华楼"虽然生意火爆,但名气不响,于是李金海接受老顾客、中学教师苏宝华先生的建议,以诗人杜牧的诗句"借问酒家何处有,牧童遥指杏花村"为据,将店名由"杏华楼"改为"杏花楼",既优雅又响亮。更名后,"杏花楼"吸引了大批的工商界、军政界人士,名声大振。这种突出传统优势的经营理念使得"杏花楼"找到准确定位,它既以制作广东菜肴著称,又是显示身份地位的场所。

招牌中"杏花楼"三个大字是清朝末科榜眼、大书法家朱汝珍的手笔,隽秀端庄,具有十足的中国文化气息,三个大字的左侧落款"朱汝珍书",盖上"朱汝珍印"和"甲辰榜眼"两方印章,右侧题"庚午孟冬之月"。这块七尺长、三尺宽的红木店招匾额高悬在店堂上方(见图2)。因此,"杏花楼"三字逐渐从字号变成了注册商标(见图3)。20世纪六七十年代,这个清代榜眼书写的招牌由于员工的巧妙保护才幸存至今。

会宣传,名声传

20世纪早期,为了扩大影响,"杏花楼"在门面上做足了广告。外墙面用水泥圆边雕琢图案,内用木料做字,朱红大漆涂写"巧制欧美大菜,专办中国筵席"。每层屋檐下用

图1　李金海

图2　清朝末科榜眼、大书法家朱汝珍题词的"杏花楼"匾额

图3　"杏花楼"商标

黑玻璃金字表明酒楼的特色和经营范围：底楼悬挂"大汉全席、挂炉猪鸭、海鲜炒卖、随意小吃、广东云吞、包办筵席、欧美大菜"，二楼悬挂"龙凤礼饼、精制饼干、时令名点、四时鲜果、罐头食品、中西美酒、两洋海味"，三楼的招牌是"本楼内设华丽礼堂，专办结婚宴会，精制喜糕寿桃、官礼珍品一应俱全"（见图4）。酒家的经营项目及特点等，顾客在马路上就能一目了然，"杏花楼"开始声名大噪，报纸、电台、电影院更是经常出现"杏花楼"的广告。

清末民初，随着戏曲的成熟和盛行，"杏花楼"为了保持自身的地位和档次，除了在门面上做足功夫，还增设了曲艺表演。这些表演除了增加消费者的体验外，"杏花楼"也因为这些"名角"提升了知名度。如"杏花楼"加入了当时最时髦的"堂差"和"堂会"，请了当时最有名的戏曲演员到餐馆酒楼演出，如"白兰芳""小明星""小三麻子"等。借着名人效应，"杏花楼"趁此创作的在民间流传的一些口头文学，是最对一般市民的心理和口味的。大部分故事中所包含的"反对卖国贼，不当汉奸"等民族气节，无论是在当时还是后来，都是为人所称道的。"杏花楼"通过自搭台自唱戏向外传播的品牌形象以及品牌精神，潜移默化地影响着品牌本身和世人。

除了"名角"外，著名的文人墨客也常常在此聚会，如郁达夫、章太炎等。章太炎为革命运动奔走四方内外，一日他为"杏花楼"的招牌所吸引并进店就餐，熟悉的味道暂时宽慰了这位居无定所的革命家的思乡之情，精湛的厨艺也让他大加赞赏，提笔写下"蜜汁能消公路渴，河鱼为解君臣愁"一句。

改革开放后，一位"杏花楼"退休老员工曾兴致勃勃地向上海档案馆陆其国介绍："你知道吗，在20世纪30年代'杏花楼'就已成了上海广东馆中的佼佼者，驰名中外了。抗战胜利后，它在上海滩上更是一家赫赫有名的饭店。光顾者中不仅有上海滩名流，连市长、美英等外国领事馆官员都是'杏花楼'的座上客呢。上海解放以后的30多年中，'杏花楼'一直保持和发展原有经营特色，除了经营粤菜、广式糕点、月饼外，还兼营茶点、腊味等，深受中外顾客欢迎。"

做月饼，重包装

1928年，李金海见广式月饼在上海市场畅销，决定以"前店后工厂"的形式开始制作和销售"杏花楼"广式月饼。在原来生产龙凤礼饼的基础上，李金海请了月饼名师制定配方，试制广式月饼，着眼于创制本店特色。从这年中秋节开始，"杏花楼"借鉴锦芳饼家和冠生园的月饼，逐只"解剖"，精心研究，他特别叮嘱月饼师傅们，务必对月饼外皮、

图 4　20 世纪早期"杏花楼"饭店外景

内馅、烘焙方式、形状等都做一番研究，将每次的尝试对应上后续试吃者的观感、口味等，不断尝试、总结、分析和改良。最后他们得出结论：锦芳和冠生园月饼受欢迎的原因是形状讨喜，馅与皮的比例适中，品种花样繁多，包装质感好，携带方便。随后李金海定出自己的用料和配方，试制了五六担（每担50公斤）月饼，赠送老顾客品尝，广泛听取意见；后又经过两年试销，反复改进，不断提高，使产品有了自己的特色，受到众多顾客的赞扬。在此基础上，李金海为了保证质量过硬，不远万里从全国各地搜罗优质原料：杏仁购自浙江北山；橄榄购自广东西山；绿豆精选自广东；椰蓉中的椰丝购自海南岛；配料之一的生油，选用全国最著名的青岛生油；白糖使用中国台湾的四分半规格优质绵白糖；玫瑰则采购自苏州……所以"杏花楼"月饼自上市到如今，质量保持领先。

"杏花楼"制饼师傅再接再厉、精益求精，在原来的基础上不断创新，用储存两年以上的玫瑰花取代高粱酒作香料，创制了"玫瑰豆沙月饼"。他们研发的其他月饼，如"金腿月饼"，也都是有口皆碑，声誉日隆，"杏花楼"月饼的广告也是随处可见。随着上海商市的繁荣和发展，生产广式月饼的厂店日益增多，共有"锦芳""杏花楼""冠生园""陶陶酒家""新雅""大三元""利男居""荃香"等8家品牌店，厂商竞争激烈，以至《申报》成为月饼广告的战场之一。早在1888年9月3日，四马路的"怡珍茶居"就在《申报》刊登的广告中写明了"广东月饼"这一名词。自20世纪30年代开始，月饼市场随着上海经济繁荣一同进入高速发展期，月饼品种层出不穷，广告种类繁多。以"杏花楼""冠生园""利男居""新雅"为主的品牌竞争日趋激烈（见图5—图7）。1942年9月13日，《申报》版面中登有"杏花楼""冠生园""大三元"等多家月饼广告（见图8）。

1948年9月17日，《申报》刊登的"杏花楼"月饼广告特别标注了"限价每只最高五角"（见图9）。彼时上海因内战关系，开始爆发灾难性通货膨胀。随后国民党进行金圆券改革，强行搜刮百姓财富，后来又演变为商品抢购，上海经济形势的恶化开始蔓延至全国，金圆券也迎来了大崩溃。"杏花楼"在国难之际不求自保，只为民生挺身而出，为社会的暂时稳定尽了自己的一份力。

再到后来，"杏花楼"月饼已经不仅是作为一种食品行世，而且是成为一种月饼文化。为了在市场竞争中取胜，"杏花楼"借用了一些民间神话传说故事和名胜古迹的雅称，陆续制作了诸如嫦娥奔月、月中丹桂、西施醉月、银河夜月、三潭印月、平湖秋月等30多种特色月饼，这些月饼一上市就受到大众的欢迎。李金海一方面改进工艺，提高月饼质量，一方面针对竞争对手大唱对台戏，大力宣传。终于，"杏花楼"月饼在上海声名鹊起（见图10）。

除了口味，李金海也注重月饼包装。20世纪30年代，上海各家饼店的食品包装朴素

图5、图6、图7 "冠生园""新雅""利男居"月饼广告

图8　1942年9月13日，《申报》版面中登有"杏花楼""冠生园""大三元"等多家月饼广告

图9　1948年9月17日，《申报》刊登的"杏花楼"月饼广告

图10 "杏花楼"小食部售卖刚出炉的中秋月饼

而简单,用纸卷或用薄纸盒分装月饼。极具商业头脑的李金海意识到,月饼常作为礼物送给亲朋好友,像样的包装也很必要,而且上海人讲究生活品位,注重形象,没有精美包装的月饼是不能在竞争中取胜的。

"杏花楼"几度邀请著名画家设计月饼包装盒。1933年,李金海特聘请了上海知名月份牌画家杭穉英为其设计月饼包装插画。杭穉英自幼爱好绘画,13岁随父进入商务印书馆学习广告设计与绘画,于1922年创办"穉英画室",绘制月份牌、设计商标和包装产品,是中国的月份牌画家、早期的商业美术家之一。杭穉英以模仿郑曼陀的擦笔水彩画技法为主,后揣摩炭精肖像画,用炭精粉代替墨色渲染,用原本修补照相底版和印刷制版的喷笔来调整画面色调,表现色彩的细腻过渡,使画面虚实有致,主次分明,自成一派。画面的整体色彩更为鲜艳,没有炭精粉带来的灰色之感。杭穉英将月份牌的设计风格沿用到了"杏花楼"月饼包装设计中,以中秋为主题,绘制了人物、楼阁和山水相融合的写实风格的插画(见图11、图12)。之后绘制的一幅重彩国画《中秋明月,嫦娥奔月》,色彩非常艳丽,具有很强的视觉冲击力。画面的背景环境突出的是杏花盛开的场景,远处则矗立着杏花楼,多彩的晚霞奇妙地变幻着,颜色越变越深,完全是一幅岁月静好的画面,并配以"借问月饼何家好,人人都话杏花楼"的诗句,以及"杏花楼中秋月饼""杏花酒楼中秋月饼"的品牌信息。画面左上方的一轮明月中呈现出月宫的场景:披着绯红色衣衫的嫦娥正脚踏云朵,她的衣裙和飘带如同云朵般舒卷飘飞,衣服褶纹的起伏变化非常流畅,面料的丝质质感颇有光泽。人物面部极为饱满,更具立体感。嫦娥飘然飞向身后两座高耸云边的宫阙,呈现

图11、图12　杭穉英绘制的"杏花楼"插画

出自然放松的身体状态,她优雅地转身,似乎在观望人间中秋月圆人团圆的景象。画面的边框借鉴了月份牌中装饰艺术风格的边框,以一个单位几何图形在上下左右的方向进行带状排列,整体呈现极为整洁,并有一定的秩序性。这幅彩色国画被印在硬板纸上制成月饼盒,一经上市便广受欢迎(见图13、图14)。20世纪60年代,这幅《中秋明月,嫦娥奔月》被销毁。70年代,"杏花楼"请上海著名画家唐云绘制了一幅新的《嫦娥奔月》图。1985年,"杏花楼"邀请了杭穉英的徒弟、连襟、上海著名年画家李慕白为"杏花楼"又重新绘制了一幅《嫦娥奔月》,延续了杭穉英设计的《嫦娥奔月》图,画面基本相同,但嫦娥的动作发生了变化,原本侧身站立、头微微倾斜的站姿改成了重心落在左脚站立、身体向左倾斜的姿势,给人一种腾云驾雾、翩翩欲飞的动态感。画面的最下方增加了店名和地址。"杏花楼"并按此画面制作了硬板纸和马口铁两种包装盒。独特的包装和精美的画面设计还具备了插画海报的功效,在报纸杂志中广泛传播。之后,于1983年注册了"杏花"商标,使用于月饼、糕点、粽子的产品包装上,又增加了总店和分店的地址。20世纪90年代,"杏花楼"荣获"中华人民共和国商业部优质产品"称号,于是在包装上增加了获奖标志,同一时期修改补充了包装上的制造商名称、地址、电话,增加了净含量、保质期、生产日期、贮存方法等信息。几十年未换的月饼盒成为"杏花楼"月饼的标志性包装,"杏花楼"大概算是上海老字号中最恪守传统风格的品牌之一。这个从未改变的传统包装陪伴几代上海人,几乎每家每户都会收藏一个,老一辈人还会将空的月饼盒作为储物盒,堪称"国民铁盒"(见图15—图17)。

海纳百川,文化异质,并蓄发展

人们将上海老字号与上海这个城市几乎等同记忆,而海派文化的形成为上海商业的发展提供了契机与基础。"杏花楼"作为一个外省人来沪创办的新兴品牌,无论是选址的改变,还是经营特色的变迁,都彰显着海派文化的海纳百川、兼容并蓄。"杏花楼"在海派文化的影响下不断发展与创新,为其逐步实现本土化提供了基础。

19世纪下半叶开始,上海的进出口贸易总量从开埠之初的全国10%不到,一跃为50%左右,一举超过广州,成为我国对外贸易中心。小刀会起义、太平天国运动将广东、福建、长江中下游地区,尤其是江浙一带难民推向中立地带——上海,其中有相当一部分是逃亡的地主、官僚、下层民众。1862年,上海人口剧增至70万人,这是上海的第一次人口大迁入。抗日战争爆发,第二次外地人口向上海的大规模移民潮出现。人口从战前的168万猛增至最高峰390多万,战争结束后才略有回落。第三次人口增长为解放战争时期,上海人口增长至中华人民共和国成立前的最高峰,从1945年的330多万增加至1949年年

图 13、图 14　杭穉英设计的"杏花楼"月饼盒

图 15 "杏花楼"早期的月饼包装

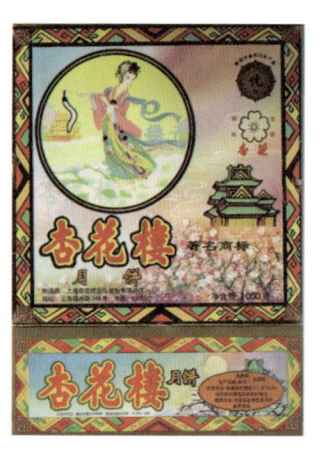

图 16、图 17 "杏花楼"的月饼盒包装设计

76

初的 540 多万，在短短三年间净增 208 万。

从开埠到中华人民共和国成立期间进入上海的国内移民，从方式上看，多属零散、自发、非组织性移民，而不是有组织的集团性移民。上海城市人口的剧增，带来了一系列连锁反应。首先是房地产业异常兴旺。迁入的民众以在租界谋得一立足之地为幸事，于是外国人以最迅速的手段、最简陋的材料，就空地兴建大批房屋，以供给华人居住，而转瞬间获得千倍的巨大利益。其次是商业的不平衡发展。十里洋场混迹的富人们借奢侈生活来发泄他们的愁绪，以服务业为典型的上海商业很快出现畸形繁荣。20 世纪三四十年代，沪上茶馆、菜馆生意兴盛，城厢内外茶馆共有 400 多家。抗战结束后，已返乡的人们看到战火中毁坏的家园，产生了极大的落差感，遂又重回上海谋生，在上海扎根，白手起家创立品牌。也有不少人将品牌迁移至上海，如苏州的雷允上、老妙香室粉局、老周虎臣笔庄，杭州的张小泉剪刀，安徽的曹素功墨庄，北京的王开照相馆，香港的广生行等。同时也有外国人在上海建立外资品牌，如正广和洋行、沙利文糖果饼干面包公司、可的牛奶公司、惠罗百货公司、虹口电影院等。最后是金融业的快速发展。携带大量资产的地主、官僚在沪开办钱庄，从金融活动中谋利。租界钱店当时均系避地官绅所开设，如原在苏州开设典当业的程卧云来上海开办了"延泰"号钱庄。上海人口的剧增，也促使了商业重心逐渐由南市明显向北移。市中心的人口以从事工商业、交通运输业、人事服务和公务的人员为主。

在这些外来人口中，广东人在开埠之初便嗅到了商机，立刻登陆上海，是上海移民中最早和相当重要的一支力量，影响深远。据统计，中华人民共和国成立后，上海 85% 的人口来自外地。1885 年，公共租界广东籍人口有 21013 人，1935 年增至 53338 人，50 年间增加 1.5 倍左右。至 20 世纪上半叶，广东人的百货、商号已遍布上海。其中有民族品牌，如"杏花楼""冠生园""真老大房""北万有全"等，而上海闻名的先施公司、大新公司、永安公司也是时髦的广东人开办的。

同时，广东的文化习俗成为海派文化的重要元素。上海方言中也有粤语的内容，如"埋单""拍拖"等；上海很多经典品牌最早是做餐饮起家的，如"冠生园""新雅粤菜馆""新亚大酒店"等。当时广东人来沪后大部分聚集在虹口一带，同时广东人有喝粥、喝糖水、吃甜品、吃夜宵的习惯，于是广东人在虹口区开了一家主营广式甜品和粥类的夜宵店，也是"杏花楼"的前身。因"杏花楼"经营有道，加之广东人的消费能力，生意越发兴隆，店铺迁至四马路。这是一条对海派文化影响深远的道路，集中了公共租界政务、金融贸易、文化出版、美食娱乐，灯红酒绿，是闻名中外的"十里洋场"的发祥地。旧上海有着"吃在四马路"的说法，而四马路的餐饮均是广东人兴起的。因为四马路的特殊位置，那里商界政界名人出入频繁，那里的饮食也不由得变得中西合璧了。1928 年《申报》上就有广告"杏花楼增添欧美大菜"。"杏花楼"迁址于此必受海派文化的影响与熏陶。

在产品上的创新使"杏花楼"的副业变成主业,一个主营粤菜的酒家却将自己的视野扩展到了月饼市场。在此之前,"杏花楼"的粤菜已经在上海滩小有名气,颇得各界名人与食客的青睐,而月饼完全是一个全新的领域。1928 年 8 月 21 日的《申报》记载:"冠生园月饼出世,制造月饼最著盛名之冠生园食品公司,每年逢中秋节前,特令厂方科学焙炉、制造各种……每年造货总额、连数十万只、但仍有求过于供……"由此可见,当时的月饼是"冠生园"的天下,然而这个强势的局面在 1933 年被改变了。据当时的《申报》记载,"现在市上国货食品中最时髦者,莫过于月饼……即杏花酒楼一家而言,每届中秋节所售者,其数达十余万"。1928 年首次推出自产月饼的"杏花楼",免费赠送一些月饼给老顾客、老食客,听取他们意见后,"杏花楼"才开始展开正式的批量生产计划。"杏花楼"月饼的成功,是海派文化逐渐形成的一个表现,见证了一种全新的中国城市文化的诞生。中秋是中国人的传统节日,并不会被摒弃,作为刚刚脱离了封建社会的中国人,也需要有形式化的节日新习俗来支撑。月饼承接了传统,也发扬了上海滩的创新精神。"杏花楼"的月饼业务顺应了上述风潮,在新旧交替中进行创新,为"杏花楼"在上海的经营奠定了基础。

《申报》还记载了不少的"杏花楼"宴会,商界人士、政界人士、艺术界的名流都将"杏花楼"作为他们的宴请首选地。中华人民共和国成立后,上海原市长汪道涵先生还为"杏花楼"题词"群贤毕至"。从以名人到访为荣到名人以到访"杏花楼"为荣,"杏花楼"这家饭馆已经融入上海的文化中,成为一个餐饮文化的象征。

"杏花楼"的崛起,也与海纳百川的上海对粤菜异常的喜爱有关,甚至与人口不成正比。广东籍人口在清末到民国时期的上海占比并不很高。直至抗战前,粤籍人口有 10 多万,彼时上海人口已在向 200 万迈进。因两次大的战乱涌入许多逃难民众,1949 年的上海人口已增至 540 万,其中江浙两省客籍的有 350 万人左右,而粤籍人数无明显变化。但是说来也怪,抗战时期的上海滩,粤菜已经反超徽菜,变成上海饮食界主流了。至于川、湘、鄂、闽、云、赣、贵等各省的饭馆虽各有绝活,展示了各地风俗,但也不能与粤菜的市场占有率同日而语。

根据美食名家唐鲁孙的说法,上海的饭馆,最早是徽菜称霸,紧随其后则是结合苏南和浙北风格的"长三角"菜系,或也可与本帮菜混为一类。除此之外,淮扬菜早在乾隆下江南之时就已驰誉全国,随着在上海的苏北人多了,淮扬菜也很快在上海扎根。但是最后都不及粤菜在上海的地位。

论粤菜的逆向走红,有着多种原因。其一,上海遍地广东名人,如"一·二八"淞沪会战中打得日军三度增兵易帅的蔡廷锴、蒋光鼐将军,电影界的郑正秋、阮玲玉、胡蝶、郑君里、蔡楚生……其二,在沪广东人中,技术工人多。因上海开埠后发展迅速,人才缺口巨大，需要贸易、外语、船舶、制造行业等专业的工人。广东拥有大批技术工人，恰逢事业失意的部分工人则果断选择北上。其三，因广东下南洋和从事经贸的人已很多，于是部分人将目光瞄准了开埠的上海，因此来沪经商成功的广东人也多。广东帮声势大，他们经营的商业在上海的规模非常大，考究装潢，像著名的永安、先施、新新、大新等几家公司，都是广东人开设的。而四家老乡公司直接在南京路展开了一场粤菜"内卷"：先施公司开办东亚饭店，兼设茶楼和酒家，成了沪上文人聚集地；后开业的永安，也开设了大东酒家，举办了胡蝶轰动电影界的婚礼；新新公司开办了独立的"新都饭店"；大新公司的"五层楼酒家"，有着当时全上海酒家最宽阔的大厅。加上其余广东人均是社会中有头有脸的人物，这些原因一起将沪上粤菜越捧越红。

在沪粤菜不但规模大，而且市场格局"细分"，可谓丰俭由人，来者不拒，满足了所有食客的需求。1839年，第一批潮州人在上海开设"元利"食品号，广东点心就率先登陆了上海滩。有点心就要有茶，于是楼下卖点心，楼上喝茶。这些最早的广东点心店得名"茶居"，因其当时比真正的"茶楼"还要小很多。后来广东点心店又发展为高档的宴席场所，不断发展，引得非广东帮也争相品尝广东菜。淞沪会战前的四川路，广东菜馆林立，呈现的尽是广东美食。四马路上的"杏花楼""梅园"等，南京路上的"大三元""冠生园"等，爱多亚路上的金陵酒家，都是广东帮酒家中的佼佼者。布置方面，各家竭尽装潢之能事，有美皆备：一桌一椅，弹簧坐垫，玻璃桌面；一箸一匙，雕龙画凤，精致不群。走进粤式菜馆仿佛置身于宫殿，身临其境，更是视觉与味觉的双重体验。各家还辟出许多小房间，携侣同往，还可免抛头露面之伧俗，是畅谈衷曲的极好所在。菜的定价方面比较贵，烹饪方法大都半生半熟，不过非常鲜嫩。一段时间内上海最高规格的中餐厅，几乎为粤菜一统。粤菜算是掌握了高端市场话语权。一席酒几百元也有，除军政要客、豪商大贾外，普通百姓无福消受。不过即便囊中羞涩，想要浅尝辄止也不是没有办法。中等的广东馆，三马路、四马路一带不少，像"清一色"等，可以用点"和菜"的法子去叫，即便不善点菜也能吃得满意。一元二角至三四元都有，按照人数的多少而定，可省却单点的麻烦。热盆中最普通的是炒牛肉、炒猪什，炖牛筋一味最鲜美，烧牛尾汤、草菇汤最实惠。还有省的吃法是夜宵，与客饭相仿的一炒一汤，每客不过三角，吃来也很实惠。普通的广东菜馆也有印好的食谱，分门别类，标明价格，随意点叫。伙计送上一张点菜单，食客要吃啥就点啥，冷盆中以叉烧、油鸡价最贱，小酌的话，点下两冷盆，用以下酒。

粤菜口味虽清淡，但菜式精细、复杂，是上海人所追求的。粤菜历史悠久，最初源自中原移民的南迁带入。广东自古物产丰富，且唾手可得，广东人逐渐养成喜好鲜活、生猛食材的饮食习惯。随着历史变迁和朝代更替，广东人虽技法不断精进，但也保留了"脍不厌细，食不厌精"的中原饮食风格。漫长的岁月中，广东菜又博采各地烹饪之长，再根据本地的口味、嗜好、习惯，不断吸收、积累、改良、创新，近百年来已成为国内最具代表性和最有世界影响的饮食文化之一，是异质文化在美食界的缩影，"杏花楼"则又是沪上粤菜的代表。

玩国风

"百年品牌、永续经营"是"杏花楼"的经营理念。1998年，"杏花楼"建立了以月饼为核心的食品衍生产品，形成了"春有糕团，夏吃粽子，秋尝月饼，冬品腊味"的四季品牌，开创了长线与短线产品、传统与新品联动发展的新格局。

2016年，"杏花楼"研发了咸蛋黄肉松青团，并自此成了"网红"，很多人慕名而来，甘愿等待8小时，只为一尝咸蛋黄肉松青团。在互联网时代，微信营销、限量、节日营销是网红产品热销的三大手段。清明前后吃青团，是江南一带的传统特色与文化习俗，青团也是用来祭祀祖先的必备食品。在这个时间节点推出新品能够激发受众的购买欲望，也是提升品牌知名度的一种方式。同时，"杏花楼"利用饥饿营销的策略，每天限量供应网红青团，使得销售量大幅上涨。另外，微信营销刷爆朋友圈的"网红青团""排队买青团"的文字和画面，使得网红青团风靡魔都。传统的饮食文化深入人心，百年"杏花楼"在传承经典中创新，挖掘潜在的消费群体。

"杏花楼"的品牌受众大多是"80后"，他们对品牌食品质量有信赖感，品牌亦承载了他们小时候的回忆。"杏花楼"给人印象最深的，莫过于其制作的月饼。"杏花楼"月饼早已是中秋佳节的一个象征，过中秋吃"杏花楼"月饼，已经成为一代又一代人的深深情结。因此，品牌的忠诚度较高。而"90后""00后"的受众群体对老字号品牌关注度不高，缺乏对老字号品牌的了解。因近些年网络曝光度不高，"杏花楼"销量增速有放缓之势。寻求品牌年轻化与电商销量突破之道，成了"杏花楼"最大的课题。

随着近年"国潮风"热度持续攀升，"国潮风"成为当下年轻人的时尚文化新宠。以"90后""00后"为代表的群体出生在综合国力强盛的年代，他们更自信并更有民族认同感。2019年，"杏花楼"顺势携手天猫平台，结合品牌悠久的国风古韵，以国潮为载体，邀请"90后"消费者共同体验中秋传统文化之美。在线上，针对"杏花楼"新品"花语月"月饼，围绕国风中秋场景，"杏花楼"携手天猫举办美食大牌日，首先在抖音平台推出"花楼邀月"短视频，根据四位国风达人的不同人设，打造了不同创意形式的"花楼邀月"。活动期间，"杏花楼"邀月主题活动在抖音上引发众多位国风爱好者参与UGC（User Generated

Coutent，用户原创内容）创作，为活动定制的国风主题曲《花楼邀月》因其浪漫的意境、朗朗上口的旋律，受到了国风爱好者的一致好评，而"杏花楼"新品"花语月"月饼也收获了一波绝妙的曝光机会。在线下，为弘扬传统中秋文化之美，"杏花楼"在魔都国风新地标豫园内的高雅会所海上梨园，举办了一场视觉与味觉的盛宴《花楼邀月宴》。古色古香的花色提篮、20世纪80年代经典的国民嫦娥铁盒、充满传奇色彩的酱香白酒大五仁等"杏花楼"招牌月饼，又一次进入年轻消费者的视线。仅当晚活动时段，就促成了1700多人进店，700多人加购，上百家媒体报道、转载了此次国风活动盛况。

配合"国风月饼"，"杏花楼"还推出了雾羽屏折扇、半遮面团扇、万象锦囊丝质包袱皮等精美赠品，并将花好、月圆、诗美等中华美学元素融入"花语月"限量版外包装设计中，定制成才子版、佳人版国风限量礼盒。这样做一方面迎合了男女国风爱好者的消费需求，让消费者能够更深切体会到品牌所营造的场景氛围，形成品牌记忆；另一方面可以作为促销的利益驱动力，帮助品牌更好地完成销售目标。

"杏花楼"基于传统背景，结合适应时代的经营理念和宣传方式，在一众老字号情怀路线中，找到了"国潮风"新方向，助力老字号获得新的品牌生命力和号召力，实现品牌年轻化。

除了与老品牌联手，"杏花楼"也与新品牌合作，更有与国际品牌的"隔空对话"。利用了老品牌厚重的文化积淀，"杏花楼"向市场借力借势、营销跨界，顺应了我国消费升级的大趋势，令品牌文化的输出热火朝天。对于年轻消费者，购物不再只是为了吃饱穿暖，而是要从中获得全方位的感官体验与情感满足，因此提升品牌价值是老品牌引流年轻消费者"种草"的核心手段。一批老字号抓住国潮消费趋势，摇身一变成为新消费市场的"网红"，成功"出圈"。

"朕的心意·故宫食品"月饼礼盒是"杏花楼"与故宫的合作产品，全方位展示不断进步的制饼技艺，让更多人了解了中国优秀传统食品的文化深蕴，让国人的舌尖获得被历史沉淀过的记忆与时代发展赋予的品质味道。盒内有一枚重达600g的广式金腿五仁月饼，其饼模雕刻由国家工艺美术师、中国工艺美术大师、进入国家非物质文化遗产名录的黄杨木雕传承人高公博大师监制。饼模的设计灵感源于万历年间的《剔黄龙凤纹圆盘》。这只圆盘为清宫旧藏，盘心以红漆刻方格花卉锦纹作底，用黄漆刻俯仰相向的龙凤腾飞于海水江崖之上，嬉戏于缠枝花卉之中，追逐着一颗滚动的火球。整幅图案气势富丽豪华，花纹细谨生动，用此图案雕于饼模之上，加上来自"杏花楼"的传承技艺，让这枚月饼有了故事感。

1851年诞生的"杏花楼"与1886年创立的可口可乐公司都拥有百余年历史，这两个品牌携手，让传统的月饼有了国际范。这一大胆和富有想象力的创新融合，在国内外月饼界和饮料界均属首次。除了志同道合的惺惺相惜，双方也非常重视对知识产权的保护。"杏花楼"的月饼配方于 1997 年 7 月 29 日珍藏于上海浦东发展银行的保险箱内，而可口可乐的配方则被存放在花旗银行特定的保险箱中。

"杏花楼"首创的纤维月饼遇上可口可乐，"纤维 + 汽水"，如同"在对的时间碰到对的人"，完美呈现"美味与健康并存"的品牌联名理念。"杏花楼"的纤维月饼，由"杏花楼"第五代月饼传承人带领团队共同研发。为了保证"杏花楼"月饼的品质，纤维月饼的内馅配比经过无数次的调整，其口感和味道都属于月饼界的创新，6% 高含量的膳食纤维让"杏花楼"的纤维月饼在同类产品中独树一帜。

消费者选购某一跨界产品，满足的需求很可能也是跨界的。对跨界品牌的价值迁移和延伸，会使消费的体验更加饱满，也可更好地针对消费者的个性化需求，融入年轻消费圈层，为老字号品牌注入生机。所有品牌都希冀不仅能创造出优秀的品牌产品，还能与消费者产生稳定的情感连接，满足特殊的精神需求。老字号品牌亦希望通过跨界创新给消费者带来优质的产品与独一无二的精神或感官体验。随着时代的改变，主要的消费人群在改变，与之对应，消费者的口味也在不断变化。近年来，吴裕泰开发了许多的茶叶衍生品，比如成为王府井"网红小吃"之一的茶味冰激凌，还有太妃奶茶、抹茶饼干、茶味口香糖等，成功"圈粉"了年轻消费群体。"老"与"新"的结合，创造了独树一帜的文化新体验。旺旺与自然堂联名推出的"旺旺雪饼"气垫粉底，也受到了消费者的肯定，顺应了年轻消费群体的喜好，与消费者玩在一起，树立了更加鲜明的年轻化品牌印象。

现如今的"杏花楼"，不仅传承着老字号多年的经营经验、饮食文化、人文历史沉淀，也顺应人们变化的观念，与时俱进，加入现代的元素和需求，注重创新。新观念、新体制、新机制的形成，使品牌战略卓有成效地实施着。"杏花楼"的品牌声誉、经营能力迅速得到了充实和提升。杏花枝头粤香飘，百年美味展新貌。经历了百年沧桑的中华老字号"杏花楼"，展现在我们面前的不仅是我国博大精深的饮食文化，也是对待历史文化的传承与创新的精神。

日化品牌

"涂个"双妹

海派名媛,盛装归来

(创始于1898年)

品牌主要事件

1898 年，冯福田在香港创立广生行，"双妹"品牌诞生。

1903 年，"双妹"品牌正式登陆沪上，在塘山路成立上海发行所（即专卖店）。

1904 年，因生产"双妹"牌雪花膏等化妆品而闻名的广生行，参加在美国圣路易斯举办的世界博览会，一举荣获世界博览会大奖。

1909 年，冯福田邀请好友梁应权、林寿庭等人共同出资 20 万银圆，将广生行进行重组，并更名为"广生行有限公司"。

1910 年，"双妹"入驻上海南京路 475 号（见图 1），并聘请关慧农等月份牌名家为其绘制月份牌广告。同年，广生行投入巨资，在上海塘山路建厂，主要生产"双妹"牌雪花膏、花露水、生发油和爽身粉等市场上热销的传统化妆品。

1911 年，"双妹"产品获得中国优质金奖。

1915 年，"双妹"旗下美妆香水品类丰富，其经典产品"粉嫩膏"在巴拿马世界博览会上获得金奖，中华民国大总统黎元洪亲笔为其题词"材美工巧，尽态极妍"。巴黎时尚界用 VIVE（极致）赞美"双妹"品牌的完美，由此 Shanghai VIVE 成了"双妹"的另一个名字。

1930 年，"双妹"上海发行所改为上海分厂，即上海家化联合股份有限公司的前身。

1949 年，上海解放后，广生行有限公司沪厂与香港广生行分离，但仍然生产"双妹"牌化妆品。

1956 年，上海全面实行公私合营，相继有 24 家私营企业并入广生行有限公司沪厂。因特殊历史原因，"双妹"品牌在大陆逐渐淡出市场，而香港地区则使用"双妹嚜"（"嚜"在广东方言中意为"牌"）生产部分大众产品。

1989 年，广生行创始者冯氏家族退出广生行，第二年被百富勤收购。

1999 年，广生行在金融风暴中宣布倒闭。

2007 年，"双妹"品牌被重新包装推出。

2010 年，上海家化以"双妹 Shanghai VIVE"的新名称重新推出"双妹"品牌，其首家旗舰店开设在上海外滩的和平饭店。

2013 年，"双妹"推出首款女士包袋系列 X-BAG。

2015 年，"双妹"甄选礼遇套装荣获 TOPWARDS ASIA 设计大奖。

图 1　广生行有限公司设在上海南京路 475 号的门店旧影

"双妹"姓冯,向美而生

冯福田,广东南海人,19世纪末在广州经营化妆品,光绪年间从广东来到香港,在香港德建洋行经营药品,逐渐得到英籍药剂师的赏识。1898年,踌躇满志的冯福田靠着2万银圆积蓄买下一间民房和设备,创立了广生行。建厂初期,冯福田从日本进口原料调配生产,推销则靠的是走街串巷的货郎吆喝。

内地的巨大市场还是让冯福田心向往之。自鸦片战争以后,西方的化妆品逐渐进入中国,在洋货的冲击下,仅化妆品的进口,就给中国带来巨大的贸易逆差。上海作为当时中国的第一大商埠,市场繁华、闻名全球,化妆品业亦以其地最称发达。左思右想,冯福田在1903年把中国第一个化妆品公司广生行开到了上海。靠着外国进口的上好原料、亲民的价格,广生行打开了销路。这期间,广生行的经营模式是"香港生产,上海销售"。其间,冯福田又弄来一张花露水的配方,用自己在洋行所学的技术反复实验,研发出了具有中国特色的花露水,取名"双妹"。

1909年,冯福田又与好友共同出资正式注册广生行,更名为"广生行有限公司"。1910年,广生行投入巨资,在上海塘山路建厂,主要生产"双妹"牌雪花膏、花露水、生发油和爽身粉等市场上热销的传统化妆品。1910年,上海人口已从开埠初期的27万增至128万余人,化妆品为消耗品,通常使用量同人口成正比,消费量甚高。根据《上海日用工业品商业志》记载,20世纪二三十年代,上海化妆品业发展较快,至抗日战争前夕,已有近100家作坊或工厂,其中不少是前店后厂,产销一体。1927年至1937年是化妆品业在上海发展的黄金十年。在上海新起的数十家化妆品厂渐渐能遏制舶来品的输入。中国最早的化妆品品牌是清朝道光十年(1830年)创办的"谢馥春",而后同治元年(1862年)有"孔凤春",光绪时期又有"双妹"。

1915年,广生行公司参加农商部举办的全国商品展销会。那时,"双妹"牌雪花膏等作为生活用品,以它过硬的产品质量和新颖、独特的产品包装,荣获展销会特等奖。注重本地融合的"双妹"也有着国际视野,同时反向输出着融合概念,墙内开花墙外更香。1911年,"双妹"获得中国优质金奖。4年后,又在巴拿马世界博览会上一举获得金奖。当时的民国大总统黎元洪也亲笔题词"材美工巧,尽态极妍"。一时间,"双妹"因世界博览会而蜚声海内外,盛名远播,并成为沪上名媛与名门闺阁追崇的美颜神话。"双妹"品牌的"中华国际风"甚至引起了世界时尚之都——巴黎的关注,巴黎时尚界用了最热烈的词汇VIVE(极致)来盛赞"双妹"的完美。这也是后来Shanghai VIVE成为"双妹"英文名称的由来。

1930年,"双妹"上海发行所改为上海分厂,专门生产"双妹"牌雪花膏、花露水和爽身粉等市场上热销的传统化妆产品。上海分厂增加了生产任务，改变了"香港制造，上海销售"的模式。这时期的民族化妆品业在产品上逐渐从多而杂转向少而精，集中产出优质产品，还在全国各地开设分店，促进了民族化妆品业的发展。为了降低产品运输成本，同时也为了进一步扩大生产规模，公司决定将今后主要的生产经营活动由香港转向内地市场。当时，公司经过多年市场调研，选定内地交通方便、化妆品销售较为集中、有一定发展前途的大城市上海作为今后公司生产销售的基地。1932年10月27日《申报》的广生行广告中可见"本行自设大规模制造厂于香港、上海、广东三大厂，专心研究化妆修饰品，畅销三十余年，各省均设支行"。由此可见，广生行在上海营业之发达。根据《图画日报》记录，从那以后，"双妹"身上的上海味道就更浓重了，以至于现在很多人很难想起"双妹"曾经是一个创立于香港的品牌，更难以想象它曾经在很长时间里一直都是"香港生产，上海销售"的模式，而误以为它是上海品牌。香港和上海有着类似的受列强殖民统治的经历，也造就了剧烈的碰撞和融合。"双妹"的故事，很像是中国的一部经济简史，从港到沪，见证了这两个经济大都市的拔地而起，又见证了沪港之间的亲密。抗战时期，社会动荡，化妆品原料供应被日本控制，广生行生产时断时续，一直到解放战争，"双妹"化妆品营业额连年下跌。

1927年至1937年是民族品牌发展的"黄金十年"，虽然1932年发生的"一·二八"事变一度产生影响，但幸而此时期各化妆品厂基础已固，尚无大碍。稳定的政治环境为化妆品业的发展提供了重要保障，上海这座"东方巴黎"更是极尽所能地向世界展现着自身的优越。繁荣的经济、娱乐的盛行、"美丽文化"的形成，又进一步地为化妆品工业的发展铺平了道路。而西方技术的深入引进、化学水平的不断提升，使得化妆品的制造越来越精细，化妆品业取得了长足进展，渐至繁荣状态。1933年，我国有史以来第一部商标方面的大型工具书《东亚之部·商标汇刊》中记录了当时注册并使用的各种化妆品商标共373件。1934年的《申报》也提到上海制造化妆品的工厂，大小共七八十家，其经售化妆品者，为数有七八百家之多。可见，20世纪30年代国内化妆品行业的迅速发展与激烈的竞争。此时，整体上化妆品业的盈亏彼此相抵，赖以维持。但具体到各个企业，财政状况不尽相同。大公司如广生行股份有限公司、永和实业股份有限公司这般，实力雄厚。广生行专制化妆品，在同业中历史悠久，其出品以"双妹"为商标，通常每年营业总额约四百万元，年派官红利一分余，该行全部资产值七八百万元，基础巩固，财力充裕，平时周转也尤为灵活。

自此至20世纪40年代，冯福田先后在铜锣湾和香港仔自建物业，又在上海东北角的塘山路设广生行有限公司沪厂（上海家化联合股份有限公司的前身），并在香山、东莞、汉口、天津、南京多地开设分店，产品销路扩展至南洋。冯先生随后成功使广生行股票在香港上市。

1949年后，广生行内地业务虽然被剥离，但靠着香港及东南亚市场，广生行逐渐成为一家拥有22亿元资产的集团公司。

早期国外化妆品进入中国市场，主要面向家庭富裕的上流人士，主打产品新颖，设计独特，价格昂贵，定位即奢侈品，但仍需与中国民族化妆品企业结合。当时的市场需求呈现出两条路径：一是沿袭高端定位的奢侈品，二是生产亲民的日用品。首先，沿袭高端定位的奢侈品，比如20世纪20年代左右，所敦侍牙水粉每瓶一元，美容药料花颜水大瓶一元，美国棕榄公司香水每瓶二元五角，洗发水一元五角等。即便是国产化妆品，有些售价也非常高昂，如中国化学工业社所产三星牌香水五元，紫罗兰香水三元，一号香水一元。淞沪会战爆发后，奢侈品类化妆品的价格也未曾下降。美国老牌三花霜每瓶一元五角半，林文烟花露水每瓶七角五分，旁氏白玉霜每瓶三元五角。1939年，上海乐安公司销售的大号花露水三元三角六分，白玫瑰香水五元四角。然而，当时女性的工资有限，在上海职业界的女职员中，银行和机关里的女职员好一些，学校、公司和商店里的女职员的收入就不及她们。她们工资多则几十元，少则几元，怎么够用呢？文章《如何花75元在上海生活一个月》["How to live in Shanghai on $75(U.S$12) a month"]记录了一位上海妇女每月75元工资的日常情况：每月租房花费21元，另外多给房主1元表示感谢，伙食费35元，19元可以用来买杂物、化妆品和支付交通费，剩余的10元用于买衣服。然而10元钱在上海是完全不够职业女性买一件衣服的，所以她们只能缩减伙食费。由此可知，售价如此高昂的化妆品绝非普通市民所能够消费的，而化妆品数量的持续增加，一方面是因为国内制造的数量增加，另一方面是因进口化妆品的数量增加。中国的富裕阶层更讲究生活品质，不太在乎使用的化妆品是国货还是舶来品。化妆品行业开始生产亲民的日用品，此类产品与日常生活相关，售价也便宜很多。上海中英大药房的玫瑰花露香粉一角，玫瑰花露香水粉二角五分，玫瑰香皂二角。"双妹"花露水大号每瓶四角，二号每瓶二角半，三号每瓶一角半，四号每瓶一角，擦牙香水每瓶二角半，擦牙香皂每盒三角半，擦牙香条每支三角半，纸包牙粉每包三分。外国品牌如旁氏白玉霜每瓶三角四分，巴黎檀香皂每块二角五分，硼酸凡士林售价一角。日用品虽相较于奢侈品售价已属低廉，但对于当时普通民众而言，仍是一笔不小的开支。"譬如就一个寻常的女子说，她每一个月用一瓶生发油，洋三角；又每一个月用两瓶雪花粉，洋三角；又每一个月用一块上等肥皂，洋五角；又每一个月用一瓶香水，洋一元。将这四件共计起来，每月便是二元一角，每年便是二十五元二角。"而为了能够将化妆品推销给大众，化妆品的经营者往往会从价格、包装、促销等方面来吸引消费者。

无论是奢侈类化妆品还是日用品，它们对当时的上海消费者而言都是一笔不小的开支。在与舶来品的竞争中，民族企业家们逐渐意识到宣传在售卖过程中的重要作用。冯福田逢开业及节假日在广生行开启促销模式。开业那年，冯福田在广生行隆重举办了为期三天的大型减价酬宾活动，借机推出"双妹"新款雪花膏等产品。除了平日的产品广告宣传，他还在上海最具影响力的《申报》上刊登广告。1919 年 5 月 5 日，《申报》第三版面刊登了"双妹"的广告"广生行南京路双妹牌，本国货化妆品名目多，九周期，四月初，初五起，初十过，照码减，八折沽，好机会，勿错过。广生行九周纪念，所有货物减价，八折五天"（见图 2）。1920 年 5 月 23 日，《申报》第三版面刊登了广生行十周纪念广告："南京路广生行所制出之化妆品，为中国发明之最早，近数年来，颇能制胜舶来品，于是生意益形发达，南北分行已不下四五十家，本年为该行十周纪念，爰定大减价七天，昨为减价之第一日，天气虽阴，主顾颇多，门首五色国旗，迎风飘荡，铺面陈列新到各货百数十种，如香水香皂香露香油香粉香膏，装璜灿烂，令人夺目，欲购化妆品者，盍往试之"（见图 3）。此外，冯福田还在上海市中心马路和主要的高楼上张贴"双妹"的大幅广告，从而扩大"双妹"品牌及产品的知名度。广生行是近代上海民族化妆品业中最早利用"国货广告"进行宣传的品牌。广生行初进上海时，就已经注意利用民众的爱国情感进行宣传，其广告语为"今日同胞均具热忱爱国之心，有振兴土货之志，无论远近，故皆来购用"，将民众的爱国之心与购用国货的行为联系在一起。1914 年，广生行刊登出明确带有"国货"二字的广告"热心国货，诸君注意""提倡国货之好机会"。这些广告正式拉开了民族化妆品业运用国货广告的序幕。

电影明星在拍摄电影时都会涂抹化妆品，化妆手法非常娴熟，包中经常备有各类化妆品、粉扑等。电影女明星王汉伦息影银幕后，独资于霞飞路巴黎大戏院隔壁四五八号创设汉伦美容院，并发明化妆品数种。上海的名媛对化妆品的热爱，亦不容忽视。沪上著名作家程乃姗曾说："称为'名媛'绝对讲究阶级讲究出身的。她们既有血统纯正的族谱，又有全面的后天中西文化条理。" 民国的纷乱与繁华，为名媛们"一展身姿"提供了绝好的舞台。陆小曼、赵一荻、宋氏姐妹、唐瑛等人，无不热爱装扮。唐瑛惯用的香奈儿（CHANEL）香水、菲拉格慕（Ferregamo）高跟鞋、迪奥（DIOR）口红，即使放到现在，也是摩登、时尚的。上海的"大家闺秀"和"小家碧玉"，也分别引领着时尚。大家闺秀们热心于跟风，巴黎新近时兴一种什么衣装，伦敦新发明一种什么香水，她们早已关注到了，并且立即模仿起来。她们将黑发染黄，在自己的脸上涂上"黄胭脂"，尤其是在两眼旁画上一个巨大的"黑眼圈"。此外，女学生也是化妆品的重要消费群。最初的女学生，追求的是质朴，无需化妆，无需佩戴华丽配饰。20 世纪 20 年代后的上海女学生，接受新思想，标榜自由，不拘旧俗，日趋追求时尚，看见明星有新奇的装束，也跟着模仿。她们喜爱化妆品，都成了店里的常客。

图2 1919年5月5日《申报》刊登广生行九周纪念广告

图3 1920年5月23日《申报》刊登广生行十周纪念广告

女性注重形象，可以增益精神，展现美丽容颜。美丽的妆容不仅能悦己悦人，对物质文明的发展也有很大的作用。1947年12月5日的《申报》上就刊登过一则很有趣的例证《美貌的代价》，战时英国为节约起见，把化妆品的产量限制到战前的25%。结果据英国战时生产局报告，人民情绪大为低落，战时工业的生产效率逐渐下降。之后在各工厂设置了化妆品站，生产效率继续上升了。化妆的功效这样卓越，是让人意想不到的，于是有关部门又将化妆品的产量增加到战前的一半，并且规定军火工厂中女工的美容办法，使她们能重施脂粉。政府还特地供给她们一定数量的化妆品。

1949年上海解放后，广生行有限公司沪厂与香港广生行分离，但仍然生产"双妹"牌化妆品。1956年，上海全面实行公私合营，广生行有限公司沪厂吸收数家化学品厂后更名为"公私合营广生行制造厂"。香港广生行在香港地区继续使用"双妹嚜"生产部分大众产品，又赴东南亚注册"双妹"商标，"双妹"逐渐淡出中国内地市场。

1958年，广生行、明星家用化学品制造厂、东方化学工业社、中国协记化妆品厂合并成上海明星家用化学品制造厂。60年代初，该厂推出"友谊""雅霜"护肤品。1967年，上海明星家用制造品厂改名为"上海家用化学品厂"（即上海家化）。

20世纪末，上海家化改制，家化集团成立并在2001年上市。上海家化为复兴有价值的老品牌，将"双妹"定位为高端品牌，打造国货中的"爱马仕"，价格不再亲民，采取产品线拓展的品牌延伸策略。

"双妹"视觉形象变迁与广告发展

所有历史悠久的品牌，只要经过时代变迁就一定会融合特定的文化符号、历史烙印或地域记忆，映射着那一时代人的审美情趣和社会风貌。"双妹"品牌的复兴过程中，最优先的便是再设计与创新其品牌商标。品牌标志或商标作为品牌的视觉宣传核心，既是信息传播符号，又承载了产品的文化理念。作为特定的品牌信息，商标图案能在品牌传播中宣扬一致性，设计风格也可以表达人们内心细腻的情感，在内心深处引起消费者共鸣，俘获特定的消费群体，视觉符号的更新升级也能向社会传播新的文化和人文理念。

"双妹"品牌在20世纪三四十年代发展到顶峰，当时的中国社会处于新旧交替的阶段，社会制度和社会秩序的变化、动荡，以及外来文化与中国传统历史发生巨大的碰撞，新思潮不断出现。从广生行公司注册使用的"双妹"牌商标看，其名称是用毛笔字书写的"双妹"繁体字。它与所生产的化妆品非常贴切。因为"双妹"的"妹"字，与"美丽"的"美"字谐音，"双妹"即"双美"，意为使用了"双妹"牌化妆品后，能使广大妇女"谓色美、香亦美"。"妹"字，通常是指少女，而"少女"两字合并，又组成一个"妙"字，双"妙"并列，便能使"双妹"牌化妆品顿生亲切与美感。因"双妹"以女性为消费主体，商标图样选择了两位青春少女，体态优美、神情庄重。两人身穿旗袍，微微而笑，手挽着手，一前一后。一位穿红，一位着绿。一人手持鲜艳花卉，一位手拿花露香水，令人顿感美妙（见图4）。清秀的旗袍姐妹花形象代替传统意义上的商标。除了尺寸上超出通常范畴，这个有些"过度拟物化"的商标中的女子穿着打扮都是当时社会中最为时尚潮流的风格，而背后的用意是力图展现"双妹"品牌的消费群体是最时髦的。同时，"双妹"在商标图样的两侧标注了中文"商标注册"和英文TRADE MARK。2010年以前，"双妹"一直沿用最初的商标，未曾改变。

在市场冲击下，"双妹"品牌因缺乏现代化的品牌标志设计以及配套的营销运作，逐渐淡出人们的视线。在此背景下，上海家化想要复活"双妹"品牌光靠产品质量是不行的，还必须从"双妹"品牌标志设计上给予人视觉冲击，配合各种组合拳给消费者留下深刻印象。现代"双妹"品牌标志设计的创新，应当将传统元素和现代元素融合，既让消费者感受到复古的气息，又不失现代元素，在挖掘其背后所体现的中国传统文化内涵的同时展现女性的形象之美。

"双妹"的品牌标志主要分为两部分。首先，品牌选择延续传统的旗袍姐妹花形象作为特大号LOGO，不过细节上做了诸多调整：1.转变为现代女性形象，但发型和妆容等古今结合；2.将全身像改为半身像，并设计了姐妹双人形象的互动动作；3.摄影用光和后期调整均向摩登风格靠拢。以上多处改变使"双妹"标志在延续古早风格的基础上，还能融合简约化和扁平化的改进，可谓功力不俗，在整体上能够明显感知到古典与现代的碰撞，随之而来的是观者能够慢慢体会的融合之力和谐感。在画面构成上，两位温婉的月份牌形式白描女子全身像为一正一侧平面化了的矢量化插画效果的半身像所取代，以简洁现代的设计手法做出的复古特效更有利于传播，强调"复刻彼时华光"。

再者，在品牌标志的字体设计上，新设计为无衬线体的"SINCE 1898"和衬线体的VIVE，再配上连体的繁体"双妹"二字为主体，简单而有装饰性。其中英文VIVE中的字母V进行细节上的创作，类似于复古的卷草纹，又形似女子纤瘦、性感的侧脸，两个V形成对称，呼应了主题，强调了品牌的核心价值——上海海派文化的"嗲"[1]风情和上海女性的独特气质。从具有历史意义的英文名称VIVE可以看出，"双妹"在由古典到现代的设计转变过程中始终是由"极致"的理念在引领着的（见图5）。

有了名字、标识，"双妹"开始顺势推出基于此设想的广告画、广告卡等。一开始广

---

[1] "嗲"字在沪语中拼音"dia"，形容词，意为娇柔、妩媚、姿态有魅力。该拼音参考了钱乃荣教授的著作《上海话大词典》。钱乃荣：《上海话大词典》，上海辞书出版社，2018，第407页。

图 4 "双妹"注册商标

图 5 "双妹"品牌标志设计

生行内部拥有配合生产的简单设计部门，而产品的造型和包装，尤其是广告创作，则是广生行内部较弱的设计能力所不能承担的，于是广生行后续还与当时香港、上海等地的商业美术名家或是机构合作。

"双妹"产品的黑白广告画的风格介于中国白描与西洋素描之间，是当时消费者喜欢的广告形式，和当时的流行刊物《礼拜六》《世界画报》中的人物插图保持了一致的风格。这些广告画多出自20世纪初活跃于上海的画家徐少麟的手笔，广告画中亦有"少麟"署名（见图6）。

由于一开始产品较少，"双妹"在广告画、产品卡中更注重单个产品的宣传（见图7—图9）。"双妹"产品卡的大小是16厘米×11厘米。从三张产品卡中可以看出，人物身材娇小，体态轻盈，站立在画面的中心位置。背景的环境体现了当时都市化的生活情景。"双妹嗱雪花膏"的产品名称放在画面的顶端，品牌的标志以左右对称的方式放置在产品名称的下方，以此强调、突出、提示消费者认准"双妹"的品牌标志。画面的最下方则标注了"各埠大商店均有发售"，以作提示。值得关注的是，画面中雪花膏包装盒的比例较大，与画面中的人物、背景形成强烈的对比，产品的造型得到了非常细致的刻画。同时，产品卡的背面详细描述了雪花膏的质地、功效及价格，突出了产品适用于男女老幼各个年龄的消费者的特点。"双妹"产品卡如同当时的"老刀牌"香烟广告，每个产品内夹送一张小画片，成为当时人们最喜欢收藏的大众化艺术品之一。这对广生行迅速夺取雪花膏等产品的销售市场起了重要作用。在林文烟花露水、夏士莲雪花膏等产品畅销于中国的刺激之下产生的广生行，在上海的生产与营销策略是中国现代品牌策划与产品设计推广的一个典型案例，反映出中国在20世纪早期的设计体制的一些重要特征，体现了设计师、设计机构与企业合作的方式，也反映了设计在产业发展过程中所起的作用。

另外，为了应对不同时期、不同人群、不同场景下的宣传需求，"双妹"还在一些报刊上使用更简易的单色广告宣传，全部使用黑色油墨印刷，风格上区别于上述的一些彩色的精美产品卡（见图10—图13）。

随着品牌产品线的拓展，"双妹"还用月份牌的广告形式将所有产品整合进行集中宣传，这标志着品牌的发展进入成熟期。画面中的人物比例也越来越大，对人物细节的刻画更深入，画面从黑白变为彩色。20世纪二三十年代，随着商品经济的快速发展，一种新型的商业美术作品开始以全新的方式出现在人们面前，这就是被称为"月份牌"的新型画种。关于"月份牌"一词，本是一种表示节气、月历表牌的专用物名。在我国出现较早的品种，如苏州桃花坞，就出版流行过一种中间为画，两边标有年份、月份、日期、节气的年画。当时，赠送月份牌已经蔚然成风，特别是销售吕宋彩票的"鸿福来""一定中""快得利"

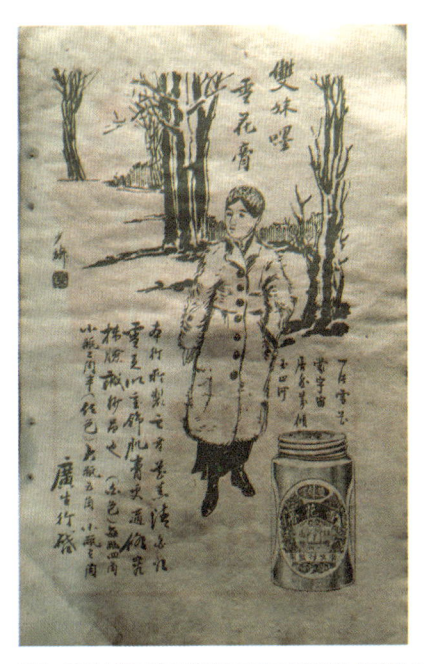

图6　20世纪初活跃于上海的画家徐少麟绘制的"双妹"广告画

图7　"双妹"雪花膏产品卡1

图8 "双妹"雪花膏产品卡2

图9 "双妹"雪花膏产品卡3

图 10 "双妹"广告 1

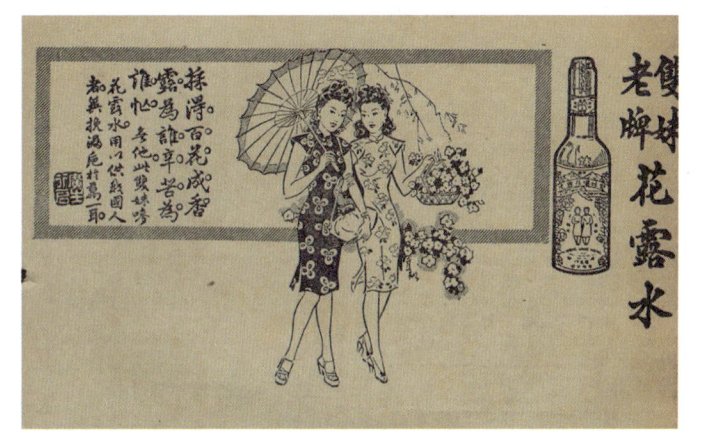

图 11 "双妹"广告 2

图 12 "双妹"广告 3

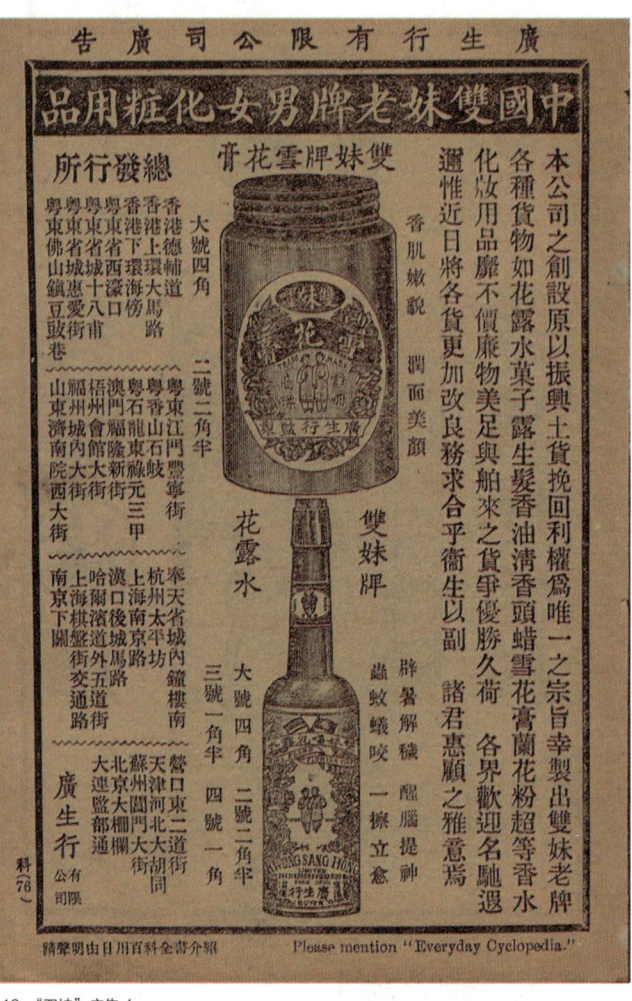

图 13 "双妹"广告 4

等票行都推出了"附送月份牌得彩,年内兑洋"的广告,吸引了许多彩民,使彩票销路甚畅。之后,月份牌为越来越多的中外企业所青睐,因为它能直接反映各种阶层喜闻乐见的现实生活,为商品经济的发展起到推动作用。在内容的选择上,月份牌画在开创初期的创作元素全都源于中国,只是不同时期的题材各有特点而已。初期的题材丰富广泛,从历史掌故、民间传说到时装仕女,无所不包。自1912年后,随着中外工商业的竞争日益激烈,月份牌的题材明显地反趋单一化,大多是时装美女类。作为一位典型的民国实业家,创始人冯福田看到外商向中国倾销商品时利用先进的广告宣传使洋货在国内市场占据主导地位,他意识到广告在影响销售方面的威力。

1928年,郑曼陀为广生行有限公司创作了《双妹图》月份牌(见图14)。图中两位女子身材娇小,眉眼间富有东方韵味,细眉、丹凤眼、小嘴,但人物表情呆板;身穿元宝领、窄袖短袄与长裙,浑身包裹得密不透风;垂丝前刘海髻发型能凸显出中国女性初为人妇时的娇羞、温婉的韵味,这也是当时作为大户人家的少奶奶最常梳的发型,通常也会在发髻上插有簪、钗、华胜、步摇、花钿等装饰品。广告的背景环境是一个安静、舒适的公园,有小桥、湖面、亭子、绿植、花卉等,呈现出女子结伴漫步公园,岁月静好的模样。画面场景中还特意植入了"双妹"产品道具摆放在地上。20世纪二三十年代,大部分月份牌仕女图都有"曼陀风",郑曼陀开创的擦笔水彩技法让月份牌独特的广告形式逐渐形成。他先是将人物轮廓、线条粗细描绘出来,再使用西方水彩为人物着色,在这当中,既杂糅中国传统工笔人物画像技术和写意风格,又结合了西方水彩画法和擦炭勾勒技术,纹理细腻,色彩柔和,女性形象在郑曼佗笔下成为一时经典。《女子读天演论》《乘火车》《女学生》《打网球》等作品展现了健康的女性形象,广受市场欢迎。郑曼陀的画法既具有东方传统工艺的特征,又具有西方绘画明暗法则下的立体效果,非常符合当时上海中西文化交融之下的普通大众的审美情趣。广告的边框由"广生行有限公司"公司名称、"双妹"注册商标、产品实物、公司及产品简要信息等四面环绕而成。边框上半部分的两个顶端写有"恭贺新禧"字样,由此看出,这幅广告的推出应在新年时期。

1931年,关蕙农为"双妹"绘制月份牌广告。月份牌以短发女性形象为主,人物画风圆润、写实,背景和主体结合生动,透视准确,关蕙农运用了自己擅长的中西融合技法描绘了新时代的东方女性。人物细眉、丹凤眼、小嘴、齐耳短发,脚踩时尚的高跟鞋,干练俏皮,体态轻盈,丝绸质感的服饰面料、褶皱、纹理、图形纹样刻画深入,极为真实。小桥、湖面、船只、鸳鸯、植物等构成的都市化生活场景,呈现出一种安然自得的状态。产品包装上的设计细节也沿用到了广告边框设计上,同时借鉴了英国工艺美术运动的鼻祖威廉·莫里斯(William Morris)"来自自然界的花草纹样"装饰,整体画面与短发一样

图 14 1928 年，郑曼陀为广生行"双妹"牌产品绘制的《双妹图》月份牌

自然、清新、时尚（见图 15）。"双妹"的广告与产品形象在当时对那些最早接触到西方教育的女学生影响颇深，是当时中西概念融合得最好的广告营销案例之一。1905 年，中国废除了科举制度，社会文化全面融合西方观念，女性开始接受现代教育。特别是上海女性，在穿衣着装、行事风格上都独树一帜。冯先生不但重视产品技术，而且对化妆品推广颇有心得。服装和化妆品行业向来存在"性别歧视"，对女性用户的投入明显多于男性，冯先生便开始花重金制作当时流行的月份牌和户外广告。正是冯先生对产品质量的重视、对先进技术的敏锐嗅觉、对广告宣传的精益求精，让"双妹"成为中国最早的一批优秀民族工业品牌。"双妹"品牌的诞生既是女性地位改变的结果，也是引领女性地位走强的因素，是当时女性时尚兴起的重要标志。"双妹"敏锐洞察了西学东渐之风，最早将女性"当家作主"的品牌理念融入日常经营之中。

1933 年，关蕙农继续为"双妹"绘制月份牌广告（见图 16）。广告画中的人物为半身像，在画幅中占的比例更大。人物的表情端庄自然，皮肤细腻白皙，肢体动态自然、放松。广告背景依旧是户外场景，但不同的是，这一处为西式庄园，体现出 20 世纪 30 年代都市化的生活环境。该广告在边框的处理上则打破了原有月份牌广告中规律的框架分割填充，在框架内部增加了大量的花草纹饰，同时填充较为活跃的商品，在商号附近则采用分块装饰，不再产生图文遮挡、叠加的视觉干扰，边框也不再是直线形，而是有更多的弧线、曲线出现，整个画面呈现出古典的装饰意味。

在这划时代的广告背后，有一段有意思的故事：最初"双妹"广告上的模特事实上是"双弟"——两位模特是男性乔装的，原因据说是当时林炜南策划广告牌后找不到女模特。尽管 20 世纪上半叶上海滩的广告布满千姿百态的女明星形象，但那都发生于 20 世纪 20 年代末以后，在这之前的广告基本找不到真正的女性出演。当时的社会风气较为封建保守，普通女性大都不能抛头露面。于是，两位男士经过打扮，摇身变为"女郎"。他们拍摄照片后，由画家关蕙农进行月份牌广告的制作。直到 20 世纪 30 年代，林炜南才物色到两位妙龄少女替换下"双弟"，令"双妹"广告名副其实。

1936 年，"双妹"又与画家杭穉英合作了月份牌广告。在月份牌画家中赢得"半壁江山"称誉的杭穉英创作过大量旗袍美女。杭穉英画人物时，原先都用炭精粉画好素描的基础造型，然后再用水彩色渲染，但又觉得炭精粉素描稿上水彩色黑气太重，颜色不鲜亮。于是，他从美国迪士尼（Disney）彩色卡通电影中汲取了色彩鲜艳、对比强烈的技法特点，并逐步将炭粉素描效果减弱，只画出明暗交界线的转折部分，暗部尽量用色彩晕染造型去表现。此后，他所作的月份牌插画，既有细致的造型，又具鲜亮的色彩。他笔下的广生行"双妹"旗袍姐妹亭亭玉立，娇嫩欲滴。烫发、衣长及地的短袖旗袍，都是属于 20 世纪 30 年代的

图 15 1931 年，关蕙农绘制的广生行"双妹"牌产品广告月份牌

图 16　1933 年，关蕙农绘制的广生行有限公司广告月份牌

时尚,时髦的装扮暗示出她们所使用的"双妹"化妆品也最时髦。从另一方面也可看出,商品与人物代言关系愈加密切,广告更能贴近民众追求现代优越品位的消费诉求。

随着各种观念的转变,"双妹"形象放弃传统阔袍大袖,而改为上海新式无袖旗袍,再加上耳环、头花、手镯这些饰品,体现出都市化的消费理念和生活方式。画面整体运用了明亮、清新的色彩,塑造了一对紧追时代审美风格的时尚姐妹形象,东方女性婀娜娇美的仪态中蕴含着时尚的西方流行元素。月份牌中的女性形象集中体现了当时社会的流行时尚,也代表了大众崇尚摩登的审美情趣(见图17)。广告画中的产品被自然地融入画幅周围簇拥的花朵中,不生硬,不突兀;另外,这些花朵不仅连接了产品,使其更富有女性的柔美特征,而且将画面的内外联动起来。衬景环境的虚幻、大气,与花朵的娇艳、野趣合而为一,真实、自然。这张作品从形式上完全抛弃了月份牌广告画中直线型的可视边框,而是以"物"代之,即用产品和装饰花朵形成了一条没有边框线的框架,这既保留了月份牌广告的基础形式,又富有灵活性和生动性,形成了更为简化的风格特征。这也是20世纪30年代月份牌广告画相对于20年代月份牌广告画的一大变化,前者更为简约、时尚。这张广告画用明艳、亮丽的色彩勾勒出一对紧扣时代审美的时尚姐妹,既保留了东方女性的柔美,又蕴含着时尚开放的流行元素。中西融合的画面营造出了中国独有的"西化语境",极具视觉感染力。这样的广告形式必然受到大众和商界的追捧,月份牌广告画进入黄金时期。

从商业传播需求方面看,月份牌的诞生,终于使国内外商家找到了理想的广告表现手法。月份牌既有传统工笔画法的特征,又有立体效果,但又不是西洋画那样明显的明暗表现手法,且画面效果清晰明亮,很符合一般消费者的审美情趣。

从形式上来看,所有月份牌的主要描绘对象都是仕女、风景等;在画面之侧或下面印制的月历则附带发挥了极其实际的用途——介绍产品的优点、购买者所得的实惠、企业的壮观与实力等等;而本应是广告主要宣传商品的信息,则经常是零落地浮现在画面的边缘、角落。这种商品与主画面疏离的设计构思与现在的商业广告设计背道而驰,但在当时深受欢迎。因为当时的月份牌不仅是一张广告,更是一件室内装饰用品。广告的性质退居其次,月份牌的装饰性功能得到了充分展现。

从设计意识和民众对信息的接受度上看,西方艺术造型观念的引入,以及伴随而来的一系列设计上的变化——包括外国商品的设计与包装、新广告的开发和使用等等,自然而然会引申出一个民族的认同问题。例如,月份牌中出现了英语广告词,画中又包含了中西文化交融的女性形象,代言的是西方公司的产品等。上海民众在享受便利、欣赏月份牌之余,又将西式的生活风格融入自己中式的家庭风格之中。

月份牌的设计构思也是很独特的。一方面,由于借鉴的许多画法和文艺复兴时期的画

图 17　1936 年，杭穉英绘制的广生行有限公司广告月份牌

法很相似，月份牌在设计原则和处理方法上非常西化；另一方面，月份牌中的人物和装饰图案等主题元素又都是中国式的，这是非常特殊的现象。这两条线并行，逐渐发展成熟，便形成了中国独特的商业广告风格。这在全世界独一无二，毫无疑问是中国人的创举，也是世界平面广告设计史上鲜亮而浓重的一笔。

2010年，"双妹"携手国际团队，重兴"双妹"。新海报的画面色彩方面，老月份牌画报色彩虽艳丽，不过色调使用偏古典，画面明显偏黄且模特妆容较浓；新画报则是以老上海建筑富有的地域性风格的金棕色为底色，以富有现代感而又不失稳重的黑色和高贵的玫红色作为新的基础色，复古中的现代气息尽显"东情西韵，尽态极妍"。插画效果的女性头像，其简单的抽象风格带给消费者更丰富的视觉体验，增强现代感的同时也提升了标志整体的识别性，营造出亲切的装饰艺术氛围（见图18）。

除此以外，冯福田总结了商界不善运用广告的形式来宣传品牌和产品的现状，希望运用刊物形式进行宣传，创办了《广益杂志》月刊。出版洋装杂志的做法在当时具有开创性，同时也反映了20世纪初上海出版业的繁盛，杂志成为信息传播的时髦媒介。广生行一直将《广益杂志》作为广告宣传的工具来使用，宣传企业文化和现代消费观念，这对上海四大百货公司之一的永安公司于1939年创刊《永安月刊》有重要启发意义。杂志创办之初，《广益杂志》以刊登化妆品行业情报和小说文章等为主，增加了消费者对企业、品牌与产品的信任度，又因定价低廉，购阅者甚多。后因编辑主任陈亮公生病，停刊一年，待陈亮公身体恢复，他除了仍担任秘书一席外，还改组内容，按季出版，采用洋式装订，更辅以插画与家庭及女子旅行必备之附件，可作为万宝全书。陈亮公佐理一切广告之新颖宣传，用来直接吸引消费者。当时，广生行并不是唯一一个通过发行大众杂志来为其产品大作广告的企业，但与其他杂志相较，《广益杂志》在吸引读者方面做得尤其成功，所请名人撰述，关于世道人心，著作极当，内容丰富，有益身心，并且每月出版一期，共出版了三十六期，每期发行一万册，每册一百余版，只取邮费一角，故流行于中原各省、东三省、云贵等地区，甚至东南亚各国。

《广益杂志》甚至通过展示当时工商业企业生产经营的普遍状况，以吸引并转化潜在买家。第二期刊载文章《游广生行制造厂记并序》，记者少邨参观了玻璃制造场、印刷及螺丝白铁瓶盖制造所、制花露水厂和制造各种香品、雪花膏、牙粉等的工厂，了解制作各种化妆品的原料产地和制作工序（见图19、图20）。20世纪20年代，广生行已经在国内拓展了化妆品生产与营销版图，各地的制作工厂都设有完备的部门，能够完成各种化妆品的全线生产任务。生产制作部门与各地的发行部门相结合，形成了广生行完整的经营系统。杂志介绍了企业生产实力，进一步提升民众对品牌产品的信任度。广生行的杂志设计、产

图 18 "双妹"品牌海报

图 19 香港广生行玻璃制造厂

图 20 香港广生行彩色石印部

品宣传与包装设计呈现出与当时民众审美情趣相契合的时代面貌。例如，《广益杂志》的开本和装帧风格与1914年创刊并流行的鸳鸯蝴蝶派文艺期刊《礼拜六》极为相似。封面采用时兴的彩色石版印刷技术，除了聘请上海书法名家唐驼题写标题之外，多期封面绘有温婉古典的中国女子形象，这些风格鲜明的美人图像与当时民众的审美情趣紧密结合。封面左下角则绘印"双妹牌"雪花膏、生发油、花露水等产品精细图样（见图21、图22），让读者可以直观感受产品的包装形态，是"美人加美物"广告营销方式的成功实践。

从《广益杂志》为"双妹"产品制作的多达数十页的广告画中我们就能看出，广生行认为广告宣传与产品本身同等重要。短短十年间，企业的股本从20万增加到60万，也更有实力为自身开拓的各式产品线做广告宣传。

"双妹"不仅在产品包装方面处于该品类设计实力的顶端，其化妆品容器的精致工艺表现也堪称精品。为吸引消费者，包装设计成为化妆品消费的重要组成部分。我们从"双妹"早期的产品包装可以观察到，它们都采用传统格局样式的人物图形与花卉图案的组合，有选择地选取月份牌美人画中的边框作装饰物，表现了独特的怀旧气质。过去的"双妹"包装色彩明亮、雅致，体现了精致的上海女性特质，承载了人们对美好生活的向往和对时尚的追逐。

"双妹"品牌包装拥有精美的凸印工艺特征。早期"双妹"牌宫粉包装盒体采用圆柱形，单从材料角度看，此设计加工便捷且成本低廉，但添加了复杂的"凸压纹"工艺。早期的印刷品根本没有数字化3D设计和工业化激光印刷技术辅助，只能依靠人工制作凹凸质感的浮雕工艺，过程复杂、耗时，甚至略显艰辛。人工制作浮雕要花费大量时间，而且要求套版准确，还要先考虑包装盒纸张的厚度和韧性。即便如此，20世纪二三十年代的匠人仍在仅仅8厘米直径的纸盒和铁盒上几毫米的花瓣中勾勒，除了精细的压纹，其精准的印刷图案套版，甚至可与现代的数码凸印工艺媲美。"双妹"在宫粉包装上选择了低成本材料，但提高了具备高附加值的人工加工成本，这样的精心设计给人们带来了视觉上的愉悦，更富有人文情怀和非物质文化内涵（见图23、图24）。

令人赞叹的是，除了美观性外，"双妹"甚至对包装防伪功能都有要求。从品牌创立至今，"双妹"的膏、脂和霜类等化妆品一直采用各种颜色的玻璃瓶分装。"双妹"雪花膏使用了乳白色玻璃瓶或陶瓷瓶，配合黄色的凸印工艺的瓶身标贴，连瓶底也凸印了"双妹"商标和英文TRADE MARK，整体加工难度都不低。瓶盖方面，使用了铝材，有压制的"双妹"商标图样，非常醒目，且加工工艺同样不俗。因为瓶盖的商标人物形象使用凸印技术，整体效果清晰、自然、可辨认，较难模仿，所以也具有较强的防伪功能。瓶身的标贴采用横排三圆形，紧密相连。图样以中间的圆形为主图，左右两边为副图。主图上的两朵大红牡丹

图 21　由上海书法名家唐驼题词的《广益杂志》　　　　图 22　《广益杂志》第五期封面

图 23　"双妹"肥皂包装盒　　　　图 24　"双妹嚜"荷花香皂产品包装盒

显得庄重典雅，其周围还有白色、紫色和绿色等花卉与其争相吐艳。画面中心是"双妹"商标的两位女子形象，人物上下位置有白色缎带作为装饰，缎带上写有红色楷体字"雪花膏"和生产企业名称"广生行监制"，非常醒目。左右两张副图设计较为简单，采用绿色斜线底纹设计，与主图内容保持一致。另外，白色玻璃瓶侧面贴有"双妹"牌商标图样，左右两边印有雪花膏的特性、功能和详细使用说明等，便于消费者了解信息（见图25）。

19世纪，英国人开始制作密封包装容器，开创了将金属材质运用于包装设计的先例。因其具有密封性好、抗撞击、保存时间久等优势，金属罐包装多用于爽身粉、牙粉、发蜡等粉状或膏状的产品，造型多为圆柱形、椭圆形和方形。金属罐多由罐身、罐底和罐盖三片金属薄板组成，制成一个罐身和一个罐盖，这种造型既能降低制作成本和难度，又能获得较好的印刷效果。如五洲大药房的五洲牌爽身粉、老妙香室粉局的和合牌鸭蛋香粉、上海颐恩氏制药厂的美花牌香水精等，包装图案以女性半身像构成画面，或以动物、植物为主构建成一幅风景，造型精美、高档、大方（见图26）。

"双妹嚜"爽身粉包装罐大量使用红、黄等软色调处理，色彩艳丽。罐身上的文字内容有"双妹"商标图样以及产品、商标和生产企业名称等相关信息，罐盖上印有"爽身粉"的英文字。同时，"双妹"月份牌广告设计中"来自自然界的花草纹样"的装饰图样也沿用到了包装设计中。左右两边各有几朵大红牡丹和形态各异的绿叶元素，呈现出一种对称性的设计。画面中的两位少女，身穿当时非常时髦的红、黄旗袍，手挽着手，一前一后，手持"双妹"产品，姿态优美，与"双妹"的注册商标相仿。她们站在菱形方格地面上，后有花卉纹样的背景墙，与左右两边的牡丹、绿叶的繁复元素形成对比，加强了画面空间上的纵深感。另外，设计师在两位少女的左右两边设计了红色缎带，用楷体字标注了"注册商标"，构图较为巧妙、新颖，主次分明（见图27）。除了"双妹"的注册商标、包装设计、广告设计以两位女子作为主要形象，这时期的部分包装设计图案也有以两位女子形象构成画面的主题，呈现出制作、购买、使用产品的场景。如老妙香室粉局的"和合"牌鸭蛋香粉包装铁盒上以中式的绘画手法描绘出身穿传统服饰的女子手捧产品主要成分的画面；美商三花公司的"三花"牌香粉包装纸盒上以身穿洋装的主仆二人为主角，呈现女子正在使用产品、仆人正在为其梳妆的场景（见图28、图29）。

21世纪，上海家化迫切希望"双妹"从老品牌印象中脱颖而出，能够在新的市场经济社会环境立足，于是委托了蒋介石后人——蒋友柏及他的橙果设计公司为"双妹"重塑产品形象并"用世界语言来讲上海故事"。新"双妹"系列产品的包装色调采用和标志设计一致的正黑、玫红色两种视觉效果对比强烈的颜色进行搭配，给人以梦回"夜上海"的情感体验。在具体的包装瓶型方面，设计师以上海老派经典建筑，如国际饭店、上海大厦、

图 25 "双妹"雪花膏包装

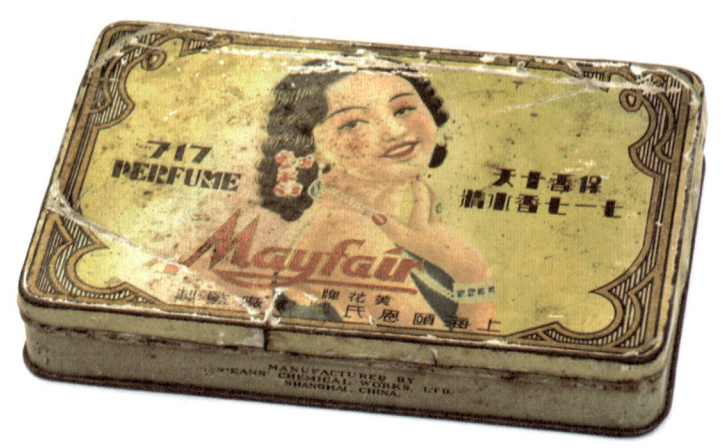

图26　20世纪三四十年代常见的化妆品铁盒造型

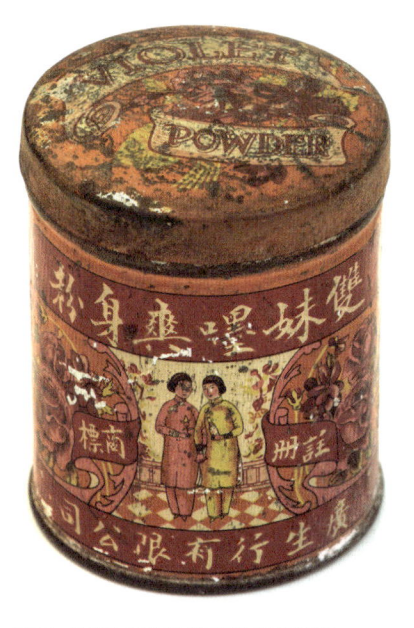

图27　20世纪30年代"双妹嚜"爽身粉包装

图28　20世纪20年代，老妙香室粉局的"和合"牌鸭蛋香粉包装铁盒

图29　20世纪40年代，美商三花公司的"三花"牌香粉包装纸盒

百乐门等为基石，设计包含了中西、古今等各种风格，展现了老建筑的微弧线条和层次感。其中瓶身主色调选择了红色，既象征着火热奔放，又展示着高雅端庄，配合金色品牌LOGO，整体风格奢华高端，十分惹眼。瓶身设计带有弧度，显示出女性柔美和优雅的形态之美。瓶盖上出乎意料地印了两个手绘风格的旗袍美女的半身像，在画面和风格上都与LOGO不同，体现了包装设计上的多变。从整体设计上来看，整个包装体现了古典与现代元素的融合，将传统的中国女性文化融入现代审美，在扑面而来的现代清新气息中，受众又能感受到古典的醇厚，还有一种现代的奔放，而这些都在海派风情的背景之下呈现（见图30）。

"双妹"妩媚，且摩登

中国女性参与近代社会革新并获得解放。20世纪上半叶，上海女性创新地将中国少数民族服装、中国古典审美与现代西方服装理念融合在一起，创造出海派旗袍这一经典服饰，这足以证明中国女性的能力以及地位的改变。广生行在这个时期思考了中国社会的时局变革，思考了中国人，尤其是女性的变化，与时俱进地把中国新女性作为产品的受众。在品牌创立之初，整体产品定位就是向新女性倾斜的。如此一来，品牌牢牢抓住社会最前沿的意识，释放最大效益，占得市场先机。

上海在这一时期呈现出与其他地区截然不同的"充满现代魅力的世界"。相对宽松的经商环境、初步繁荣的社会和蓬勃兴起的时尚消费文化，使上海成为当时的"东方巴黎"。各种报纸杂志和电影等通俗文化的兴起与发展，不断推出引领时代潮流的时尚女性形象。这些文化艺术所呈现的新的生活方式和新的社会风尚，建立了新的审美标准。而作为近代商业文化的衍生品，月份牌画所塑造的都市女性形象俨然成为近代中国女性"时尚消费的先导"。"双妹"化妆品不是凭空出现的，而是整个社会前进过程中的产物。

当时化妆品多为洋品牌。1918年的《农商公报》第5卷第2期中有一条引《工商日报》："时届夏令，花露水最为畅销，昔年所售之货，大半均系舶来之品。自广生行创办以来，销数几架乎舶来品之上。各广货店，皆有该行'双妹'牌花露水出售，取价极其低廉，是以销路大有一日千里之势云。"由广东人冯福田创立的广生行所生产的国货"双妹"牌化妆品，被以"发扬学识，推行国货"为宗旨的《广益杂志》多方推广，并为其赋诗多首。其中有一首诗咏"双妹"牌花露水："香靥凝羞一笑开，戏将花露散婴孩。分来不比曹瞒意，熏则无需韩寿才。换得罗衣添馥郁，顿教绣帐化蓬莱。岭表自古多佳丽，倩影亭亭伫翠台。"《广益杂志》还夸赞双妹牌香水"馥郁宜人，馨香出众，一滴衣巾，旬日不散"。

图 30 "双妹"新包装

民国时期还出现了一些明显具有广告性质的新型咏物词，词的创作成为商业行为，也是词史一大奇观。署名为"谦"的作者作有《罗敷媚·咏国货双妹化妆品词》，分咏"双妹牙粉""香皂""玫瑰香蜜水""雪花膏""艳容霜""兰花爽身粉""生发油保发水""粉纸"八种化妆品，在对美人容貌的渲染和身体感觉的描写中巧妙地突出化妆品的功效，是这一组词的惯用手法，内容新颖独特而语言不失本色。如"双妹牙粉"云："美人齿亦骚人咏，欲领兰粉。先照朱唇。洁白须教擦得勤。瓠犀自古形容肖，一笑堪亲。应共销魂。况有清香扑鼻闻。"其文字在朱唇白齿的描写中，突出牙粉的清洁功效及其嗅味清香的特点。再如"玫瑰香蜜水"云："纤手调匀，涂上庞儿美十分。""生发油保发水"云："脱去还生。依旧青青。纵使徐娘也共称。"以上皆以富有美感的语言极力渲染化妆品的奇特效用，新颖别致，意趣横生。[1]

中国作家笔下的民国化妆品，如李碧华在《双妹唛》中写道："她抓住一瓶双妹唛花露水，在途中，跳进海里。被人发现时，船已驶得好远。也许她获救，也许没有。"叶广岑在《梦也何曾到谢桥》中云："谢娘身上有股好闻的胰子味儿，跟我母亲身上的'双妹'牌花露水绝不相同；相比较，还是这胰子味儿显得更平淡，更家常，更随和一些。我喜欢这种味道。"亦舒在《遇》中云："我躺在长沙发上看小说，每隔十五分钟，听古老时钟'当当'报时，非常宁静，我决定在十一点半现去淋浴，把湿气冲干净，在身上洒点'双妹'牌痱子粉，换上花布睡袍，上床做一个张爱玲小说般的梦——曲折离奇，多彩多姿。"

"双妹"产品不仅满足了女性追求美丽的需求，同时也是身份和地位的体现。化妆品消费作为一种享受性消费，对购买者来说，购买的不仅是一种物品，还是"身份"的象征。此类消费可以被理解为一种对外物所具有的强烈的获取欲望。在此种欲望的驱使下，化妆品对女性所具有的意义也不同。化妆品行业意味着摩登的诱惑，是增值美丽的工具，通过使用其所出产的商品，可以将自己变得摩登。闲暇生活的增多，大大增加了人们交际的机会和时间，而近代上海社会的转型与变革也为女性日常活动空间的扩展提供了契机，女性逐渐能从繁重的家务中解脱出来。家务劳动占用的时间越少，妇女们休闲的时间就越长，而女性社会地位的提升，也使得这些休闲场所向女性打开了大门。

化妆品是最早在报纸上与西洋产品打广告战的行业之一。本土商品面临着巨大的竞争压力，如何在这种竞争中取胜，有力的广告宣传是商家的不二选择。月份牌广告成为一种绝佳的促销手段，人们在消费商品的同时，也在追逐着引领时尚的美女形象。

女性时代地位的变化与女性思想的解放可以从"双妹"的月份牌中体现出来。胡适在1926年《申报》中指出，现在的女子要有清楚的思想、健全的体格、活泼的精神。民国时

---

[1] 耿志、朱惠国：《社会转型与民国词的新变》，《词学》，2018年第2期。

期的女性解放运动,给女性带来了自信与活力,月份牌中的摩登女郎迎来了最辉煌的时光。五四运动后,传统旗装逐渐退出历史舞台,取而代之的是中西结合的高衩旗袍。这种旗袍最能显露女性线条与秀美的身段,展现女性独特的魅力。

商业带来了审美观念的变化。在民国流行曲《桃花江》中,周璇唱道:"那身材瘦一点的,偏偏瘦得那么好。怎样好哇?全是伶伶俐俐小小巧巧,婷婷袅袅多媚多娇。那些肥点儿的,肥得多么称多么均多么俊俏多么润。"这首歌中体现出人们的审美观念发生了很大的变化,人们开始大胆地欣赏女性美丽的面孔、玲珑有致的身材。女性形象成了商业文化的载体。从传统端庄的古装美女、清纯脱俗的女学生到性感妖娆的摩登女郎,月份牌画广告画中的美女形象逐渐成为一种消费品。她们不再象征着严守传统礼法的传统女性,而是追逐时尚生活的摩登新女性。

月份牌画家顺应时代的潮流,一改旧时大门不出二门不迈的三寸金莲的刻板女性形象,变为身着旗袍脚穿皮鞋的摩登美女形象。女郎脚上的皮鞋样式颇多,花样丰富,高跟、中跟、平跟都有。这些种种摩登女郎形象的出现既是月份牌绘画对当时流行趋势的体现,也是对这一社会革命的重要体现。服饰是礼教思想在国人具体生活之中的重要体现,随着西方文化的涌入、性别革命的开展,这一时期的女性服饰文化也随着这场革命发生了翻天覆地的变化。大上海的变化尤其明显,女性开始将宽袍大袖的服装收起,代之以完美勾勒东方女性身体曲线美的旗袍,衣领或高或低,宽紧不一,有时贴身婀娜,有时衣长至膝,众多不同款式的旗袍可谓变化多端。月份牌绘画中的女性形象不仅顺应了这个时代的潮流,还引领了整个服饰变化的风潮,起着时代风向标的作用。这些美女形象的衣着材质大多选择柔软、纤薄的布料,着重强调女性的身体曲线之美。整体形象给人婀娜多姿的美感,性感华丽的设计成为风潮。

在早期社会性别变迁中,男性知识分子成为鼓励女性走出家门的推动者,"放足运动"等女性解放运动在知识分子的倡导下由国家执行。此外,男性在当时仍是社会消费主力,孱弱的仕女形象、清纯的大学生和时尚性感的摩登女郎被认为是为迎合男性审美的商品符号。这一论调似乎说明女性解放只是身体褪去束缚,自我意识并未苏醒。在女性谋求经济独立的20世纪20年代,一批女企业家为其他女性开创就业岗位的新现象出现了,如刘清扬创办女子工商业所、沈钦苓等创办中央女子工艺厂等。此外,月份牌的广告图像消费不只带动男性消费,女性也在时尚潮流中完成了对自我"身体"的改造。诚如米德所说,社会个体的自我建构总是处于社会规则覆盖之下,但新女性用50年的时间解开过去5000年强加在传统女性身上的枷锁,实现身体解放与个体意识觉醒,当中虽然难以排除男权审美与权力的规训、商业利益的引诱,但重要的是,我们要看到女性从作为男人附属到追求成为"完整的人"的艰难历程和不易成果。

"双妹"品牌创立的十多年后,1915年品牌旗下的"粉嫩膏"在美国旧金山举行的巴拿马世界博览会上摘得金奖,"双妹"成为上海滩名媛喜爱的化妆品牌,证明了品牌定位的正确性和前瞻性。事实上,女性在全球其他地区的地位提升也不过是从20世纪开始的,"双妹"产品的女性定位不光受到中国女性的肯定,也获得了世界的肯定。

由于社会动荡,"双妹"品牌后期逐渐淡出上海。20世纪50年代左右,"双妹"品牌由香港广生行注册后,以低端定位、低价线路在香港地区销售,失去了当年"双妹"的神韵,其销售店铺档次也随之下降。

日化品牌

"喷个"六神

夏日里的绿色帝国，传统与现代的融合

（创始于 1907 年）

品牌主要事件

1907 年，上海中西药局老板周邦俊医师，在唐朝古方的基础上，以酒精、玫瑰、茉莉花等萃取香精，研发出一种原创的香水，取名为明星花露水，后成为著名商品。

1929 年，周文玑女士接手其父事业并创办了明星香水肥皂厂。

1945 年，抗战胜利后，公司与工厂员工一度达数千人，"明星"花露水在沪的产量超过一千万瓶，曾在上海证券交易市场挂牌上市，并改名为明星香水肥皂厂股份有限公司。

1949 年，中华人民共和国成立后，明星香水肥皂厂被政府接管，实行公私合营，后更名为上海明星家用化学品厂。

1967 年，上海明星家用化学品厂改名为"上海家用化学品厂"。

1990 年，第一瓶"六神"花露水问世，标志着"六神"品牌的诞生。

1992 年，上海家用化学品厂改制为上海家化联合公司，并成功地研发了"六神"特效沐浴露，创造性地细分了中国的沐浴露市场。

1996 年，股权变更后，上海家用化学品厂称为上海家化有限公司。

1997 年，"六神"荣获上海市首批著名商标。

1998 年，"六神"与中华预防医学会合作，推出"六神"香皂。

2003 年，"六神"花露水系列产品获得了由国家质检总局颁发的"中国名牌产品"称号，其在同类产品中的全国市场占有率已处于绝对领先地位。

2004 年，"六神"荣获"2004 年度上海名牌产品 100 强"称号。

2011 年，艾叶健肤系列诞生。

2012 年，花露水系列发展出不同特点和香型的品种。

2013 年，"六神"洗手液系列新上市；"六神"清凉系列沐浴露继续与国际巨星李冰冰合作；劲凉酷爽沐浴露上市。

2016 年，"六神"荣获"2015 年上海市名牌"称号；"六神"抑汗香体系列产品在"商情快消指数日报"发布的"2015 年度抑汗香体产品金品榜"中，荣登榜首；出镜热播剧《致青春》。

2018 年，"六神"花露水与 RIO 锐澳品牌跨界合作推出六神花露水风味鸡尾酒。

2019 年 5 月，"六神"联名 Heart Panda 推出熊猫系列产品。9 月，"六神"联合沪上知名龙虾店沪小胖，推出六神花露水风味小龙虾。

2020 年，"六神"品牌 30 周年，联名肯德基 K COFFEE 推出了六神劲凉提神花露水（咖啡香型）和肯德基六神清柠气泡冰咖啡，联名安踏推出限量版运动礼盒。

明星花露水

中国古代使用香粉、香包、焚香等手段进行熏香。清末现代香水的工艺和概念被引入中国后，出现了不少模仿者。

1905年，香港广生行发明了"双妹"牌花露水。"花露"二字取自宋朝文学家欧阳修之词《阮郎归·南园春半踏青时》中的"花露重，草烟低，人家帘幕垂"。那时的花露水用法等同于香水，花露水因其高昂的价格，成为不少想要彰显地位的人士人手一瓶的奢侈品。

1907年，上海诞生了中国首款花露水——"明星"花露水。当时颇具影响力的上海中西大药房董事长周邦俊先生，为迎合社会上青年男女的明星梦，充分发挥自己的医师之所长，研制了具有中国古风的中式香水——花露水，将其装在绿色玻璃瓶中，包装上又配以年轻美貌、打扮时尚的女性形象。这样著名的"明星"花露水诞生了。该花露水一经推出，立刻席卷中国（见图1）。后来，周邦俊将经营权交给年仅20岁的女儿周文玑。后来，公司挂牌上市，成为当时上海股市中的"当红炸子鸡"。

"明星"花露水是一种独特的中国香型水剂。在制作细节方面，它借鉴了西方香水的工艺，原料以高级"花露油"为主体，融合唐朝的古方，以酒精萃取玫瑰、茉莉花等植物性香精，使用多种西方和中国本土特有的花香，再配以一定比例的低浓度酒精等。因此，"明星"花露水能在国内花露水生产行业中后来居上，一跃成为最知名的国货香水，与雪花膏、生发油、牙粉、果子露等一样，是中国女性时髦梳妆台上必不可少的物品。当时，美国生产的"林文烟"花露水在我国化妆品市场上的销售范围最广，社会影响力最大。其他还有"双妹"牌花露水、"月里嫦娥"牌花露水、"蜜蜂"牌花露水、"双喜"牌花露水等等。"明星"花露水的出现完全打破了洋货"林文烟"等品牌花露水的垄断地位。周邦俊在营销策略上坚持物美价廉，并大做广告。无论是报刊、影剧院、电台，还是商场、码头、车站，人们都能看到、听到关于"明星"香水的视觉形象以及声音。"明星香水，香水明星"的广告语简洁易记，"越陈越香"也深得消费者的心（见图2）。

用途方面，早期的香水一般用于喷洒在日常使用的物品上，特别是在夏天，人们使用香水可以祛除身上的汗臭味，同时也可起到提神醒脑、心旷神怡的作用，深受广大女性的欢迎。而当时的香水一般以自己使用为主，但也有人将它作为一种交往的物品，赠予女性朋友们使用，投其所好。遇到亲朋好友结婚，人们也会向香水生产企业专门定制各种特色包装的香水送给新婚夫妇，作为一种高档的喜庆礼物；在亲友生日时赠送香水作为礼物，也渐渐成为一种风尚。

20世纪30年代初，明星香水肥皂厂刚开始生产花露水时，并没有什么优势可言，周

图1 "明星"香水广告

图2 含有"明星香水，香水明星"广告语的"明星"香水广告

　　邦俊等人除了不断改进配方进行科学生产外，还不断提高、创新工业技术。当时国内其他各厂生产的花露水在使用过程中如果一不小心碰到、沾到衣物上，几经漂洗仍会留有黄斑，难以彻底洗净。而"明星"花露水所使用的是一种与众不同的配方，香水液体呈透明的淡绿色，沾在衣裙上也极易清洗，不留任何痕迹，这一点广受好评。

　　我国南方地区气候炎热，人们的皮肤很容易滋生细菌，引发皮肤病，而"明星"花露水兼具消毒、止痒、祛臭和醒脑等功能，符合国人的多种需求，在南方市场销量猛增。明星香水肥皂厂股份有限公司还在广州等地区，先后设立有"明星"花露水的销售办事处。

　　"明星"花露水的商标是明星香水肥皂厂股份有限公司根据产品消费对象而设计的。当演艺界的明星，是很多女孩梦寐以求的愿望。"明星"花露水商标由一位年轻美貌、楚楚动人、拉着裙摆的女性形象和9颗散落在女性周围的五角星所构成。她身着当时非常时髦的百褶长裙，两只手将裙摆的底部一直提到腰间部位，让人看了觉得这位女子似乎正在跳舞，或者正呈现一种旋转的姿态，可看出该花露水主攻女性市场。

1951年，周文玑与钱一清、张明涌、张廷玉、谢兆裕等人，决定在中国台湾分公司的基础上重新开始，成立明星化工股份有限公司，生产花露水与爽身粉。产品一经推出即销售火爆，供不应求。20世纪六七十年代，"明星"花露水成为当时女性的必备品，但随后因为消费习惯的改变、平均收入的提高及其他外来香水产品的竞争，"明星"花露水的销售每况愈下。1998年，周文玑逝世，开创者的时代终结，张明涌、周环璋夫妇接任明星化工董事长与总经理。2019年3月，明星化工暂时停产，后正式授权给新加坡商森晨贸易有限公司接手经营，当年恢复生产，日产可达6000瓶。

1950年后，中国大陆方面进入公私合营的浪潮中，曾出品多款花露水的广生行上海分公司、中华协记化妆品厂、明星香水厂和东方化学工业社合并成上海明星家用化学品制造厂。此后又经过多次改制，1967年，明星家用化学品厂改名上海家用化学品厂，最终成为我们今天看到的"上海家化"。不过"明星"花露水这一品牌在上海家化得以保留，为旗下一联营厂持有。后来在国外香水进入中国市场的影响下，花露水市场也在诞生近百年的时候显出了颓势。1990年，以李慧良为首的研发团队首先确立了中草药和夏季用品两个方向，以中草药原料来满足夏季驱蚊止痒等需求的方案得以确立，上海家化推出了"六神"花露水，随即迅速地承接了"明星"花露水的品牌地位。自此以后，花露水以"卫生用品"的姿态出现在百姓家中，"六神"的故事也由此拉开帷幕，成为经久不衰的上海品牌，成为老少皆宜的上海标志产品。

变身为卫生用品

计划经济时代，化妆品的分销渠道主要是生产厂按百货批发站的计划完成生产，然后销售给百货批发站，百货批发站再包销给零售店。当时生产厂没有品牌概念，商标属轻工业局拥有，是国家的"知识产权"，对企业来说商标只不过是贴在包装上的一张纸。

1978年的经济体制改革使计划经济转向市场经济。1980年，国家取消工业品包销形式，分别采取了统购包销、计划收购、订购和选购四种形式，众多的选购品种，厂家可以进行自销。20世纪80年代后期，上海家化开始尝试自销，在上海第一百货、华联商厦、精品商厦等著名百货店设立专柜。由于上海家化的优势地位，其商品几乎占据着化妆品岛柜的一半面积。然而，随着对外开放后外资化妆品牌的进入，上海家化面临危机。1988年，美国宝洁公司进入中国市场，在广州注册、成立广州宝洁有限公司，并投资建设在中国的第一个生产基地——宝洁广州黄埔工厂。"宝洁"冲击着整个日化市场，营销人员西装笔挺，手持电脑，向上海市第一百货商店的总经理、部门经理、柜台负责人等推销产品，开始进入商业终端，又大做媒体广告。全新的模式、全新的概念，对国内市场来说闻所未闻。

1988年，"六神"花露水创始人李慧良进入上海家用化学品厂工作。当时夏天的痱热燥痒和蚊虫叮咬仍然是大难题，李慧良和其他研发人员从中药中获得了灵感，加上敏锐的嗅觉和对市场环境的了解，李慧良决心改进花露水：一方面，运用当时已经成熟的技术，传统中草药和香水的结合不会增加成本，对花露水成为"卫生用品"的定位不会产生动摇，能够让花露水飞入寻常百姓家；另一方面，既然已明确花露水的定位，就需要继续深化卫生用品的定位。作为改革开放后的第一代化妆品技术研发人员，李慧良从古方和中药"六神丸"中获得了灵感，将牛黄、麝香、蟾酥、雄黄、冰片、珍珠六味传统中医用来治疗痱子和其他夏季疾病的中药加入了花露水。为了同时获得去痱、止痒、清凉的功效而不失去增香的功能，李慧良反复试验、调整成分，直到大功告成，并根据成分取名为"六神"，开创了国内化妆品功效验证先河。这瓶提倡让"所有人都能买得起"的花露水，之后便不再是奢侈品，而是人们度夏时的必备品，并具有极高的市场知名度。"六神"品牌标识没有采用抽象或具象的人物形象作为产品代言，而是选择了潇洒飘逸的行楷字体，并采用了绿色，给人一种来自大自然的视觉冲击感（见图3、图4）。而通过添加香精产生的使人愉悦的香气，则满足了当时人们对"香水"的渴望。

1990年，第一瓶"六神"花露水问世。一年内便在花露水市场赢得70%的占有率。中国传统中草药文化精髓是"六神"品牌最大的卖点。那时从全国各地赶来拉货的车在厂门口排起长龙，生产线24小时不停。老员工回忆："没日没夜地连轴赶工，生产出来的花露水来不及进仓就直接被'抢'上了货车。"20世纪90年代的上海，姑娘结婚甚至都会带上瓶"六神"作嫁妆，在周边的江南地区也有这个习俗，在某种意义上，"六神"花露水成了时尚的象征。

从诞生之日起，"六神"花露水就一直在求新求变。花露水行业是日化行业中非常小的一个分支市场，行业壁垒较低，规模小，产品区别性不大。1995年，为寻求新发展，家化开始着手于"六神"的品牌延伸，除了驱蚊液、痱子粉等与花露水功能上相似的产品，将"六神"配方融合进沐浴露产品，延续了花露水"去痱止痒、提神醒脑"的主要功效，突出夏季专用品的概念，并着重说明了名贵中草药配方，为沐浴露做了三个方面的创新式定位。1.功能定位：让消费者爱上洗澡后的"清爽"感觉，专卖"清凉"；2.季节定位："六神"是专供夏季消费的沐浴露，是极有针对性的夏季产品；3.材质定位：继承花露水的中药"六神原液"概念，以"去痱止痒"的名贵中草药为卖点，强调对应功能。此后，融合了"六神"概念及风格的沐浴露，延续了鲜明的"夏季、中药、清凉"的定位进入了市场，强烈的个

图3、图4 "六神"品牌标识

性不断令人产生"中草药清凉成分"的联想,最终收获极大成功。

进入 21 世纪后,综合实力强大的联合利华、强生等对手陆续进入中国护理用品市场。2003 年,通过对消费者的夏季生活形态研究,"六神"将品牌的形象定位从"清凉"修正为"清新体验",微调拓宽了产品的市场机会并明确了产品的延伸方向。与此同时,"六神"品牌开始加大市场推广力度,强化品牌建设。

以花露水、沐浴露为主

改革开放后,消费者一方面向往新事物,另一方面也对传统中医认同和信赖。"六神"抓住这一契机开发沐浴露,并得到消费者广泛认可,这一举措也巩固了"六神"花露水的地位。这两个产品大类为"六神"成为本土日化个人护理领导品牌奠定了基础。

单一品牌架构向消费者展示了品牌产品的统一形象,辨识度高,让消费者能够轻易接受新产品,从而提高品牌的信誉度和知名度。进入 2019 年后,"六神"继续利用独一无二的品牌效应,融合新兴多元化消费理念,继续创新性地推出相同产品的不同变体,增加经典产品的种类,在不增加消费者接受成本的情况下,继续创新和发展,多年坚持单一品牌架构，配合多元产品线，深入挖掘并精准满足消费者的需求（见图5）。

"六神"品牌的产品以花露水、沐浴露系列为主。花露水方面，"六神"在原有单一花露水的基础上细化功能和衍生分类，打造出驱蚊花露水、止痒花露水、净爽活力花露水、劲凉提神花露水、清爽祛味花露水、艾叶健肤花露水等，产品包装也在单一的绿玻璃瓶外增加了更为便捷的喷雾系列、随身走珠系列。在品牌年轻化战略下，贴近年轻人的喜好、吸引新世代目标消费群体非常重要。"六神"邀请国内艺术院校的"90后"学生，以他们的审美、视角、喜好设计"嗨夏"限量版花露水系列花露水，配合专业调香，调制出柑橘、白兰、薄荷、水果四种不同香氛味道，分"清雅""清新""酷玩"和"酷爽"四种包装风格的花露水。之后邀请"90后"歌手华晨宇作形象代言人，首批"嗨夏"限量版花露水也只在"六神"天猫旗舰店上销售，以满足消费者利用碎片化时间购物的需求。"六神"也推出过30周年限量版花露水系列，将30年来的时代标语融入花露水瓶身，集复古与时尚于一体。30周年之际，"六神"将标语融合到瓶身之上，用标语瓶的形式唤起人们的共同记忆，让坚守初心成为生活的态度，致敬每一个为美好生活奋斗的人。据尼尔森市场研究公司2016年数据显示，从线下零售渠道数据来看，"六神"花露水占据了国内花露水市场73.4%的份额。

"六神"30周年限量版花露水系列拥有四款创意包装（见图6）：

"六神"花露水（学习版）——"学好数理化，走遍天下都不怕"，

"六神"花露水（强国版）——"中国梦，幸福梦"，

"六神"花露水（工作版）——"高高兴兴上班，平平安安回家"，

"六神"花露水（奋斗版）——"汗水是人生的金牌"。

沐浴露方面，"六神"加强产品的整体体验、趣味性，展开多元化的布局，坚持把握中国消费者的特殊品位，信赖传统中医文化，确立了"六神"沐浴露独特的产品定位——含有中药成分的沐浴液，产品功能定位坚持围绕"去痱止痒、提神醒脑"这一明确产品诉求，推出了"六神"清凉沐浴露系列、"六神"清润沐浴露系列、"六神"中草药健肤沐浴露系列、"六神"汉方精粹沐浴露系列、"六神"清馨香沐浴露系列、"六神"菁萃健肤沐浴露系列以及2020年新上市的"六神"茗茶植萃沐浴露系列。而"六神"品牌凭借花露水和沐浴露的有力双翼，跻身著名日化品牌的行列，屡获殊荣。"六神"旗下的中草药香皂系列、粉类系列、除菌洗手液系列、无硅油洗护发系列、夏日随身系列、宝宝系列，从不同维度将中医中草药的现代化演绎及应用发挥出来，让"六神"的产品在市场上独占鳌头。

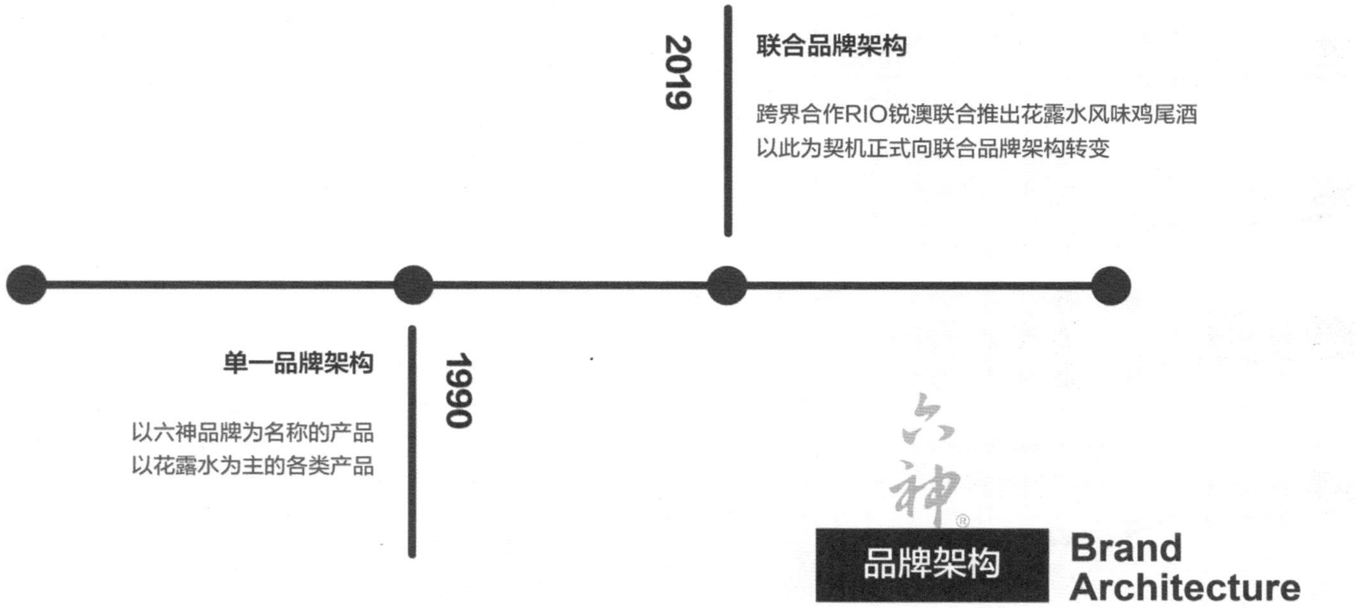

Brand Architecture

品牌架构

联合品牌架构

跨界合作RIO锐澳联合推出花露水风味鸡尾酒，以此为契机正式向联合品牌架构转变

2019

1990

单一品牌架构

以六神品牌为名称的产品
以花露水为主的各类产品

图5 "六神"品牌架构

图6 "六神"30周年限量版花露水系列

宣传策略？六神"有"主

"六神"很注重宣传。1990年—1997年，"六神"品牌宣传首选电视媒体，广告费用的80%（每年千万元左右）以上都用在了电视上。最初几年以中央电视台为主，通过中央电视台取得了一定的知名度后，大量的广告费投入了各地方电视台以求得重点区域的好感度。1997年，全国电视媒体发展迅速，除了各地方电视台外，还出现了大量的卫星电视台。

自21世纪开始，海外和国内的竞争对手把矛头直指"六神"，市场环境急转直下。2004年，"六神"市场份额已降至50%，花露水与现代生活渐行渐远。同年11月，"六神"终于下决心调整策略，在中央电视台2005年广告招标现场投下了5000万元的央视广告，这个数据相当于"六神"当时全年的市场推广费用。同时，在地方台的广告投入也达到每年近千万。经调查发现，"六神"的电视广告片做得很好，投入的广告费用成倍地增加，曝光率得到了极大的保证，销量也有一定提升。2005和2006年的销量均提升了30%。

不过与上海家化采取同样广告宣传策略的公司有很多，如果跟有实力的同行，比如宝洁公司，在单一媒体上竞争，肯定不是良策，因此，上海家化决心寻找一种能够与电视媒体相结合的媒体。起初，他们主要考虑在城市里选择一些大面积的路牌，虽然取得了一定的效果，但是要在众多城市里找到统一规格的大路牌非常难。大小不同，制作材料不同，这导致不同城市里"六神"的品牌形象难以统一。就在此时，白马广告媒体有限公司开发的候车亭媒体引起了他们的关注。候车亭媒体统一规格，统一材料，公司在管理模式上也较为先进。白马广告媒体有限公司成立于 1986 年，主营候车亭媒体，2001 年在中国香港主板上市，成为中国内地首家在中国香港成功上市的广告公司。白马广告的候车亭资源占据全国 60% 以上的份额，以网络式覆盖全国 26 座一、二线城市，并且在北京、上海、广州的候车亭占有率达到 96% 以上，于是"六神"决定试一试。

与电视媒体相比，候车亭媒体距离消费者购买地点更近，对于促使消费者即兴购买的可能性更大。他们认为，消费者在前一天晚上看完电视，到第二天去商场购买，中间至少相差 10 个小时，而消费者每天出门，必然要走马路，乘公车，从看户外路牌到去商场购买的时间间隔很短，媒体离消费者购买的地点更近。同时，利用候车亭媒体一定要达到一定的量。比如说上海有上千块牌子，只做 10 块、20 块是不行的，只有达到总量的 10% 到 20%，才能让消费者走到哪里都看得到，这种媒体在城市里就像是一堵墙，把人包围在其中，时时提醒着消费者。而其他的户外媒体，比如车身广告，难以维护，一下雨就很脏，与"六神"产品品质不相符。同时，车身广告是固定线路的，公交车的运营情况难以控制，不能保证投放量。相反，候车亭媒体广告规格统一，易维护，成本低，夜间有照明，在一个城市里的布点可以规划，易于控制，这是其他户外媒体不能比的。

在"抓住年轻消费者"这个主题下，"六神"在 2015 年第三季度确定了 2016 年"六神"品牌战略的三个"180 度转身"。2015 年年底，执掌"六神"品牌多年的品牌总监陈华杰，想明白了这个问题，决然将 2016 年夏季传播预算的 40% 都投放到数字媒体上。

"六神"以往的媒介投放策略是向传统媒体倾斜，先安排央视、卫视及地方台的电视广告，剩下的费用再考虑网络新媒体的投放和公关营销等。而如今，为了吸引和亲近年轻消费者，"六神"品牌找到年轻人聚集的平台，把目光转向数字新媒体，将网络新媒体营销放在首位，优先安排资源。当前，"六神"在互联网上的品牌声量已经超过了传统媒体。

年轻化产品是年轻消费者沟通的载体

随着时间的流逝，当年将"六神"花露水作为嫁妆的年轻女性现在已是四五十岁的中年女性了。"六神"在年轻人中的影响力不大，而年轻人是消费市场的主力军，谁抢占了年轻人的关注度，谁就赢得了市场。所以"六神"在 2004 年开始了品牌年轻化的探索。

品牌年轻化是指品牌面临品牌老化现象时，通过一系列的传播手段，不断向消费者传递品牌信息，从而扭转品牌的衰退趋势。

根据艾·里斯（Al Ries）与杰克·特劳特（Jack Trout）提出的定位理论，品牌在进行信息传播时应坚持"先定位后传播"原则，在定位阶段要确定和展现出与同类产品的差异，从而围绕品牌定位进行资源配置和信息输出。移动互联网时代对品牌传播的观念产生了巨大影响，面对当前的媒介传播环境，"六神"通过更新品牌传播定位，逐渐完善品牌年轻化过程。

品牌年轻化的首要举措是满足受众对品牌产品层面的需求，年轻消费者对产品的视觉形象、外观设计、产品交互等方面有较高要求，"六神"品牌注重以产品为本位，深入洞察年轻消费者的夏日需求，推出迎合他们需求和喜好的产品，延展产品功能，使不同的功能能够应对年轻人生活中最常遇到的场合。

怀旧是消费者普遍存在的一种情结，它可以唤起人们对以前美好时光的回忆，产生特殊的情感反应。"六神"作为一个传统品牌，其经典产品——"六神"花露水伴随着消费者成长，他们之间有着这种情感关联，具备了利用消费者的怀旧情结进行品牌活化的条件，在通过打"怀旧"牌来活化品牌的过程中，"六神"将年轻消费者的需求、新时代元素与品牌传统相结合，把品牌的优良基因用年轻人喜爱的方式，如融合了知识性和趣味性于一体的视频、网络漫画作品等来进行生动的表现和传递，使之拥有裂变式传播的能力。

利用微视频呈现品牌传播内容是"六神"擅长的传播方式之一。2012年"六神"推出了《花露水的前世今生》微视频，片中说："我们相信在很多人心中，没有'六神'花露水的夏天是不完整的，那文艺而又清新的味道，正是美好夏天的一部分。这种味道不仅仅意味着立竿见影的奇效，还洋溢着淡然别致的中国式浪漫。"

该片从策划、制作、修改、测评到最终成片仅耗时一个月。动画的风格清新、幽默，轻盈地表现了厚重的文化。色彩基调和字体运用得自然、流畅。动画中诸如"白富美""OUT"等网络词汇和极具现代感的"时光如高铁，岁月如动车"等语句，再配上清新流畅的背景音乐与幽默搞笑的配音，让观众不禁沉浸其中。轻快的语言和有趣的内容会引发受众共鸣，提升消费者对品牌的好感度和亲近感。而网络视频、微电影突破了传统媒体的"表达障碍"。除了画面与台词力求时尚，网络视频也突破了电视广告的局限，能够以较低的成本承载更多的信息量，形式上可延展和触及的范围也更大。微视频借助了它们迅猛发展的势头，使得各种各样的信息以视频的形式被记录，利用网络，做到"病毒式"反复传播。此外，与传统媒体下的观众完全被动接收信息不同的是，通过回复与评论，企业可以更深层次地了解到消费者的真实感受与想法。在此基础上，"六神"过去的传统广告内容大多集中于产品功效上，很少在文化层面做文章，然而突出品牌文化恰恰是最能激起年轻人共鸣、使其产生忠诚度的营销方式。按照家化的设想，这部短片同时传递了有关产品、品牌、文化三个方面的信息。根据统计，视频在发布最初两周内就获得近30万的转发和评论量，触及人次达1700万。

用娱乐传播品牌

"六神"借势热门综艺IP，用娱乐营销搭起品牌和消费者沟通的桥梁。考虑到当下年轻消费者对娱乐元素、热门综艺IP的狂热追求，"六神"品牌选择和《明日之子》《奔跑吧兄弟》《挑战者联盟》《花样姐姐》等热门IP进行深度合作，通过在节目场景中投放贴片广告、进行广告植入、综艺嘉宾口播广告等方式实现品牌的高频次集中曝光，通过娱乐营销来撬动年轻消费群体，增加品牌的受关注度。根据2017年微博白皮书数据显示，《明日之子》24岁以下的观众有七成之多，这一群体是品牌未来10年里最重要的粉丝群。"六神"与该综艺的合作能够更贴近年轻消费群体，加快品牌年轻化进程。"六神"代言人华晨宇担任未来音乐榜样类节目《明日之子》的星推官，"六神"在"魔音赛道"冠名，打造"劲凉魔音，嗨翻夏天"，使品牌的身影冠绝全场。此外，深度的品牌植入也恰到好处，洗脑口播，"嗨神之战"的创意更是引发热门选手的即兴尬舞。区别于传统的综艺广告植入，"六神"结合节目内容对广告进行植入，代表"六神"形象的劲凉CP人偶活跃在观众席，与现场观众互动，气氛活跃，增加了品牌的曝光度，提升了消费者对"六神"的好感度。

"六神"与创意媒体人合作，尝试全新传播形式。在实施品牌活化策略的过程中，"六神"不断尝试传播内容和传播形式的创新，如今蓬勃发展的自媒体也是年轻消费者聚焦的平台，"六神"团队充分认识到这一平台的传播价值，邀请知名创意媒体人等为"六神"产品创作有料、有趣的创意图文；与知名画手马里奥小黄合作，于盛夏季节推出"酷热证明体"等，在短时间内获得大量关注和积极转发，并引发全民UGC，形成有趣的互动和"病毒式"传播效应。

"六神"还牵手明星网红，玩转社交媒体。名人策略也是"六神"惯用的广告传播手段，以往和明星的合作，无论是明星代言人的选择还是广告内容、广告风格的确定，都是基于大众审美的角度，老少皆宜，符合产品大众化的定位。而在品牌年轻化战役中，"六神"团队则采用与深受年轻人喜爱的当红大咖、"小鲜肉"以及网红段子手进行微博合作的形式，赋予这些明星潜在消费者的身份，以明星红人社交媒体账号为阵地，在日常使用场景中自然地为品牌发声，引爆"六神在手，一夏无忧"的热点话题，引发粉丝和其他用户的关注和讨论，并成功地将流量转化为销量。

于是，"六神"也跑上了互联网等年轻人津津乐道的赛道，尝试寻找与其他品牌在"年轻化"策略的不同之处，并取得了突破。

"六神"也跨界

当消费群体老化，"六神"就开始往年轻化方向走。"跨界"这一主题是"六神"品牌策略调整的一部分，这匹配了"六神"希望不断变化的决心。

上海家化虽然目前拥有"六神""双妹""美加净""佰草集"等十个国民品牌，实施在发展过程中构建集群化优势品牌的多品牌策略，同时有若干品牌都在市场上占据优势地位，但是这些品牌都是年代较久的传统国货化妆品品牌，对年轻人缺乏吸引力。集群品牌是由个体品牌组成的，优势集群品牌的产生，也必须以个体优势品牌为基础。"六神"与上一章节提到的"双妹"同属于上海家化，从策略上看，上海家化尽量地复兴有价值的老品牌，也不失时机地新建品牌。在品牌发展过程中，它们都以品牌延伸为主，拓展产品线。"双妹"在品牌复兴时，上海家化将其定位在近代品牌中的高端品牌。而"六神"在品牌新建时，上海家化定位它为现代品牌中的大众品牌，并且配以更加年轻化和"不走寻常路的"的宣传元素。

如今，许多消费者对"六神"沐浴露的态度是品牌忠诚度高，好感度低，认为产品时尚感不强。"六神"没有准确把握消费者不断变化的品牌诉求，在品牌形象、定位与推广中缺少时代感与新鲜性这两点是造成品牌老化的主要因素。所以，"六神"选择的是与众多老字号一样的"跨界"（见图7）。

近年来，为迎合年轻人的消费特点，让更多的年轻人了解"六神"，"六神"推陈出新，根据细分市场，推出更多年轻化、个性化的产品，频频打破框架界限，与各个潮流品牌进行联名。"六神"与餐饮品牌，如RIO锐澳鸡尾酒、沪小胖、肯德基等，进行了合作。

"六神"和RIO锐澳的跨界，打破了固有认知，两个不同领域的品牌碰撞出惊人的火花，共同提升了品牌影响力。RIO锐澳的瓶身设计加上"六神"经典绿色及相关元素，这一外在形象就吸引了众多关注。鸡尾酒的颜色也调制成与"六神"花露水一致的淡绿色，清凉的口感更是让人联想到"六神"的冰凉，鸡尾酒的气味与花露水的味道相似，有一股清新的薄荷味，新奇的创意和猎奇的口味深深地激起了年轻消费者的好奇心。网友纷纷表示"我终于可以喝六神了""干了这杯六神，从此百蚊不侵""妈妈再也不怕我被蚊子咬了"等。潮流和经典相遇，让两大品牌获得双赢。2018年6月6日0点，"六神"携手RIO锐澳鸡尾酒在天猫独家首发，刚上线17秒，5000瓶鸡尾酒即被抢购一空。"六神"与RIO锐澳的这次跨界合作，让"六神"凭借"天猫国潮六神电商整合传播"获得最佳电商营销创新金奖。"六神"与RIO锐澳凭借联名的六神花露水风味鸡尾酒成了夏天当红的"网绿"CP，"六神"以此为契机正式向联合品牌架构转型。

有了与RIO锐澳鸡尾酒跨界合作的成功经验，2019年的夏日，"六神"又与上海

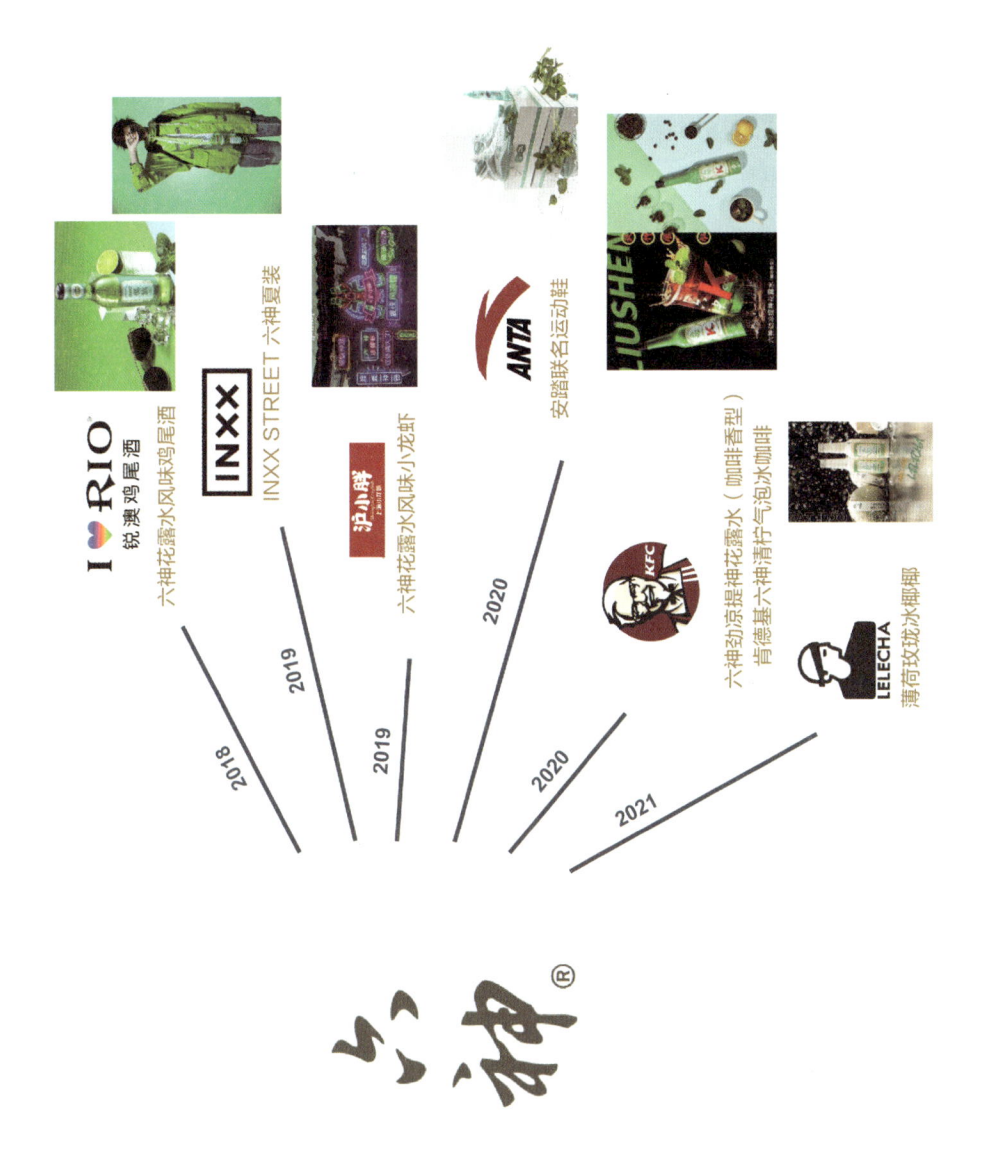

图 7 "六神"联合品牌架构

的沪小胖合作。还是6月6日，六神与沪小胖联名的"夏夜风凉馆"在虹口体育馆开业。在开业前，团队已发布数条短视频在多个社交媒体上进行预热。活动开始后，文汇报等多家官媒报道，将此次活动推上高潮，"夏夜风凉馆"成了年轻人的打卡地，也让更多的年轻人知道了"六神"品牌。

　　2020年初夏，"六神"继续玩跨界合作，引热度，利用联名让更多的年轻人关注品牌。此次"六神"选择了与肯德基合作两款产品：六神劲凉提神花露水（咖啡香型）与肯德基六神青柠气泡冰咖啡。此次的宗旨便是——越奇葩越跨界，火出圈才能博出位。一个是香氛类产品，一个是提神类饮品，品牌、产品品类之间虽有巨大反差，但都强调了香气感官体验。正如"六神"官微所说，"一个大胆的尝试，一场全新的演绎，一款颠覆的香味。能延续经典并超越经典，打破束缚，突破自我"。显然，官微是在为这大开脑洞的联名做预热，多名微博博主与官微积极互动，"六神"团队还分别与各大门户网站（新浪、腾讯、搜狐等）、线上购物平台（淘宝等）、视频平台（哔哩哔哩、抖音等）合作，共同提升热度。六神劲凉提神花露水（咖啡香型）的包装很有个性，经典复古花纹和清新自然的咖啡与薄荷元素新包装，满满国潮风格，很符合当代年轻人对产品颜值的审美。"六神"本着劲凉舒爽的基调，从嗅觉到触觉的感官体验，设计出产品的前调、中调和尾调，前调是咖啡、黑巧牛奶，中调是宝珠茉莉，尾调是香草、榛子。肯德基将"六神"味咖啡命名为"肯德基六神清柠气泡冰咖啡"，仅从名字就可以感受到品尝这款咖啡就仿佛在高温难耐时喷了一下"六神"般舒适清凉。

　　两个品牌创意元素打造的跨界产品极具出圈性，可以迅速引发消费者的关注和讨论。因此，品牌的跨界营销通常都会选择在特定的时间节点。"六神"是"夏天的味道"的代名词，也是每家每户夏日居家、出行的必需品。特殊的香味已成为童年夏日的记忆。肯德基选择在夏天来临之际与"六神"合作，借"天时"之力，将清凉加入"香脆"中。"六神"作为老品牌，与肯德基的结合使之迈出了年轻化的第一步，正式加入国潮队伍当中。二者的跨界集中式与西式、餐饮与快消、传统与现代的三重碰撞。

　　除了以上合作，"六神"也与"乐乐茶"茶饮品牌合作，携手推出联名奶茶"薄荷玫瑰冰椰椰"。"六神"还与年轻人喜欢的INXX STREET街头潮流服饰、安踏运动等品牌合作，推出联名服饰、运动鞋，吸引年轻人的注意力。

日化品牌

"搨[1]个"百雀羚

声名"雀"起，东方之美

（创始于1931年）

---

[1] "搨"字在沪语中拼音"tak"，动词，抹、涂。例：肥皂 tak bhishao（擦肥皂）。钱乃荣：《上海话大词典》，上海辞书出版社，2018，第321页。

品牌主要事件

1931年，顾植民先生在上海创办了富贝康化妆品有限公司。公司位于法租界喇格纳路（今崇德路）125弄33号。

1937年，顾植民先生使用"富贝康"牌商标名称。

1940年，顾植民先生推出国内首创的"百雀羚"香脂。

1941年，富贝康公司增产Peh Chao牌香粉。为缓解国人皮肤容易干燥、龟裂和生红斑等常见问题，研制成功一种多功能护肤品"百雀羚"润肤膏。

1949年，顾植民先生应邀加入上海市工商联筹委会，并带头在上海工商界订立的《爱国公约》上签字。

1950年，顾植民先生为中国人民志愿军捐赠"Pen Chao Lin"润肤膏。同年，富贝康公司将英文Peh Chao Lin改称为"百雀羚"。

1956年，富贝康公司改名为公私合营富贝康日用品化学工业公司。

1962年，公私合营富贝康日用品化学工业公司改名为"上海日用化学二厂"，专业生产百雀羚系列化妆品。

1978年，国外护肤品涌入中国，"百雀羚"护肤品逐渐淡出市场。

2001年，"百雀羚"携手美国迪士尼，联合推出"小百羚"儿童护理系列产品。

2002年，"百雀羚"荣获"上海驰名商标"称号。

2006年，公司展开"草本能量探索工程"，筹建"草本工坊"。

2007年，"百雀羚"荣获"中国驰名商标"称号。

2008年，上海市政府重新买回"百雀羚"的商标权，并成立了上海百雀羚有限公司，推出"百雀羚"新形象。

2009年，"百雀羚"开启电商之路，开设第一家淘宝商城。

2011年，"百雀羚"入驻天猫商城、当当网、卓越网和乐蜂网等。

2013年，"百雀羚"作为"国礼"被赠予外国友人。

2017年，"百雀羚"成为国际化妆品化学家联合会（IFSCC）在中国的首个金牌会员。"百雀羚"连续3年入选Brand Finance全球最有价值的50个化妆品和个护品牌排行榜。

2021年，"百雀羚"成为唯一跻身全球TOP15的中国美妆品牌。

"百雀羚"实业救国

顾植民（1903—1956），上海嘉定黄渡人，"百雀羚"创始人。14岁时，他来到上海城里谋生，饱尝多份工作的艰辛。他当过烟纸店、茶馆和工厂学徒；做过米号、典当行当账房先生；当过百货店当伙计、店员和"跑街先生"，上门推销过商品。当时国内外化妆品品牌正展开激烈商战，顾植民经常在《申报》上看到广生行与英国"夏士莲"互打擂台。虽然以"夏士莲"为代表的洋化妆品在上海畅销一时，顾植民还是判断国产化妆品的机遇很快会到来。在此之前，出于反对北洋政府对日"二十一条"卖国条约，国内已掀起了抵制日货、提倡国货的运动。再加上一战期间，英国到中国的海运航路不安全，上海市面上的"夏士莲"一度断货。

1929年，26岁的顾植民成为先施百货公司化妆品的市场调研和销售负责人（见图1），后受到老板赏识升到公司中层。这一年，南京国民政府颁布了近现代第一部较为完整的中国公司法——《公司法》，为行业公司成立提供了全面的法律依据，将原有的单一公司组织方式逐步过渡为股份有限责任制的公司组织方式，极大地促进了商业的发展和飞跃。国产品牌趁西方资本主义国家因一战暂时无力顾及东方之际，与同行洋货展开正面竞争，借"提倡国货"的口号抢占市场，又因化妆品业市场广阔、利润丰厚，顾植民心里滋生了自主创业的念头，这个土生土长的上海人想创立属于上海的本土品牌。1931年，他自先施百货离职，根据外国产品的模板，融入中国特色创立了富贝康，采用"上住家，下工厂"的模式，经营花露水、胭脂、香水、香粉等化妆品，并于1940年推出了国内首款香脂类产品——百雀羚，为实业救国做出了自己的贡献。

在上海崇德路125弄33号的一幢石库门房子里，顾植民一家三口住在楼上，一层的四间房（大约100平方米）作为工厂。创业之初，团队人数不到十人。他高薪聘请了一位技术工人、两三个操作工人、两三个包装工人，他们在一条香料搅拌混合的生产线和一条成品包装生产线忙碌着。

顾植民请人研制了配方，为了保证质量，他所采用的香料大多从国外进口。最初，他们仅仅生产一些花露水、胭脂，慢慢地增加了香水、香粉等。顾植民既当老板又是工人，每天很早就来到车间，全程盯着工人们操作：把硬脂酸、十八醇和甘油等油性原料放入金属容器内，加热到七八十摄氏度后倒入大瓷缸，再用长圆木棒边搅拌油脂边倒入热水，搅拌冷却至料体开始乳化时加入香精，直到成为乳白色软膏体……因人员有限，顾植民还和工人一起包装产品和装箱，他不时地指点工人应该如何做；有时候看到工人做坏了产品，他会心急地大声骂人。顾植民的儿子顾炯为回忆，只有等到生产稳定了，顾植民才从弄堂车间脱身出来，全力负责销售。即使这样，顾植民每天还是要到车间跑几趟，他上班的时

图1 右一为顾植民妻子徐贞志，右二为顾植民

间比工人还要长。

渐渐地，富贝康的化妆品有了销路，销售量缓慢但稳步地上升，顾植民创业初战告捷。但他马上有了新追求。他意识到上海人注重仪容仪态，从舞台演员到摩登女郎，从公司白领到纺织女工，大部分女性都在使用化妆品，而且化妆品是易耗品，市场的需求量非常大。如果能把国产化妆品的品质做好，一定大有市场。顾植民认为企业要发展，必须有突破，这个突破就是不仅要有特别好的产品，还要在市场上打出名气，名气就是品牌。

"百雀羚"品牌诞生于1931年，首创了香脂类润肤膏。因具有缩小毛孔、柔嫩光洁、防燥防裂、白皙留香的真实效果，四季皆宜又价廉物美，该产品受到了国人的欢迎。同时，当时的各路璀璨明星以及名媛贵妇们推荐"百雀羚"为首选产品，起到了巨大的消费示范作用。这款引进德国配方的国民品牌"百雀羚"以"东方美韵，护肤精品"享誉海内外，也成了冬季护肤冷霜的代名词。自此，一代国货精品的传奇故事拉开了序幕。

"百雀羚"品牌产品创新也取得了成功。20世纪20年代以前，中国的化妆品市场上并没有像样的中国品牌，同领域基本是空白，相关的优势基本为零。当时，中国化妆品市场的局面是海外品牌化妆品一统天下。市场上充斥着的外国品牌，有来自德国、美国、英国等国的"妮维雅（NIVEA）""蜜丝佛陀（Max Factor）""夏士莲（Hazeline）""力士（LUX）"，等等。这些洋化妆品价格昂贵，即便品质再好，消费者买不起也就只得作罢。然而南京路永安公司楼下柜台，"百雀羚"却常常连样品都卖断货。

此后20年，北伐和日本侵华战争阻碍了中国经济发展，却没有扼杀中国人发展国货的希望。富贝康就是由我国近代工商业者顾植民创办的低投入型公司，专业生产物美价廉的国货。富贝康创办之初事实上只是一家弄堂小厂。然而就是这么一家小厂，在不断摸索中，走出了融合创新并名留青史之路。在很长一段时间里，中国化妆品业市场需求大，但是消费能力和经济实力欠佳，唯有用精美又低价、融合了方方面面优点的产品才能打开市场。

1931年，公司创办之初，"花月"系列化妆品由于产品品质一般，竞品众多，只能勉强维持经营，公司决定放弃生产"花月"牌化妆品。

1937年，日本侵华后，上海经济生产面临巨大挑战。江浙沪一带的很多民族资本家开始将产业撤到重庆，留在上海的也举步维艰。顾植民在不稳定的战争局势中，不断寻找市场短缺产品。通过多次调研和走访，决定从德国引进当时中国市场没有的冷凝类香脂产品。德国在20世纪前二十年就研发了类似油基乳剂皮肤软膏，并不断改进，该类乳剂的产品在同类产品中稳定性最佳。富贝康公司根据"妮维雅""白玉霜"等国外产品的优点，结合我国西北部地区秋冬季人们皮肤干燥、容易龟裂和生红斑等常见问题，自主生产成功一种多功能护肤品，即后来在国内畅销的"百雀羚"润肤膏。该润肤膏除了保留原本配方中的优点，又另外融合中国风格进行创新，增加了中式的香味，成为一款"洋货内核，中货外表"且价格又符合中国国情的融合型产品，备受国人喜爱。

顾植民深谙经营之道，大量的先进技术和设备的涌入为日化品牌的传播提供了丰富的媒介和载体。中外商业文化的激烈交锋，产生了多元设计语言和营销方法。为了与西方品牌竞争，顾植民选择了多种当时先进、流行的传播媒介进行品牌宣传。他使出浑身解数，除了常规地在报纸上刊登广告、在电车车身上打广告之外，还亲自带着工厂技术员走进当时最流行的电台直播间，向广大听众讲解"百雀羚"的种种好处……这一连串的奇招很灵，上门订购的客户络绎不绝，来要货的电话不停地响，上海各大商店化妆品柜台，顾客纷纷来点名要"百雀羚"。"百雀羚"在上海滩一炮打响，成为时尚畅销货。要扩大市场，必须改变家庭作坊式的生产模式，向现代化工厂的生产模式转变。顾植民获知崇德路91弄西侧近济南路崇德路口有一处厂房在出售，马上赶过去洽谈，经过多次谈判，最后用好几十根金条买下该厂房。

新厂房一楼是产品仓库和原料仓库，二楼用作厂房。顾植民又对设备大刀阔斧地进行改进，原来人工的搅拌工艺改成了机械搅拌。他同时改进各种产品的生产工艺，特别是重点改进"百雀羚"冷霜的先进生产工艺。这时，顾植民除了生产"百雀羚"冷霜产品外，还生产香水、花露水、香粉、胭脂和口红。公司员工也配备齐整，以负责财务的凌福康先生为首的2—3人组成管理团队，学徒工有5—6个，包装工7—8个。顾植民专管技术和销售，妻子徐贞志负责技术配方原料的保密工作和管理工作，因为她会讲英语，还负责和外籍客商打交道。

因正值侵华战争，目睹工厂、企业遭到日寇抢占，顾先生避其锋芒，在小厂中继续生产，保证了国货产品的星星之火。1949年上海解放前，"百雀羚"已成为家喻户晓的畅销国货品牌，北到哈尔滨，西到青海，南到香港，甚至出口远销东南亚各国。

1949年，中国政局面临着历史性的转变。上海解放前夕，不少实业家纷纷逃离上海前往中国台湾和中国香港。面临着去还是留的重大抉择，顾植民考虑再三，还是决定留在上海。1949年8月，上海市人民政府解放军上海市军事管制委员会执行中央恢复经济、扶助私营经济的政策，在上海成立了上海市工商联筹委会，顾植民应邀加入。上海市工商界订立"爱国公约"，要求按时交纳税金、不欠税、不漏税、不逃税。顾植民带头在"爱国公约"上签字。1950年6月，朝鲜战争爆发，入朝志愿军急需防寒护肤品，顾植民在工商联带头表态捐出"百雀羚"冷霜，送给志愿军。他会后赶回厂里，史无前例地安排两班制，连续半个月生产"百雀羚"冷霜，然后全部装箱运往朝鲜。

中华人民共和国成立后，在公私合营等政策之下，富贝康公司先后经历了一系列所有权的变更，企业名字更改为"公私合营上海富贝康家用化学品厂"，生产的产品体系增加到以"百雀羚"牌润肤膏为代表的8大类、38种规格、66种产品。当时，该厂的年产值在1000万元左右。1962年，该厂改名"上海日用化学品二厂"，"百雀羚"成为其旗下的品牌。创始人顾植民则在1956年年末因心肌梗死意外去世。

1980年，上海日用化学品二厂资产重组，变成了上海凤凰日化有限公司。世事的变迁并没有影响"百雀羚"的受欢迎程度，其销量依然可观。根据上海日用化学品二厂的资料记载，直到20世纪80年代，其年产量已达4000万盒。

成立民营公司后，"百雀羚"在产品上尝试了一些小型的创新。除了经典产品外，还推出了凡士林霜、甘油一号、止痒润肤露等新型改良品，但是市场反响平淡。调查得到的消费者反馈是："品牌品质很好，但形象太老"。

21世纪前后，"百雀羚"将品牌定位年轻化，以赢得更多年轻人青睐，一系列调整包括产品、营销、渠道全方位年轻化。2008年，全新品牌定位"草本护肤"的启用，被视为"百雀羚"的转折点。新品上市后效果显著，产品销量开始节节攀升。在营销手段上，"百雀羚"也跟上了时代，除了赞助《快乐女声》《中国好声音》等当时大热的综艺节目外，还通过微博的活动打响了"三生花"品牌。

2017年，"百雀羚"电商以"双十一"当天天猫旗舰店2.94亿元（2016年1.45亿元）的交易额，成功实现美妆品类三连冠，并且25岁以下用户贡献了其中超过70%的销售额。由此可见，老品牌新思路，必然会获得消费者的认同。除了对原有产品的传承外，老品牌还需要了解顾客的心理需求，跟上时代潮流，不断研发新产品，以满足消费者的新需要。

改与不改

最初富贝康公司生产"花月"牌花月霜，利润虽能基本维持企业的日常开销，但对公司整体发展而言没有实质性的贡献，产品并未引起太大反响，无法与早期的知名国货"双妹""雅霜""蝶霜"等老牌化妆品进行市场竞争，不能与当时在我国市场上畅销的一些洋货，如"妮维雅""夏士莲"等化妆品相提并论。当时富贝康公司比国内其他著名化妆品生产企业，如广生行公司大陆药房、香亚化妆品公司、家庭工业社和中国化学工业社等起步要晚很多。富贝康公司的产品质量虽也不错，但由于品种单调，缺乏必要的产品广告宣传，故在社会上的影响力不大，在消费者中的知名度不高。

自1936年起，顾植民等公司领导通过对上海及周边地区化妆品市场的多次走访和调研，决定暂停使用"花月"品牌名称，放弃生产"花月"牌花月霜，重新拟定并使用与公司名称一致的"富贝康"品牌名称，生产爽身粉、美发霜、香蜜等受众喜爱的产品。

1941年，富贝康公司扩大生产，增加生产品牌名为英文的Peh Chao香粉，后品牌名称改为中文"百雀"。该产品因品质精良、价格适中，在市场上较为畅销，仅一种产品就获利丰厚。在"百雀"牌香粉销售获得成功后不久，公司决定开拓护肤品系列，并沿用"百雀"名称，坚持"洋货中名"的策略，以融合式品牌印象打消顾客群体的陌生感。"百雀羚"品牌名称的由来，是一个不断改进的结果。有一个民间说法：鸟儿的羽毛根部富含一种油脂，在还没有护肤品的时候，人们将其提炼出来，涂抹在肌肤上，防冻防裂、滋润皮肤的效果非常突出。当时富贝康的"百雀"的名称和包装不但得到国内顾客的认可，还获得海外众多消费者的赞扬。"百雀"香粉大获成功，顾先生希望再推出一款滋润护肤品。该公司认定不仅"百雀"牌商标名称、图形要精心维护，还应利用"百雀"牌名称、图样的社会影响，在此基础上进行必要的创新。富贝康公司一方面沿用了"百雀"二字，另一方面结合生活在寒冷地区的羚羊具有很强的御寒本领这一特点，又加上了"羚"，由此，"百雀羚"这一品牌名称诞生了。"百雀羚"三字不仅暗示产品御寒本领双倍强劲，更拥有丰富的中式古典艺术气息。在海纳百川的上海，为了便于产品推销，迎合了广大消费者的心理需求，产品的英文商标名是必需的，公司随即使用中文名称的音译Peh Chao Lin作为英文名称。在当时国货产品中，特别是化妆产品，品牌使用外国文字的实例较多。"百雀羚"最先出现在市场上的产品包装也使用了全英文的Peh Chao Lin品牌名称。

中华人民共和国成立以后，经第四十三次政务会议批准，中国政府于1950年7月28日颁布了新中国第一部商标法规《商标注册暂行条例》，根据这个条例的第四条"下列各款的文字、图形，不得作为商标申请注册"中第四点"用外国文字作为商标的，但运销国外或由外国进口的商品不在此限（前国民党反动政府商标局注册的外国文字商标，重新申请注册,得暂准专用二年)","百雀羚"商标因此去除了英文名称,统一使用中文商标名。富贝康公司将英文 Peh Chao Lin 改名"百雀羚"。随着现代化发展,中文名称配以英文音译的商标回归了。近年来,"百雀羚"又将其英文名称改为更加简约的 PECHOIN,保留音译的同时,从原本的三个音节改为两个音节,念起来更简便,为品牌的国际化奠定了基础。

品牌标识上,光有名称喊得响不够,商标设计看着舒服也同样重要。"百雀羚"的与时俱进,从其标识设计中就可以看出来。早期的"百雀羚"中文商标采用符合当时口味的传统隶书字体作为标识,并配以风格古典的英文手绘字体商标 PEHCHAOLIN,优美飘逸。

这样的经典商标作为品牌印记,一直到新千年后才开始改变。2008 年注册的标识上,"百雀羚"增添了原本包装上的经典小鸟形象。近年来,新标识也由原来的比较复杂的中式绘画变成了更加简约抽象的小鸟图案。中国经济实力提高,人民对生活的要求也发生了彻底的改变,从注重"量"转为注重"质",也更强调绿色环保的健康理念。"百雀羚"的标识背景因此被调整为绿色,"百雀羚"字样也改成了更加符合现代人审美的简约字体。品牌标识将英文字母作为底部纹样,虽然没有了原先的小鸟装饰图案,但新添加的两片绿叶装饰生动活泼,用森林的感觉衬托出了"小鸟"的感觉,既代表了生命的不息,又传达了绿色安全的品牌理念。新商标的字母、文字与叶子巧妙地设计结合,整体设计洋溢着青春的健康气息,充分体现了品牌新的生机与希望,更具有时代感,更符合年轻人的审美(见图2、图3)。

经典永流传

当时,"百雀"牌香粉之所以能成为该公司的畅销产品,除了价廉物美等有利条件外,其香粉盒的外观设计,也是吸引人们关注的一个重要方面。它一改当时许多设计师的传统设计理念,即大量使用各种仕女形象、大头美女造型和大红大绿的花卉图样,大胆设计了四只欢快、活泼、人见人爱的小鸟来装饰包装盒。消费者见到这四只以工笔画技法绘制的非常惹人喜欢的小鸟,很自然地就产生了一种亲切感。

民国时期,国内化妆品生产企业在香粉纸盒的外观标贴设计中选用动植物图样内容还是较为普遍的。查阅民国有关化妆品图样资料和大量标贴实物,如民国时期厂商使用动物类标贴图样的有安利行化妆品制造厂使用的"晨鸡"牌脂粉盒标贴、新华化学工业社使用的"飞马"牌胭脂粉盒标贴、先施有限公司使用的"虎"牌兰花粉盒标贴、詹慰慈号使用的"玉兔"牌香粉盒标贴、天津大昌隆使用的"象"牌脂粉盒标贴、中国化学工业社使用

图 2　2008 年注册的"百雀羚"商标

图 3　"百雀羚"商标

的"天鹅"牌香粉盒标贴等。

为了对香粉商标和包装盒进行设计,公司邀请设计师起草设计了大量图稿,并参考一幅名家画作——《百雀图》中百鸟嬉戏的画面,创作了"百雀"商标。"百雀"牌香粉盒的色彩搭配清新、淡雅,非常引人注目。设计师采用了淡黄底色,选用了四只人们非常喜爱的小鸟。画面中四只小鸟姿态各不相同,上面两只小鸟正在展翅飞翔,下面两只则停在树杈歇脚。小鸟羽毛的色彩,也不一样,有黄褐色的翅膀,也有蓝黑色的尾羽。另外,盒盖外还配有金黄色的圆形花边。由于对小鸟轮廓包括身体、翅膀等部位采用了凹凸加彩印的方法,从包装盒表面抚摸,四只小鸟和树枝均突出表面,颇有立体感。另外,在小鸟的下方,还标印有金黄色、凹凸状的英文 Peh Chao 牌商标名称和 Face Powder 产品名称(见图4)。

包装盒的侧面画面从内容看,与盒盖正面内容完全相呼应。同样是淡黄底色,同样是人见人爱的小鸟,但若仔细观察会发现,侧面饰有的树枝和小鸟姿态各异。一只停留在树枝上的小鸟和一只正在飞翔的小鸟为一组,共四组,侧面共有八只小鸟构成,由此显得非常可爱。侧面小鸟的飞行动作、造型姿态,甚至于小鸟的羽毛色彩搭配,也与盒盖上的四只小鸟完全不同。还有标贴侧面上端,不仅设计有与盒盖正面一样的金黄色龙边,而且在侧面最底下,也设计有一圈金黄色半圆形加黑色直线型的花边图样。另外,侧面文字设计中,除了印有"富贝康公司精制百雀香粉"字样外,还设计并印上一行大红底色,白色文字"浓味新装百雀香粉"显得非常醒目。

另外,"百雀"香粉包装盒底部为中文"百雀香粉"和英文企业、产品商标名称及具体的香粉色彩。

从"百雀"香粉盒的整体设计看,首先,由于设计采用淡黄底色,加上金黄色边框,非常引人注目;其次,在包装盒的正面、侧面,设计了多只姿态各异、让人心情愉快且惹人喜爱的小鸟。这样欢快的场面最终为"百雀"香粉赢得了众多顾客的青睐,也使厂商获得了更多的经济效益。

20世纪30年代中期,"百雀"香粉获得成功后,富贝康公司又及时向市场推出了"百雀羚"雪花膏,同样取得了不错的销售业绩。"百雀羚"雪花膏的包装也延续了"百雀"香粉包装特色。

"百雀羚"经典的扁圆形盒体的产品包装造型由庞亦鹏设计,借鉴了来自德国的"妮维雅"英文版包装醒目的产品外观,改造出了全新样式。"妮维雅"是德国当时的国民品牌,如同中国的"大宝",在护肤霜领域占据了重要位置。其包装通体蓝色,正面上下两条横线将整个圆形截面分为三个部分。NIVEA CREAM 分上下两行整齐排列,字体

图4　20世纪40年代，富贝康公司使用的"百雀"香粉包装纸盒

简洁大方，笔画规整，棱角分明，蓝底白字突出重要的产品信息。下方配有一行小字——FOR SKIN-HEALTH AND BEAUTY，意为"为了皮肤的健康和美丽"。"妮维雅"的包装风格醒目直接，以产品名称作为主要视觉传达对象。

根据中央电视台纪录片《老上海广告人》的呈现，庞亦鹏从小在洋学堂学习，由于当时的校长是美国著名的插图家，他受其影响喜欢上了插图。他将自编自画的连环画投进上海报馆，具有美国风格的插图很快风靡了上海出版界。当时报界的广告和杂志的广告都参考了美国风格的插图，这种风格多用钢笔或毛笔快速画出，画面多为黑白，因为报纸、杂志的出版都有时间限制，所以这种画法相比月份牌更适合报刊的节奏。1926年，华商广告公司成立。1929年，庞亦鹏进入图画部，该公司此时正濒临倒闭，而庞亦鹏以一己之力拯救了公司。20世纪40年代，庞亦鹏创立自己的大鹏广告公司。当时上海市民阶层正在形成，他们要求生活精致而舒适。上海纺织女工的家里再怎么小，也会有一个角落收拾得非常干净，放一面小镜子，放几个花露水瓶，放几个雪花膏瓶。尽管这些化妆品价格低廉，但也反映了纺织女工追求美丽的需求。

"百雀羚"包装罐体由深蓝色与黄色构成，罐面背景为黄色，底面主色调为与罐面相呼应的黄色，外圈以蓝圈饰边，罐侧为相同的蓝色，非常和谐、醒目和亮丽。罐面居中的三分之一部分为蓝底白字，印有 Peh Chao Lin 与 CREAM 组合的英文字段，分上下两行居中排列。罐底上为"百雀羚"中文字体，配以公司名称"富贝康公司"和广告语"滋养洁净 健肤专剂"，均与英文 MADE BY FULPAKOM CO.、FOR SKIN HEALTH AND BEAUTY 配合。所有中文由右至左排列，符合当时国人的阅读习惯，而所有的西文字体为西方传统的由左至右排列。"百雀羚"在一个空间中并置了两种字体排布的顺序，中文字体端正秀美，英文字体流畅生动，醒目突出。黄色罐面部分增添了四只飞舞动态的中国风格的雀鸟，神态各异，与"百雀羚"的"雀"相呼应（见图5）。这款"百雀羚"冷霜包装，奠定了"百雀羚"包装形制的基本风格。值得关注的是，"百雀羚"包装的设计中，只有这一款的罐身边缘刻着 MADE IN CHINA，在之后的包装演变中，这一设计细节不复存在。

从"百雀"香粉、"百雀羚"润肤膏产品包装历史演变过程看，最先出现在市场上的是使用正面全英文的 Peh Chao、Peh Chao Lin 的产品包装。究其原因，其一，上海自1845年左右设立租界，有相当数量的英、美、法等国侨民居住于此，而当地中国居民对以英语为主的外国语言也较为熟悉。其二，近代中国工业能力羸弱，海外产品充斥市场，国人形成了对洋货更为信任的心理。其三，当时中国的设计师在学习西方产品设计的同时参与工作，为西化产品所影响，设计当中会较多带有西化元素，因此设计往往中西合璧。其四，在当时国货产品，尤其是化妆产品中，厂商使用外国文字的实例较多，大环境已经形成，百雀羚公司为了便于在上海租界推销产品，迎合了广大消费者的心理需求，为国货加上了英文商标，又在包装背面印上中文商标，形成了独特的中西融合式包装设计。

1951年，"百雀羚"包装上删除了英文品牌名称、公司名称、广告语等。"百雀羚"三个字采用隶书字体的再设计，在保留隶书传统特征和古韵的同时加入新的元素，字从长方形变成正方形，笔画的粗细趋于一致，中宫放松，折角部分做简化处理，抛弃棱角分明的笔锋，使字形更加饱满大气、和谐圆润，这也体现了"百雀羚"在保留传统特色中推陈出新的品牌特点（见图6）。包装盒反面的广告词为"滋养细胞 缩小毛孔 柔嫩肌肤 防治燥裂"，最下方小字标明"百雀羚"于"一九五一年改用中文包装"（见图7）。这种带有现代主义萌芽，以最直接、最简单的方式探索字体在版面中的组合方法，通过利用文字的大小、均衡、疏密等手法来体现设计的理念与个性化特征。其字体设计讲究整体和谐，又能做到规律可循，仔细研究就能发现字体笔画中暗含大的平行空间关系，这在一定程度上为处理图案与字体的搭配协调性提供了便利。在"百雀羚"品牌字体的排列组合中，字体的均衡呼应着整体的均衡，在结构上相互对应，呈现出汉字的结构美、韵律美。"百雀羚"品牌的美术字沿袭了传统书法中汉字的基本形制和特征，故而完美保留了汉字自身的韵味。

20世纪50年代中期，富贝康公司为进一步扩大生产规模，先后将15家中小化妆品生

图5 富贝康公司使用的"百雀羚"润肤膏包装铁盒

图6 1951年,"百雀羚"中文包装正面

图7 1951年,"百雀羚"中文包装罐底

产企业并入，公司名称改为"富贝康家用化学品无限公司"。该公司在原有的"百雀羚"包装上微调了罐底文字，将原来的广告语"护肤专剂"改为"滋润皮肤"（见图8）。

1950年6月，在中国第一届政治协商会议第二次会议上，爱国华侨领袖陈嘉庚提出了汉字的书写、印刷应统一由直排改为横排的提案。郭沫若、胡愈之等文学界名人响应号召，采用横排从左往右书写文章。1955年10月，中国文字改革委员会和教育部联合召开了全国文字改革会议，大会通过了《汉字简化方案》，并建议全国印刷品采用横写印刷。当时又恰逢公私合营，"百雀羚"包装上的字体排版、文字内容也开始改变。首先，"百雀羚"包装上的所有文字更改为从左到右的排列顺序；其次，公司名称由"富贝康家用化学品无限公司"改为"公私合营富贝康日用化学工业公司"，并以半弧形排列于罐体底面下方；最后，增加了"国营中百上海站包销"字样。"百雀羚"下方的广告语也变更为"保护皮肤　润滑柔嫩　抵御寒风　防治燥裂"（见图9）。

1962年公私合营，富贝康日用化学工业公司纳入上海日用化学品二厂，"百雀羚"的包装细节也发生了些许变化。包装罐底的"百雀羚"三字改用了与罐面相同的字体，广告语"保护皮肤　润滑柔嫩　抵御寒风　防治燥裂"由原先的四字为单位纵向等距排列改为左右分列对称横排（见图10）。

21世纪的"百雀羚"包装依旧保留圆形形态，延续罐面的经典图形，仅在蓝底白色的"百雀羚"三字右下角添加了注册商标"®"的标记，表明该商标已成为注册商标。罐面文字部分在"百雀羚"中文字下重新添加了其英文名称PEHCHAOLIN。"百雀羚"字体上方新增了"滋润型"文字与绿色树叶形状的标记（见图11）。在蓝罐背面的文字中，原先的"百雀羚"字体缩小并放置在上部区域四分之一空间中，并增加了"中国驰名商标"的字样。原先下方沿用多年的四行广告语"保护皮肤　润滑柔嫩　抵御寒风　防治燥裂"被"护肤脂·滋润型"六字取代，下方增添了"上海品质，我喜欢的理由！"粗黑体广告字。QS企业食品生产许可标志出现在右下角，条形码在左，公司名称变更为"上海百雀羚日用化学有限公司"（见图12）。

2016年版的"百雀羚"包装相较于之前的包装，改动较多的仍为罐底部分，信息更加详细、丰富，条形码下方标记了出品、注册地等产品信息。空间底面添加了"百雀羚"的官方网址（见图13）。

这个经典包装依托先进的视觉包装理念，为"百雀羚"树立了鲜明的品牌形象，但后期长时间维持一成不变的包装和单一的产品也的确让"百雀羚"走入低谷，国货老产品常常因此被贴上老化、低价的标签。

凭借着德国配方与民族品牌的融合，再依靠实惠价格，"百雀羚"迅速成为国民护肤品。

图8　20世纪50年代中期的"百雀羚"包装

图9　1956年"百雀羚"包装

图10 20世纪60年代的"百雀羚"包装

图11 21世纪的"百雀羚"包装

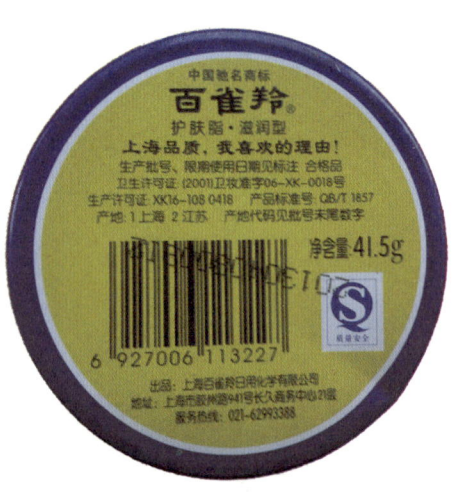

图12 21世纪的"百雀羚"包装罐底

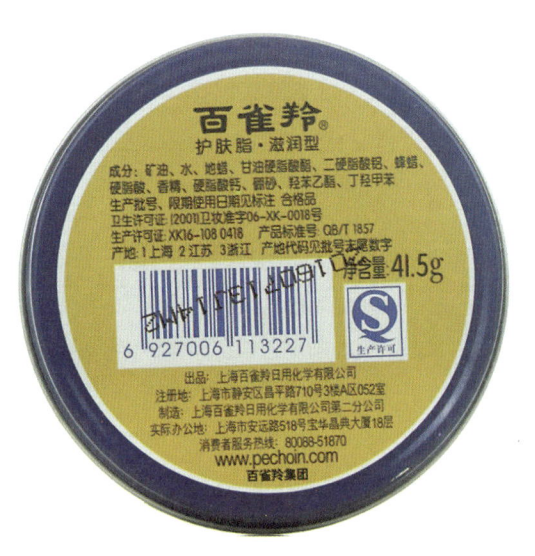

图13　2016年"百雀羚"包装罐底

    曾在百货公司任职的顾植民，积累了多年的化妆品销售和市场调研的经验，熟谙市场营销之道。可以说，在"百雀羚"的发展历程中，营销甚至是先行的。在"百雀羚"品牌创立之初，仍开设在弄堂里时，顾植民便着手为其宣传推广。其中，最受关注的便是画报广告和户外广告。

    画报通常是刊登照片、绘画、图片等为主的期刊，至今在中国已有100多年的历史。画报自20世纪30年代开始繁荣，内容一般为艺术作品或带有营销宣传性质的图片。

    户外广告是最为大家熟知的形式，也基本参照了西方的现代形式。"百雀羚"学习了这种夸张的"广而告之"形式，将巨幅广告挂在醒目的地方让来来往往的人都能看到，迅速在广大消费者内心建立起了品牌形象，提升了品牌的认知度和知名度。"百雀羚"的户外广告虽大幅，但是风格与报刊等载体保持一致，为中式的刻画手法，与上海当时风格比较接近，完美再现了上海当时的风尚。

    20世纪40年代以后，"百雀羚"的广告人物仍以时尚摩登都市女郎为主，但其他广告中频频出现改穿身着西式洋装、时装的新女性形象。这期间出现的广告都以倡导摩登女郎为主题，一部分服装风格也相应地由旗袍风更新为干练风。究其原因，这一时期的中国都市百废待兴，在二战中受到重创的中国需要更多建设，于是，干练风格成为主流。"百雀羚"作为民族工业企业，从未放弃对事业的追求，便随即根据时下情况调整了营销策略。同时，由于在二战中受到过诸如美国、英国的援助，当时的人们更多地向往都市化的生活和消费观念，希望体验都市女性的摩登时尚生活方式（见图 14、图 15）。

"百雀羚"重生

  在经济全球化日益加快的步伐下，大量的跨国企业出现，给国内的民族品牌带来了不小的冲击。许多曾经辉煌一时的国货品牌纷纷受到全球化的冲击，失去了往日的辉煌，由知名大品牌变到鲜为人知，甚至消失在市场之中。但保护民族品牌不等于拒绝国际品牌，更不可以"闭门造车"，这等于重蹈"闭关锁国"的覆辙。只有将国家认同建立在国民自我身份的认同上，即以国产品牌的身份认同为主，才能帮助国民品牌顺利渡过经济全球化的汹涌浪潮。"百雀羚"和其他老字号品牌也尝试过使用"经典国货""诚信"和"品质"的营销思路，但是收效甚微。因此，企业只有注入更新、更符合如今时代的理念，才能焕发生机，抓住追逐时尚的年轻消费者。

  "百雀羚"选择将品牌文化与民族文化相结合。"百雀羚"借助"本草"之力，秉持天然理念，挖掘富有中国特色的内涵后，明显得到了很好的成效。2012 年双十一当天，"百雀羚"光是在天猫旗舰店就达到了 1500 多万的销售额。这是与之同时代的老字号品牌所不能比的。首先，"百雀羚"采用了"本草"元素，"本草"顾名思义就是运用了中药成分。中药是我国的经典国粹，它包含了中国古代人民的智慧，中国人民长期以来对中医民族医药的认同感和信赖度较高。"本草"元素的注入可以大幅提高消费者的认同感。其次，"百雀羚"并不是第一个将化妆品与"本草"元素相结合的品牌，本土品牌"相宜本草"和"佰草集"较早提出了化妆品与本草结合，并取得了不错的成果。"佰草集"凭借国粹元素走中高端的化妆品路线，而"相宜本草"以中低端路线为主。"百雀羚"看到了这些品牌的成功便效仿起来，然而"百雀羚"仿佛是一件要改新的旧衣服，革新之路并不好走，相似的产品定位如何竞争？于是，"百雀羚"又注入了"天然不刺激"这一理念，该理念来自"本草"元素的引申，也是用来与市场上同样相似产品加以区别。这一理念的提出稳、准、狠地打进了消费者的心里。消费者使用化妆品都是为了变得更美、更自然。众所周知，许多化妆品厂商为了利益采用许多化学药剂，虽然短时间可以起到美白等的作用，但是长期使用会对皮肤造成巨大的损害。"百雀羚"正是看到了消费者对这方面的担忧，对症下药地提出"天然不刺激"这一理念。

  沿着草本配方的路径，"百雀羚"秉持"主动学习和创新是成功的基石"的理念，始终把技术创新作为企业发展源动力，并以技术作为产品亮点。2006 年，"百雀羚"展开"草本能量探索工程"，开始筹建"百雀羚"草本工坊。2008 年，"百雀羚"抓住了国内消费

图14 20世纪40年代后"百雀羚"公司的户外大幅广告

图15 20世纪40年代后"百雀羚"老广告

153

者对国外引进产品的质疑之风以及对本土产品的怀旧之风,将现代科技与传统的中医药理念相结合,先后推出了多款天然不刺激的草本系列产品,引领国货天然护肤之风。近年来,"百雀羚"在不断借鉴各行业技术后,在生产工艺中融入了"草本冷萃技术"。一般来说,冷萃工艺能够保留活性草本精华绝大部分甚至全部的活性和有效性,这是中草药传统用法之外的全新尝试。并且,冷萃工艺在食品、药品加工中已有先例,并被认为是优质工艺的象征,各行业都将此当作宣传重点,甚至拥有些许时尚属性。"百雀羚"精准地抓住了这个关注点,再次把"冷萃"、国货护肤品牌、中草药的运用等概念融合,使消费者从产品中感受到强大现代科技,同时再次提升品牌时尚性,将时代前沿的潮流元素融入其品牌感受,使"百雀羚"进化为一个兼有"现代性"的"复古"品牌。

"百雀羚"创新了产品技术,又巧设了价格梯度。其产品性价比高,比起价格动辄成百上千的国外化妆品,"百雀羚"价格公道的优势显而易见。"百雀羚"针对经典产品的定价都不超过20元,草本系列产品的定价在18—80元,其中高端产品价位在200元左右。这种价格梯度的设计,让高端和低端产品相互渗透,同时高价产品也为"百雀羚"未来进军专柜留下了利润腾挪空间。

处在这个被数据和信息淹没的时代,多种策略结合是必然的。明星营销之后,"百雀羚"仍然在继续前进,除了长期积累的品牌信誉、消费者记忆中的怀旧情怀,创新地融入传统文化元素是老品牌复苏与崛起的关键,其原因主要有:受众对传统文化有归属心理,消费者对产品有怀旧情结。菲利普·科特勒(Philip Kotler)和约翰·卡斯林(John Caslione)在《混沌时代的管理和营销》一书中提到,随着2008年金融危机的影响逐步深化,企业、产业和整个市场摇摇欲坠。在这个动荡的时代下,人人自危,甚至感到危机将是未来社会的"新常态"。人们的不安和恐惧心理逐渐显露出来,消费者行为与之前相比产生变化,开始在工作、生活各个方面寻求安全、稳健的选择,甚至用心理慰藉来麻痹自己,用来逃避残酷的现实,以得到暂时的心理安宁。于是,怀旧日渐成为一种普遍的社会现象。怀旧营销,就是商家利用消费者怀旧的心理,通过怀旧市场的细分和掺杂怀旧因素的怀旧广告的传播,来激发他们的怀旧情怀,在他们的记忆深处引起共鸣,加深对产品品牌的正面认识并形成品牌偏好,从而激发购买欲望,形成品牌忠诚度。不是所有年轻人心中都缺失对老品牌的概念,其实有的年轻人也十分"怀旧",而且这部分消费者数量相当可观,且不断攀升。往近了说,怀旧针对的是自己小时候或者父辈的年代。往远了说,怀旧也可以是对民族文化的追忆、对古文化的推崇。对古文化的热爱可算是当今年轻人的一大特点,瞧瞧汉服爱好者便能略知一二。

于是,全新的品牌系列诞生了。"百雀羚"在2012年为20—35岁的年轻消费群体打造了文艺花草系列护肤品牌"三生花"。在视觉品牌宣传上,"三生花"系列广告的核心是将传统东方元素以当代青年喜爱的东方美学形式重新演绎。细节上,"三生花"采用的是具有海派特征的、摩登且文艺的现代油墨插画风格。除了一如既往的海派写实风格,部分宣传图中人物和物品形状都运用了西方漫画中的夸张形变,笔触较细腻。同时内容上又都表现了中国人物和场景,例如中国年轻女子、中式家居装饰等,色彩也运用了中国古典色彩谱系。在表达的思想上,"百雀羚"在中国古典文学中寻找歌颂中国女性美的灵感,选择"本草"这一兼具护肤功效和中国传统文化特色的元素,将"本草"和"东方女性之美"的传统文化元素融入广告设计中,并以时尚元素对比衬托。

"百雀羚"充分利用品牌故事黏性,并融入现代时尚感。东方之美、琥珀计划、国礼等品牌故事的感染性和传承性,引起消费者的情感共鸣,加深消费者的品牌意识。"百雀羚"很好地利用了其作为上海老字号化妆品品牌的优势,发挥消费者对老上海风情的怀旧情结以及对民族品牌老字号传承的使命感,更改了官方网站风格,使官方网站不仅有老品牌的复古之气,还融入了当下的时尚气息。

2008 年,奥运会把中国风吹到世界各个角落,由此引发的国货之火越烧越旺。随后世界博览会的召开,使越来越多的国货进入人们的视野。如今"本草""汉方"的概念在国际化妆品市场大热起来,成为中国本土日化产品"概念"行销的有力武器。

2013 年,"百雀羚"的洗面奶、爽肤水、乳液、眼精华和肌底液等化妆品作为"国礼"被送出,引起中外消费者的关注和青睐,引发了一场"百雀羚"的"国礼效应"。"百雀羚"被作为国礼带到非洲后,沉寂的老字号品牌一夜之间再次焕发生机。"国礼效应"引发了国内外消费者对"百雀羚"的热烈追捧,"百雀羚"产品销量翻倍,部分其他产品甚至卖到断货。

2015 年 2 月 12 日晚,联合国大使联谊会("首届书法名家新春送福活动")在北京钓鱼台国宾馆举行,"百雀羚"再次作为国礼被赠给来自五大洲的 100 多位各国大使及参赞,并深得美誉。

随着中国软实力的提升和影响力的不断扩大,西方发达国家向中国单向辐射时尚的局面逐渐改变,西方开始接受中国特色的时尚文化,东方特有的审美韵味受到了追捧和认同。"百雀羚"品牌效应跟热爱生活、朴实善良的中国传统性格完全贴合,能够推动同胞的心灵契合。升级换代"复兴"后,"百雀羚"随民族情感再一次开始悄然大热。爱国热情的高涨也让人们对国产品牌的关注度越来越高。国货本身凝结着人们独特的历史记忆,这能转化为一种情感力量,促使越来越多的国货走进人们的视野中。

进入新世纪,"百雀羚"重新在广告营销上进行大投入,以期品牌重生。2011 年,"百雀羚"的广告投放费用占到了营销总费用的30%，当年用于品牌推广的营销费用高达1.5亿元。在具体策略上，有着营销基因的"百雀羚"再次对市场现状和品牌印象进行了融合与思考，并决定革新。新时代，针对新生代们的营销策略是引入他们喜爱的"娱乐""综艺""明星"等。

  作为一个百年老品牌，"百雀羚"的原消费主体日渐老去，若不进行品牌定位的改变，其市场将逐渐缩小。因此，"百雀羚"将市场进行了延伸，在保留原有老用户的同时，积极拓展年轻市场，推出了针对儿童和年轻人的护肤产品，采用相应的营销策略。为抓住年轻人的注意力，"百雀羚"邀请了时尚、多变、高人气的国际范儿明星莫文蔚作为形象代言人，打破了国货品牌无形象代言人的先例，"百雀羚"时隔多年再次回到大家视线。运用名人效应注入时尚元素，"百雀羚"作为具有历史文化底蕴的品牌打破了国货护肤品固有的朴素、廉价形象，提升了品牌的知名度和影响力。观察此次融合式创新的本质和背后逻辑，莫文蔚出生于中国香港地区，作为拥有多国混血基因的明星，自带"国际范"，能够与"百雀羚"的本土风格形成强烈对照，形成反差"萌"，与"百雀羚"的"东方美"巧妙契合。传统与时尚的碰撞，使"百雀羚"的品牌文化从百年积淀中迸发出新的活力。回顾半个世纪前的"百雀羚"发家史，它再次将明星名流代言加持的宣传方式带了回来。"百雀羚"从最初脱胎于海外护肤品技术，到新时代运用国际范儿明星增加新影响力，都很好地运用了融合创新的策略发展本土产业。

  此后，"百雀羚"又在湖南卫视《快乐女声》《快乐大本营》、江苏卫视《非诚勿扰》和浙江卫视《中国好声音》等娱乐节目上进行了大量的广告投放。2014年11月10日，"百雀羚"以1.8亿元获得浙江卫视当红娱乐节目《中国好声音》第四季的独家特约权。这些举措一方面保持了"百雀羚"较高的广告到达率，另一方面满足了"百雀羚"一直追求的提升品牌时尚度、拓展年轻消费群体的营销目标。至此，"百雀羚"已经切换到了最新的品牌宣传赛道上，将最前沿、新潮的思维整合到了品牌宣传策略中。2016年，"百雀羚"签下周杰伦和李冰冰，请他们担任品牌的首席体验官和首席品鉴官，开启了双星代言的模式。"百雀羚"同样没有错过时下最火的直播。"百雀羚"联合华晨宇进行直播，同时，签下36位拥有数十万至百万粉丝的美妆红人主播。

  老品牌采用新媒介，选定目标受众、广告定点投放和新品牌打造的方式，经历了这一切，"百雀羚"仍在前进。智能手机时代，营销方式必然需要顺应新媒介的改变。2017年，"百雀羚"发布长达400厘米的H5长图广告《1931》。H5长图，无疑是针对智能手机时代的广告方式创新。图片整体保持着以往的传统风格，画面感强、创意独特，广告场景定位在"百雀羚"诞生的20世纪30年代的上海，从衣食住行等角度描绘了那个年代的摩登生活。广告对标"百雀羚"深厚的历史背景，同时借助美女特工暗杀时间的情节，传达了品牌陪你与时间抗衡的理念。以前老国货给人一种老旧、过时的感觉，跟年轻人有距离，而这波怀旧操作凭借新颖的长漫画广告形式，走进年轻人的社交场景中，融合了品牌、历史、年轻文化，不但让新生代走近了老品牌，也直接让许多年轻人路转粉。当时该长图广告刷爆朋友圈，点击率超过 3000 万次。单从传播效果上来看，"百雀羚"的知名度又延伸到了一代人的记忆中，堪称"百雀羚"营销史上的《清明上河图》。

"百雀羚"广告经历了网络传播，发生了指数级的规模效应、累积效应，影响了广大受众，引起了各受众之间的互动，合力助推了广告的成功。截至 2021 年，"百雀羚"官方微博已经累积了 55 万的粉丝，发送了微博 13 000 多条。其微信公众号的各板块内容丰富，文字活泼，达到了目前互联网传播平台的高端水平，能够直击当下受众的内心。官网还留出了"口碑心得"与"粉丝留言"板块，充分发挥了人际传播和口碑传播的优势，允许受众互动沟通并分享经验。

自诞生起，"百雀羚"在中国消费者心中建立了可靠的品牌形象，不论处于何种社会环境、历史时刻，都能因地制宜地贯彻融合式创新的经营方针，通过各新兴渠道营销推广，同时提炼并升华品牌理念，不断提高品牌认同度，也抓住了新受众的心理，带来更大反响。"百雀羚"在融合中国传统文化元素的基础上，使受众产生情感共鸣，在唤起怀旧情结上，保持部分产品的传统包装，也保留了人们记忆深处的传统品牌标识。从这个角度讲，"百雀羚"获得了成功。

"百雀羚""双妹"作为两大成功的国货化妆护肤品牌，经常被人们拿来比较。

"百雀羚"是土生土长的上海品牌，是国货护肤精品，凭借德国配方与民族品牌的组合，自 20 世纪 30 年代来热销全国，阮玲玉、周璇、胡蝶等巨星对"百雀羚"的钟爱更是起到了巨大的消费示范作用，当年"宋氏三姐妹"及英、德、法等国驻华使节夫人也推崇使用代表东方时尚的"百雀羚"。这些著名女性带动了品牌口碑输出，进而使"百雀羚"获得所有消费者的青睐。

"双妹"是香港出品，并把上海作为销售和生产重地，也是大品牌、好品质、平价的时尚精选产品。同样是利用女性做广告，"双妹"淡化了社会著名女性的形象，而是面向名媛、时髦女性等群体灌输独立自主的新理念，成为沪上名媛追崇的美艳神话，是成名较早的化妆品品牌。

《近代上海的市场竞争与工业企业的生存发展》一文中总结，在民国时的中国能存活下来的民族工业企业家都有四个共性：一是创业时要对市场情况有充分的了解，避免盲目投资；二是针对市场变化企业要善于随机应变调整经营方向；三是要敢于抓住时机迅速发展；四是要有坚韧不拔、顽强拼搏的创业精神。

　　"百雀羚"与"双妹"两者相同之处是都以好品质、国货精品、物美价廉标榜并要求自己，在同类品牌大战中坚定"品质为王"的硬道理，在宣传上则辅以差异化竞争，逐渐找到了自己的行业地位，确定了品牌DNA。

穿戴品牌

"着个"回力

回眸初创,领跑时尚

(创始于1927年)

品牌主要事件

1927年，上海义昌橡皮物品制造厂成立，"八吉"牌胶鞋诞生。

1930年，改组为上海正泰信记橡皮制物厂。

1934年，更名为上海正泰信记橡胶厂，"回力"商标诞生。

1935年，"回力"商标正式注册。

1948年，上海正泰信记橡胶厂"回力牌"新型弓形底部特质球鞋获得专利，畅销市场。

1950年，"回力"鞋作为抗美援朝部队第一批军用鞋，跨过鸭绿江，为国立功。

1954年，公私合营，组建正泰橡胶二厂、三厂，后更名为上海胶鞋六厂、七厂，专门生产"回力牌"布胶鞋。

1955年，"回力牌"布胶鞋开始出口。

1966年，上海胶鞋六厂、七厂合并组建成上海回力鞋业总厂，隶属于上海华谊（集团）公司。

1979年，"回力"商标荣获"上海市著名商标"。

1998年，"回力"商标被连续认定为"上海市著名商标"。

1999年，"回力"商标被认定为"中国驰名商标"。

2000年，上海回力鞋业总厂正式停产。上海回力鞋业有限公司成立。

2010年，"回力"品牌第一家旗舰店开业。

2011年，上海回力鞋业有限公司被商务部认定为第二批"中华老字号"。

2015年，环球鞋网2014中国鞋业盛典品牌评选榜单，"回力"荣列行业"运动新势力"品牌榜首位。

2021年，入选艾媒金榜（iMedia Ranking）发布的《2021年国产运动鞋品牌排行Top15》。

橡胶变胶鞋

1840年，鸦片战争打开了清朝政府紧闭的国门，西方资本主义各国向中国大量倾销商品，包括天然橡胶和橡胶制品在内的洋货潮水般从黄浦江、珠江等口岸灌入。1843年11月17日，根据《南京条约》和《五口通商章程》的规定，上海正式开埠。从此，中外贸易中心逐渐从广州移至上海，外资和外国商品纷至沓来。橡胶制品也如同其他洋货一样强势涌入上海，甚至占领全国市场。至19世纪末，上海平均年输入天然橡胶和橡胶制品值银4万余海关两。1914年，全国天然橡胶年输入值银为1.97万海关两，而橡胶制品输入已达到32.73万海关两，输入的橡胶制品主要为人力车胎、胶鞋等。此时，第一次世界大战爆发，西欧各国暂时延缓了对中国的侵略，而新兴的日本趁机取而代之。大战期间，在中国全部橡胶制品输入总值中，日货所占比例由战前的18.4%跃升为66.8%，输入值银由年6万余海关两增至37.5万海关两，猛增5.2倍多，日本的橡胶制品遂逐步占据了中国市场。市场的需要和洋货入侵，刺激、加速了中国民族橡胶工业的产生。1918年，上海第一家橡胶企业诞生，以后逐步发展成上海民族橡胶工业。长期以来，上海橡胶工业的规模、装备、技术和品种等各方面均居全国同行业之首位。1919年，广东籍日本华侨容子光、容祝三兄弟与潘氏兄弟集资约两万银圆，在上海创办中华橡皮厂，拉开我国民族橡胶工业的序幕。虽然该厂因技术落后在与洋货竞争中败下阵来，仅存活3年，但上海民族橡胶企业发展的动力已无法压抑。

上海橡胶工业创业于20世纪20年代，当时仅有少数几家厂，发展至30年代初已拥有48家，占全国同业总数的2/3，上海成为国内橡胶加工行业最集中的地区。"五卅""五三""九一八"等几次全国性反帝、反日爱国斗争，激发了全国人民抵制洋货、日货，购用国货的热情，给予上海民族工业发展的良机。当时经销英、法、美、日商品的洋庄、东洋庄营业受抑，不少业主就转移资金投向橡胶工业。前3年内开设的有劳大、德昌、启明、厚生、大新、义源和义昌（正泰前身）等7家橡胶厂。此时，上海橡胶行业的特点之一是产品品种单纯，绝大多数厂以生产胶鞋为主，48家工厂中生产胶鞋的有44家之多。

1902年，19岁的江苏省江阴县（今江阴市）人刘永康来到上海兴圣街（今永胜路）隆兴昌杂货号当伙计。因为勤奋肯干，他颇得老板赏识，仅一年便被老板委以重任，负责经营隆兴昌杂货号。老板故世后，刘永康盘下货号成为业主。

1926年，刘永康与人合伙开设正泰百货号，专营日货。他意识到橡胶制品用途广，但国内尚无人设厂制造，遂有心创业。

1927年，刘永康集资1万两白银在上海唐山路创办了上海义昌橡皮物品制造厂，专门生产"八吉"牌胶鞋。他在家乡江阴招工百余名，用日本技术日产套鞋200双，这是中国首家民族橡胶厂，当时已开始使用"回力"商标。

1930年前后，世界经济危机爆发并波及中国，导致正泰发生巨额亏损，部分股东要求拆股，工厂停工。刘永康认为萧条之后必有景气，橡胶工业是新兴产业，更有前途，于次年年初追加投资12万两白银添置设备并恢复生产。为解决套鞋表面光洁度不高的问题，他于6月又集银6万两白银，添置蒸缸1只及有关附属设备，终于使产品在市场上站稳脚跟，工厂发展到日产胶鞋2000双、年耗胶200吨的规模。

1932年年底，正泰获利银30万两，着手扩建第二家厂。"九一八"事变和"一·二八"事变爆发后，中国人民爱国热情空前高涨，"倡用国货"成为一时的社会风尚。正泰适逢其时，获得空前发展而成为上海橡胶业两大厂之一。

1933年1月28日，刘永康参加抗日救护队，开始积极投身抗战。一年后，正泰信记橡胶厂硫化缸发生大事故，震动全上海。刘永康一时间成为众矢之的，受到社会舆论的严厉谴责；工厂生产停顿，一度陷入极其困难的境地，部分股东拆股而去。刘永康自有资金比例上升到70%，承担全部责任和损失，但他并不气馁，仍决心待机再起。刘永康也从事件中看到了正泰各方面的缺陷。次年，他再次投资15万银圆，提拔学徒出身的得意门生杨少振负责正泰内外总务，实施全面的正规化改革。销售经营方面，刘永康提出"等价我货好，等质我价低"的口号，抢占尚未为人注意的帆布高帮运动球鞋市场，推出"回力牌"球鞋，并积极参与体育运动等社会活动以扩大影响。生产管理方面，他创建球鞋生产流水线以改变原先作坊式的"独工"操作法；实施新财会制度，明确管理人员的职务职责；调整工资计算法，增加工人收入。在一年多的时间里，正泰信记橡胶厂迅速创出名牌"回力"鞋，进入了长期稳定发展的新阶段。正泰在《机联会刊》第一百五十期刊登的广告也标明了"唯正泰信记橡胶厂出品之球鞋套鞋才能与舶来品相抵抗"（见图1），该刊以提倡国货，促进生产，发扬民族工业为宗旨。据《上海橡胶工业志》记载，1934年是正泰橡皮物品制造厂的一个重要转折年，因遭遇蒸缸爆炸事故，损失惨重，加之经营不善，正濒临破产的困境。刘永康意识到，想在橡胶工业中走出自己的发展道路并在竞争中获胜，必须从根本上改进、加强企业生产经营管理的办法。而要解决这个问题，唯一的方法就是聘请熟悉工业企业管理的能人。1934年春，刘永康派人专赴广州，礼聘薛铭三来厂工作，聘任其为正泰信记橡胶厂经理。薛铭三受任后立即执行两项任务：第一，抓生产经营管理，首创胶鞋成型流水作业法；第二，创立"回力"商标。在设计"回力"商标时，薛铭三在商标征集中强调：一是突出布面胶鞋款式新颖、经久耐穿的特性，二是彰显回力鞋厂在市场竞争中不畏艰难、勇往直前战胜对手的勇气和毅力，一改往日国内工业领域富含"财源茂盛"之意的商标设计，契合新型工业时代已经逐渐出现的奋发精神。

图1 正泰信记橡胶厂广告

1936年12月17日，刘永康因积劳成疾去世，终年52岁。他遗下的事业，在门生杨氏、亲戚洪氏的鼎力合作下，获得进一步发展，最终成为中国民族橡胶工业两大支柱之一而闻名于世。

1937年后，回力鞋厂意识到轮胎属于战略物资，不能被洋人掐住中国人的这道命门，于是自主研发并成功生产出胶鞋的"近亲"——轮胎，专供抗日军队使用。20世纪40年代中期，正泰信记橡胶厂率先派人赴美留学，留学人员在美国完成了硕士学业，带着先进的制鞋技术和设计理念回国，极大提升了回力鞋厂的设计与制造能力，使之成为中国运动鞋的第一品牌。

20世纪30年代后期至抗日战争胜利，上海受日伪侵占控制，民族橡胶企业处境危难，行业兴衰变化很大，同业厂数减多增少，1940年曾减至最低数29家。抗战胜利后的三年提供了一段恢复发展时机，当时市场形势好转，橡胶制品需求增加，行业一时兴旺发达。1949年5月，上海解放，橡胶工业绝处逢生，开始进入真正大发展时期。针对暂时的困难，人民政府迅速采取应急措施，通过解放军军需后勤部门和市贸易信托公司以及中国百货公司上海市批发站等国营商贸经济机构收购成品、配给原料、提供扶持资金，帮助橡胶工业恢复生产，渡过难关。这一年，全行业厂数增至103家，有职工1.5万人，产品格局也有较大变化，如胶带产品、汽车轮胎、医用文体制品等。上海正泰信记橡胶厂扩展为全国最大的综合型橡胶企业之一。

抗美援朝时期，多数厂承接军用胶鞋、夹胶雨布等军需加工订货任务，并由此促进并强化生产管理技术。1950年，上海正泰信记橡胶厂与大中华橡胶厂、义生橡胶厂、大成橡胶厂等支援抗美援朝，在两年内完成大批量军用胶鞋1144万双，夹胶雨布40 150尺（约13 383.33米）和其他军需橡胶制品。抗战老兵郎万瑞在《难忘开城——纪念抗美援朝胜利50周年》一文中提及："在保卫开城的前线及战备异常紧张、生活也非常艰苦的情况下，我们受到了祖国人民和朝鲜人民最亲切的关怀。当时我们祖国刚结束多年的战争，正处在百废待兴时期，然而，全国人民把一切最好的东西拿出来支援志愿军，在国内很难见到的物品也运到了前线，送到了志愿军手里。爱国人士陈嘉庚老先生给每个志愿军战士捐赠了一双回力牌球鞋。"《保定晚报》于2020年采访抗战老兵陈智明。1950年国庆后，部队进行整编换装，准备出国作战，陈智明入编政工队三分队，负责打扫战场、审押俘房、阵地向敌喊话等宣传和战勤工作。出发前，除了粮袋、枪支、被褥等，每个战士配有三双鞋自由选择，即大头鞋、布鞋和一双"回力"牌球鞋。为了减少负重，大多数都选择穿一双大头鞋，凭借所学地理知识，陈智明选择穿球鞋。为此，他还被误认为南方人不知北方寒冷。据陈智明回忆，入朝第二次战役中，他们执行穿插迂回任务，从德川的东侧插向南面，翻越高地。途中有一条江，水深没膝。我穿着球鞋蹚过，到岸上把水一倒，拧一拧就接着走，而穿大头鞋的战友只能光脚过江，小腿和脚多处被刺肿割伤。11月27日，部队要求强行军70公里，一次到达目的地三所里，执行深入敌后堵住敌人的任务。第二天早上，陈智明所在队伍受命去打扫战场，但穿大头鞋和布鞋的同志们脚板磨出了大泡，走动不了，陈智明先安置好战友，再跑去打扫战场。讲到自己明智的选择，陈智明爽朗地大笑起来，自豪地说："事实证明我是对的，爬山下河、急步行军我从未掉过队，跑得相当快，还能多担多劳，这双球鞋可帮我立了大功。"

中华人民共和国成立后，从国民经济恢复时期至第一个五年计划的最后一年，"回力"牌球鞋出口成倍增加。根据当时现行价格计算，出口总值的比重已上升到总产值的5%左右。1955年，"回力牌"畅通球鞋、凹凸球鞋、自由跑鞋、网球鞋、布胶鞋等开始出口海外，远销荷兰、加拿大及东亚与非洲各国，而中华人民共和国成立前曾只有少量出口。

"回力"犹如勇士挽弓

1934年，广东兴宁人袁树森采用盛行于西方的装饰艺术运动设计风格设计了"回力"商标，他的设计紧跟时代的特色与潮流。商标的设计以圆形为外轮廓，围绕着勇士形象，使商标形成一个整体，工厂的英文名称、生产地名称围绕外轮廓构成内为同心的弧形段（见图2）。回望20世纪30年代，当时中国受到西方巨大的影响，人们熟悉西方勇士形象，普遍接受类似的西化艺术形式，据此，商标图案被设计为一位形态舒展、手挽长弓的勇士形象。他雄赳赳气昂昂的精神，似乎要吞灭掉四周、扫除一切障碍的气概，呈现出一种"引而不发，跃如也"的姿态，以线描简笔的形式居于正中。弓箭射向左上方，将视觉向左上方牵引。连笔书写、具有卷曲装饰意味的Warrior英文字体贯穿人物，向右上方倾斜，将视觉向右上方牵引。左右双向的视觉动势形成了圆形内部的虚三角结构，兼具动势和力量，且整体稳定。射手同时也代表了中国的后羿射日神话，好似这一形象的剪影，喻指能战胜困难的巨大力量，能够激励人们效法勇士"后羿"，树立信心，自强不息。此外，勇士弯弓射日的图案备受刘永康的青睐，正如"回力"品牌的英文名Warrior（勇士）一样，中文"回力"是英文的谐音，亦指"回天之力"，音译和意译完美结合，且简洁有力、朗朗上口，易于品牌传播。《辞海》中"回天"的释义是：比喻扭转很难挽回的局面；《现代汉语词典》中"回天"的释义是：扭转很难挽回的局面。薛铭三特别强调说：现在要使正泰信记橡胶厂走出自己的发展道路，确实必须具备"回天之力"的气魄。薛铭三题写的中文"回力"二字，定版为正泰信记橡胶厂"回力"牌商标，正式使用在新开发投产的布面

图 2 "回力"商标采用形态舒展、手挽长弓的勇士形象

胶鞋上。

1934年10月7日,"回力"商标图案首次出现在《申报》并广而告之:回力商标图案为勇士挽弓之图,据吾人所知,弓为弹性猛烈之物,为我国最有历史之武器。以之为图形,甚合好勇斗狠之现代,配以 WARRIOR 回力二字,尤足激发文弱之国人。(见图3)这段文字清晰地表明了"回力"商标图案的创意和设计有其深刻的历史背景和寓意,目的在于唤起国人的民族自信心。同时也预示着"回力"的商品和战士一样,要打破黑暗求生存,扫除障碍谋复兴,担任重整国民经济的前锋,来征服一切外来的恶势力。"回力"商标图案体现着浓郁的爱国主义精神,与当年刘永康与人合资开设"义昌橡皮物品制造厂"时抵制"洋货"的爱国初衷一脉相承。日后"回力"一以贯之的爱国之举,也是想在民族经济上、国民体格上,恢复到强有力的状态,以达到自由平等之境地。

1935年4月4日,"回力"商标注册获准,取得专用权(见图4)。该商标图案迅速被当时的青年奉为时尚,也成为胶鞋的代名词。凭借"回力"商标的深入人心,正泰信记橡胶厂往日濒临破产的困境也逐渐消散,盈利迅速增加,知名度逐步提升。

"回力"商标在品牌近百年的发展中不断适应时代变化,适当进行设计调整。在品牌发展和设计应用中,"回力"商标呈现出局部图文信息的适时增减。20世纪50年代,国家商标政策规定内销商品商标使用中文,外销商品商标可使用英文。回力工厂根据相关政策要求对"回力"商标的设计进行了调整。1955年,"回力"牌布胶鞋开始远销国外,为了让品牌标识和产品能够体现中国制造,在商标中将 SHANGHAI 改成 MADE IN CHINA 字样信息,保留"回力"中文字体和 Warrior 连笔书写的英文字体,同时减少了 RUBBER

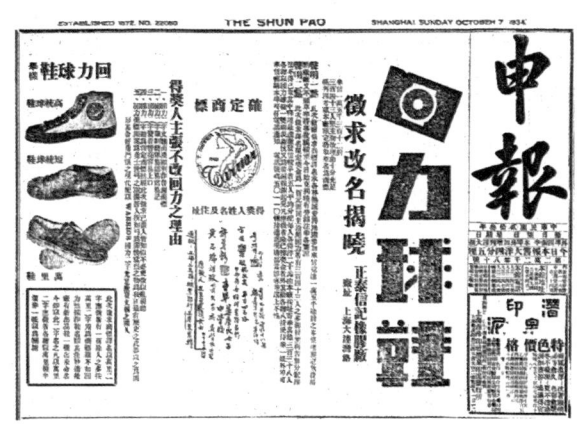

图3　1934年10月7日《申报》刊发"回力"球鞋征名揭晓启事　　　　图4　"回力"商标注册证

FACTORY 英文文字信息，增加了视觉元素，形成商标整体设计以圆形为外轮廓，内为同心双层弧形线段的风格，让"回力"商标更简约、易于传播。中央工商行政管理局于1958年3月6日补发"回力"商标注册证号13453号。

之后，"回力"对商标进一步简化，减少一些字样信息。以"回力"中文字样代替 Warrior 英文，以美术字体作为主要设计形式表现，去除了 MADE IN CHINA 英文信息，商标的外轮廓变化为线条粗细均等的双同心圆。"勇士"图案从线形轮廓变为剪影形式，商标整体彰显出一定的现代设计感，其设计风格与20世纪五六十年代盛行的现代主义设计风格相符，显现出一定的视觉现代性。基于此，相似设计风格或局部调整的"回力"商标出现在不同地区和不同时代。

千禧年后，国潮风由小众逐步走入大众视野，为了让老牌国货焕发新活力，老品牌跟上时代步伐逐步探索发展新思路，以现代品牌战略适应社会经济、大众消费、品牌文化的发展，重塑经典民族品牌形象。"回力"品牌精准对标，重塑品牌形象，符合大众的审美与当下的设计风格，以"回力"商标为基础，对品牌的中英文标准字体进行了再设计，中英文字体都使用无衬线体的设计风格，视觉上更现代，更简约，更具个性，更有力，体现了品牌理念"回天之力"的气魄和力量感。品牌标准色彩设定为蓝白配色，对比清晰，传递出简洁大气、明朗纯净的感受，适于品牌传播和品牌记忆，与品牌"人"与"自然"的和谐理念相呼应，与"环保、绿色、运动、健康"品牌产品方向一致。

随着中国品牌浪潮的不断推进，回力鞋业启动了品牌升级战略，推出"致敬、冠军、倾慕"三大系列新品，启动终端直供，结合电商平台的"双轮驱动"新模式，全力打造全新国货品牌。"回力"的品牌视觉形象也随之发生了重大变化。2016 年，"回力"新商标横空出世，并在"回力"运动鞋类产品设计中全面应用。此次视觉形象变化是对"回力"经典元素 Warrior 英文字的全新演绎，将其再提炼，再设计，提取 Warrior 的第一个字母 W，将其作为新标识的标准图形，斜向上的一笔则以弧线条形式自由挥洒，犹如中国书法中的草书，自由挥洒而不落窠臼，呈现一种潇洒自如、狂放不羁的姿态。斜向的平行四边形，自有其不稳定的艺术效果，而弧形线条直接强化了标志自身的动力感。同时作为"回力"运动鞋的 W 经典侧标，"回力"标准字体设计沿用之前的设计思路，放置于标准图形右下角，并在其前面并排加入品牌创建的年份"1927"数字，突出老字号品牌的悠久历史。新"回力"品牌标识以红色作为品牌标准色，品牌标识视觉整体现代简洁，特征突出，又与经典款白色红边篮球鞋相呼应，图案简洁明快，颜色极具跳跃感，高度体现了百年"回力"的文化基因（见图 5）。

"回力"与体育

中华人民共和国成立前，回力鞋厂就已经成为中国胶鞋业的"第一品牌"，始终站在上海民族橡胶工业抗斗"洋货"的阵地前沿。"回力"鞋之所以受追捧，与它的质量和外观有着密切的关系。当时，"回力"鞋都由一些制鞋经验丰富的老工人手工操作，生产一双鞋需要很多道工序，制作流程也十分严谨、复杂，工艺相当考究。一双球鞋最核心的部分是鞋底，其耐磨程度取决于橡胶的纯度。"回力"鞋的鞋底质量是出了名的，其耐磨性和防滑性也是当时同类产品所不能比的。1948 年国民党政府举办的第七届全国运动会前夕，回力鞋厂根据人体脚部构造，设计出弓形鞋底的球鞋，鞋底放置特质海绵，使得鞋子穿着舒适有弹性（见图 6）。当时，国家和人民处于战争中，对撒传单的手段十分熟悉，"回力"借着传单的"深入人心"，雇用飞机撒宣传单，一时名声大振。

曾任华东区篮球队主教练、上海篮协第三届主席、素有"百步穿杨神投手"之称的王永芳，与田福海、何佩等人代表东北参加了此次全运会。然而全运会结束后，因辽宁省爆发解放战争，交通中断，辽宁省篮球队滞留上海。其间，通过体育界人士，与正泰信记橡胶厂老板联系，厂方同意收留这支篮球队，并组建了一支以东北健儿为主体的"回力"球队，获得上海篮球职业联赛冠军，与"华南篮球队""大公篮球队"在 20 世纪 40 年代末成为上海滩三大名队。王永芳率队远征菲律宾、马来西亚等地，以快攻战术的独特风格，全胜而归，名震东南亚。该厂对球员待遇优渥，球员待遇与厂里中层干部相当，吸引了高手加入。"回力"篮球队在比赛时，身穿的背心、短裤都印有"回力"商标，脚上当然要穿"回力"鞋，

图 5 "回力"商标的设计演变

图 6 "回力"弓形鞋

同时正泰橡胶厂在球场边上摆摊，优惠销售"回力"鞋。这支球队转战中国内地与中国香港地区，无论走到哪里，都是正泰橡胶厂的广告招牌，为"回力"打响了品牌知名度。

最初的"回力"鞋可以算作高端消费，它的价格并不是所有人都能承受的。1956年，回力鞋厂为国家男子篮球队参加奥运会而研发的"565"高帮篮球鞋，惊艳一时，售价9元多，相当于当时普通工人半个多月的工资。

1977年，国民经济恢复较快，扭转了长期以来停滞不前甚至下降的局面。工农业生产总值比上年增长10.4%，超过计划的4.4%。当时都是由国家下指标生产，回力鞋厂不愁销售。1979年，风靡全国的WB-1篮球鞋横空出世。这是"回力"具有代表性的篮球鞋，是当时最时尚的球鞋，直到今天在"回力"产品销量中还占有较大的份额。据担任"回力"品牌推广部主管的陈一铭回忆，这双鞋的售价不到10元，但普通老百姓的工资也只有五六十元。他自己当时的月收入为42元，一双WB-1篮球鞋的价格相当于他1/4的月薪。工薪阶层很难买得起这双鞋，毕竟那时候买块排骨也只要一角几分。一双"回力"鞋经常是家里兄弟或者姐妹轮流穿。那个年代，拥有一双"回力"鞋在青少年中已经是潮人标志。中国的国家级球星，如胡卫东、王治郅，乃至世界级球星如姚明，他们的少年时光也是穿"回力"走过的。两年后，中国女排穿着WV-2排球鞋拿到第三届世锦赛冠军。为了让排球鞋适合专业队员的脚型，技术员特地为所有女排国家队队员测量脚型，印下脚面，记录下跖围、跗围、兜跟围等各项数据，从北京带回上海，为女排定制专业鞋。当时厂里还专门有一支设计团队，他们在北京、上海两地跑，根据女排试穿后的意见反复修改。

"回力"鞋的风靡几乎与中国体育事业的逐渐崛起相伴。"回力"当年生产的很多类型的球鞋都有专业运动员参与研发，郎平、周晓兰、陈招娣等老一辈女排运动员都与"回力"工厂的技术人员一起设计研发过球鞋（见图7、图8）。早年的国内品牌一切以国家下达的生产任务为工作目标，往往缺少推销产品的概念，"回力"鞋也不例外。幸运的是，中国体育健儿一次又一次荣获金牌，问鼎世界。1984年，中国女排穿着"回力"球鞋赢得了第二十三届洛杉矶奥运会的冠军（见图9）。这些脚踏"回力"出现在报端新闻的体坛名将在不经意间成为"回力"品牌的最佳代言人。中国女子乒乓球运动员曹燕华、国家女篮运动员郑海霞等穿的也都是"回力"比赛专用鞋。据当时研制乒乓球运动鞋的技术人员回忆，当时国家队出去比赛，技术人员随行，陪着代表团一起比赛，跟着看球鞋的使用情况。"回力"鞋帮助运动员们拿到了一次又一次的好成绩，这让技术人员们很自豪。

除了专业运动员，"回力"鞋真正开始穿到寻常百姓们的脚上，还要等到20世纪70年代末。当时，回力鞋厂设计出了后来为世人所熟知的"白色红边"篮球鞋。这个经典的设计采用红、白两种主色，图案简洁明快，颜色极具跳跃感，加上过硬的质量和良好的口碑，创造了一款球鞋连续畅销十余年的神话，也使得"回力"这一品牌更加深入人心。"回

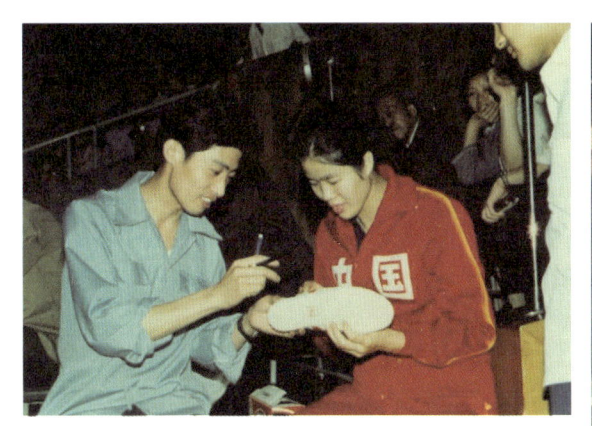

图7 国家女排运动员郎平和"回力"技术人员沈松林在研究排球鞋的设计

图8 国家女排运动员周晓兰试穿"回力"排球鞋

图9 1984年，洛杉矶奥运会上的中国女排穿"回力"鞋参加比赛

171

力"鞋也成为学生在晨跑、体育课、运动会中的首选。很多人都还记得,为了不让鞋子变脏,条件好点的人用牙刷蘸白鞋粉刷鞋,学生们就直接用白色粉笔来擦,鞋子立马变成"回力"的经典白了。一如当时已风靡世界的阿迪达斯(Adidas)与耐克(Nike)一样,"回力"成为中国年轻人的宠儿。

"回力"品牌推广部主管陈一铭曾见证了"回力"在20世纪八九十年代的辉煌与巅峰,他在接受《新闻晨报》采访时表示:当时"回力"一年可以卖出1500万双鞋。工厂车间里有两条流水线,早班、中班都来不及做。批发商的货车把工厂后面的一条马路排满了,中班出来的鞋子不进仓库,直接打包装车,送到中国百货供应站。在计划经济时代还没有品牌专卖店的概念,各类品牌都通过中国百货供应站包销到各大百货商店。改革开放以后中国百货供应站都拆掉了,我们现在很多经销商都是当时的中国百货供应站出来的。

之后,越来越多的国际运动品牌产品打入了中国市场,市场和政策的多重压力,使得一家家生产解放鞋的分厂相继关闭,"回力"鞋业面临着巨大的挑战。直到政府把"回力"品牌从破产企业中剥离出来,新成立上海回力鞋业有限公司,"回力"品牌这才得以延续。

新组建的回力鞋厂,开始以市场为导向,越来越关注消费者的需求,借鉴耐克和阿迪达斯"品牌运作"的模式,到中原和西南地区去挑选质量高、成本低的制鞋厂,由其代工。公司则掌握品牌、技术和营销这三个附加值最高、最重要的环节。经历低谷期后,"回力"运用品牌延伸发挥自己的独特优势,加之品牌定位的清晰化,目标受众的明确化,以终端销售平台配合电商平台的营销模式,使得品牌的发展之路更为平坦广阔(见图10)。

"回力"转变

"回力"以战略转型促进品牌创新。许多老字号品牌的产品和工艺虽然过硬,但是产品销售模式落后。"回力"品牌就是一个典型的以营销模式创新促进品牌创新,并取得成功的老字号品牌。2000年,"回力"经过第一次战略转型,从生产型企业转型为品牌贸易型企业,开始在技术研发、开发设计、品牌运营等环节发力,实现了"两头在外",即生产在外、销售在外。2010年,为突破"两头在外"模式受制于人的弊端,"回力"开始了第二次战略转型,大力开辟终端市场。不仅开出了多家直营店、加盟连锁店,还进驻商场、超市,并进一步进军网络市场,"回力"品牌的知名度更加深入人心。

"三相定位"是"回力"品牌的产品定位,即"专业运动、健康运动、时尚运动"三位一体。时任上海回力鞋业有限公司党委书记、执行董事桂成钢说:"我们要一改往日比较陈旧刻板的面貌,让时尚回归'回力',将我们80年的历史融进现代时尚,将文化与历史结合,

图10　1979年"回力"商标荣获"上海市著名商标"

把经典与时尚结合，改造经典，再创经典，做'有内涵的潮牌'。我们认为，只有这样三位一体，才能适应不同的市场、满足不同的需求，以创新延续生命力。"

追求个性的时代特色直接推动了老品牌的复兴。对自幼接受西方物质消费文化的年轻人而言，一双经典的"回力"鞋更能张扬个性，凸显自己与众不同的品位，他们凭借服饰上的标新立异引领自己的复古时尚。

"回力"品牌理念也在不断创新。"回力"一直以"以人为本、崇尚运动、促进健康"作为品牌的核心。在全面倡导"新国货"时期，"回力"提出"永远的陪伴，永远的记忆"品牌口号，将品牌情怀打入消费者心中。随着科技的发展、产品技术工艺的提升，"回力"对其品牌理念进行二次延伸并提出"回力城市"品牌口号，此次转型的核心在于围绕情怀打造"智能回力"的品牌理念，进而向中高端市场开拓。"回力"两次品牌理念的创新升级无疑能够促使消费者对其产生新的价值认同，促使消费者产生消费行为。

产品创新，丰富产品线，也是技术与工艺创新。2009年9月—11月，"回力"与上海工业设计协会、上海设计创意中心以及专业设计公司合作，在四所高校开展了"创新回力，畅想世博"手绘鞋设计竞赛和校园市集巡展活动。同时，在"回力"产品的开发设计工作中，坚持"经典与时尚结合、运动与休闲结合"的理念，改变了"回力"产品款式陈旧、色彩单调的旧貌。到2014年，"回力"还推出了"幻面鞋""亲肤鞋"等大受欢迎的新产品。

以经典款的WB-1篮球鞋为例，这双鞋不仅受到了当时年轻人的喜爱，在当下的年轻人中也有着较高的辨识度。但在近40年的时间里，这双经典运动鞋没有任何的革新，即便认知度很高，也已经造成了消费者的审美疲劳。2005 年，"回力"开发生产了 15 个品种规格，申请专利 3 项。2005 年，公司的年产量达 636.64 万双胶鞋，产值超 1.2 亿元，出口创汇 235 万美元。为了突出重围，新时代的"回力"开始革新产品材料与生产工艺，将经典与当下的审美需求结合，从经典款衍生出款式众多的升级款。2018 年，"回力"推出了装有水逆系统的新型雨鞋、装有卫星定位和报警系统的防拐童鞋等高科技产品，改变了消费者对"回力"产品技术落后的刻板印象。丰富的产品线、大胆前卫的产品设计思路以及传统工艺与现代科技的结合，使得"回力"重新受到消费者的关注。除了"回力"球鞋，"回力"品牌又推出"回力"服装，有利于扩大市场占有率。2017 年，"回力"与百事可乐合作推出跨界活动，以此为契机正式向联合品牌架构转型。

"回力"的营销模式也做出了转变，其中包含低层次的"大批发"、中层次的"体育专卖"和高层次的"时尚精品"。"回力"期望这三个层次可以随着企业的发展而逐步提升，最后实现以终端专卖为主的"回力"营销新模式。

2008 年，"回力"同广告公司合作进行品牌的大规模宣传，全国十大网站、四十几家电台联播，奥运期间许多外国政要去北京王府井点名找"回力"鞋的新闻轰动业界；2010 年，"回力"不仅是上海世博会的特许产品生产商、零售商，还成为国际信息发展网馆的世博荣誉展出展品。经过几年的宣传，"回力"已强势回归人们视野，为其走消费者终端路线打下了坚实的基础，并继续占领高端市场，做经典的时尚精品、潮牌；开以售鞋为主的体育专卖店，占领大众化的健康运动用品市场；同时也做好低端开发。

"回力"用年轻人喜欢的方式，依靠广告策略的推动，成功将一双几近消失的鞋子打造成"网红"款，再度将其拉回大众视野，借助杨幂、刘雯、TFboys 等时尚意见领袖在社交平台的影响力进行品牌推广，如同强心针一般，强化"回力"品牌"复古时尚"的宣传卖点，使其迅速成为中国年轻人心中时尚的象征。

跨界创新重塑了"回力"品牌形象。随着怀旧风潮的刮起，海魂衫、"回力"鞋又一次出现在人们的视线中。曾被老一辈戏称为"臭胶鞋"的经典又一次出现在街头巷尾，成为新一轮时尚界的风向标。而回力鞋厂也在改革的阵痛和市场的冲击下重新起步，这个历史近 80 年的民族品牌正如其名字一般，以勇士般的斗志，投入新的挑战中。而那不可复制的回忆魅力，也随着"回力"鞋的重出江湖，被一代又一代的人延续。2017 年伊始，为了重塑品牌气质与形象，吸引年轻消费群体，"回力"聘请了一批在设计界颇具声名的大牌设计师。采用大胆跨界的设计理念，选择调性跨度大的联名对象，这些举措无不证明了"回力"重塑自身品牌形象的决心。这些火到"出圈"的各大联名款，终究俘获了年轻人的心，跨界合作提升了"回力"市场覆盖率（见图 11）。

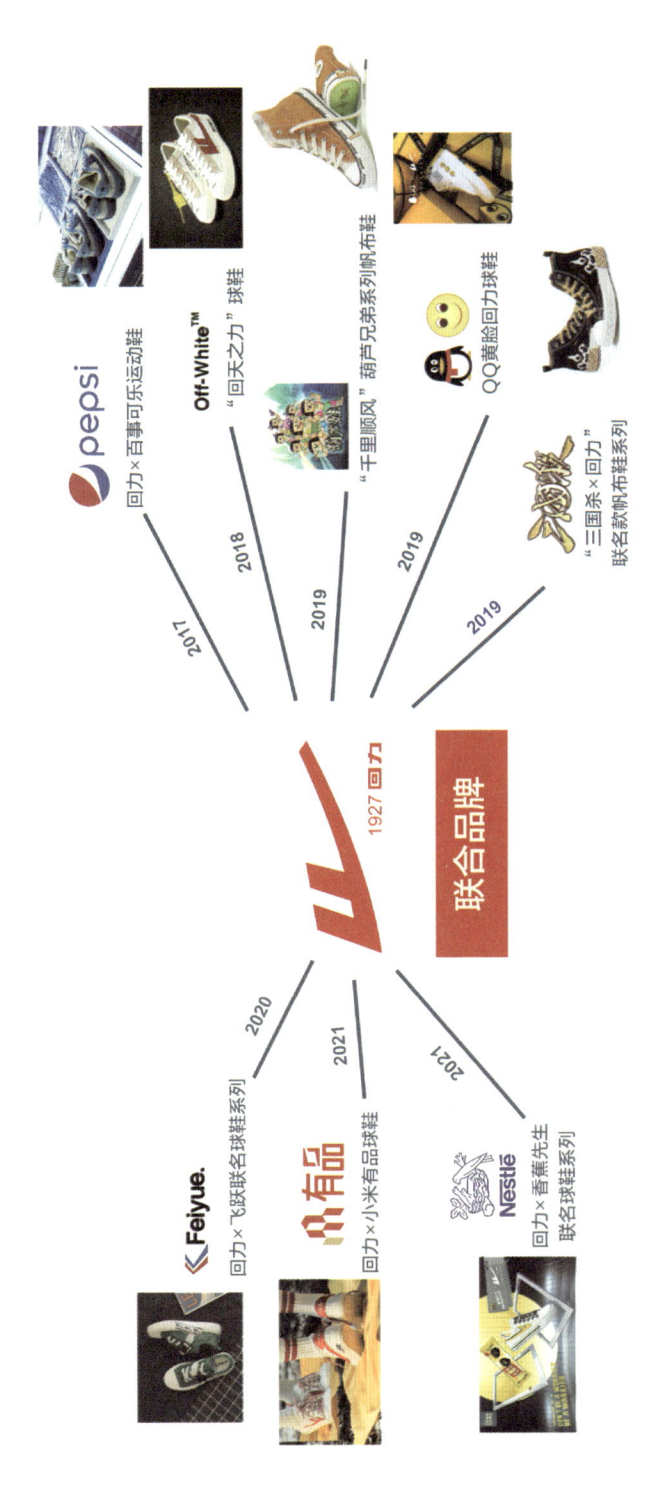

图 11 "回力" 联合品牌架构

2017年6月,"回力"与百事可乐合作推出跨界活动,"回力"经典的帆布鞋造型搭配上"百事可乐蓝",整体散发出年轻洒脱的气息,引发全网众多年轻人的热议和抢购。2018年,"回力"与美国定制团队 The Remade 以及中国艺术家 K. Yee 共同打造新鞋"回天之力",这是以中国国民球鞋品牌"回力"为创作蓝本,套上 Off-White 的解构手法重新诠释,平面上全部使用中文字或拼音,完全汉化。这两次跨界联名合作不仅将"回力"品牌知名度提升到与耐克、阿迪达斯的同等高度,同时也改变了年轻人对"回力"是"低端鞋"的品牌印象,为该品牌带来了新的元素、新的活力以及新的增长。

"回力"还坚持以客户为中心,强化客户认同感。怀旧情结是"回力"品牌一贯使用的"王牌"。比如 QQ 表情包、动画片《葫芦兄弟》、雀巢香蕉雪糕、三国杀等都伴随青年群体走过学生时代,是能够引起他们怀旧心理的刺激物。"回力"借助怀旧浪潮,携手跨界,让各方共享信息、品牌优势及忠实客户群体资源,从中获取更大的市场与更多的收益,实现 1+1>2 的效果。

"回力"与"飞跃"的联名是意料之中的必然,用经典融合经典,运用东方色彩和中国元素,"回力"与"飞跃"跨界合作款集中了"国潮复古、经典板型、国际潮流"三个元素于一身,深受年轻人和时尚圈人士的喜爱。

科技与技术跨界,提升产品品质。"回力"与"黑科技盛产地"小米有品的跨界合作的一双会"呼吸"的帆布鞋,采用了"回力"品牌的经典白色作为主色调,鞋跟处搭配有和小米十周年的企业传记《一往无前》同款文字,简约而不简单,将"回力"鞋的经典风格和米系产品的简约风完美融合在一起。

"回力"的品牌推广还走进校园,深入贯彻落实国家和上海民族品牌振兴的各项工作要求,全力推进品牌战略规划发展,分别与清华大学 110 周年校庆合作推出定制鞋项目,实施复旦大学 iLab 项目,签约新华社民族品牌工程,助力跳绳协会,投放高铁、地铁广告等主流渠道宣传,亮相上海购物节宣传片等,采用创新宣传形式,逐步开展全国性核心城市商圈及主流网络平台的规模化自主营销活动。"回力"加强与高品质制造商、行业协会、研究院所、新兴材料供应商的联合开发合作关系,以市场化为导向,加强经典产品的升级改造和进一步衍生开发,提升创新设计能力。校企进一步深化合作,持续拓宽年轻消费群体,提升品牌在学生群体中的认知度。

穿戴品牌

"戴个"老凤祥

**中国的"老凤祥",
世界的"金凤凰"**

(创始于 1848 年)

品牌主要事件

1848 年，"老凤祥"诞生在上海南市大东门（今方浜中路），当时名称为"凤祥银楼"。

1886 年，凤祥银楼迁至大马路抛球场，号称"怡记"。

1905 年，改号为"植记"，楼改名为"老凤祥银楼"，产品戳记为"松鹤"。

1908 年，银楼迁至南京路盆汤街（今南京东路 432 号），进入稳定发展时期，并改号为"庆记"，产品戳记改为"吉庆"。

1911 年，银楼再次改号，易为老凤祥银楼"裕记"，产品戳记改为"丹凤"。

1931 年，老凤祥银楼为上海滩大亨杜月笙的家族祠堂落成典礼制作了中型水缸大小的银鼎礼品，成为上海银楼行业的一大创举。

1949 年，老凤祥银楼由于国民党政府的一系列政策，关门歇业。

1951 年，中国人民银行购买了老凤祥银楼全部固定资产，委托中国人民银行华东区分行金融受理处筹办"国营上海金银饰品店"。

1958 年，改名为"上海金银制品厂"。

1966 年，改名为"上海金属工艺一厂"。

1982 年，上海金属工艺一厂改名为上海远东金银饰品厂，被轻工业部指定为上海内销金饰品定点生产企业。厂址迁至漕溪路 260 号，原址南京东路 432 号作为门市部营业。

1985 年，恢复为"老凤祥银楼"并在原址重开，"老凤祥"的品牌、公司和银楼连为一体。

1993 年，成立上海老凤祥首饰总厂，将产品标记由"沪 C"更改为"老凤祥"。

1996 年，重组为上海老凤祥有限公司。

2009 年，成立老凤祥股份有限公司。

2011 年，"老凤祥"首次荣登中国企业 500 强。

2012 年，《老凤祥金银细工制作技艺》书籍入选上海市国家级非物质文化遗产名录项目丛书。

2015 年，"老凤祥"连续 11 年蝉联世界品牌实验室主办的世界品牌大会"中国 500 最具价值品牌"，位居第 161 位。在全球知名调研机构 BRANDZ "最具价值中国品牌一百强"评选排名第 60 位，在中国珠宝首饰业中位列第一。

老凤祥的 170 年

上海银楼业的兴衰荣枯能折射出上海百年的风云变幻。当时银楼业收兑金银，制售金银饰品、礼品和器皿，营业对象虽说不乏富裕之家、中上阶层，但主要还是以社会中下层民众为主体。作为社会特殊的行业及商品，银楼业曾对社会经济繁荣、美化人民生活、金融调节乃至全社会的稳定起过一定的作用。上海作为我国早期银楼的发祥地，早在明朝末年就诞生了上海最早的手工作坊"日丰金行"；1773 年，上海县城内诞生了第一家银楼"杨庆和银楼"。随后庆云牲记、裘天宝银楼、庆云仁记、景福银楼等相继开设。当时银楼多集中在大东门、小东门、十六铺、九亩地一带，组成同行，增进业务。

1844 年，宁波商人郑熙赴沪开设钱庄，并在嘉兴、绍兴、湖州、汉口和广州等地广设分号。那时中外贸易中心逐渐从广州移到上海，外国商品和外资纷纷涌进长江门户开设行栈、设立码头、划定租界、开办银行。

1848 年，郑熙瞄准了珠宝行业，就在上海小东门方浜路创办凤祥银楼，前店后工厂，收购金银器皿熔炼制成首饰出售，因做工精巧、款式新颖，门庭若市，很快成为上海银楼巨擘。

凤祥银楼的创始人郑熙是宁波镇海人，为郑氏十七房，其远祖为河南荥阳郑氏祖靖侯公，为避战乱而带着家眷迁居于宁波。明末清初，十七房郑氏经商之风渐渐兴起，富商巨贾不断涌现出来。郑氏经商往往以家族形式出现，并且世代相袭，是宁波帮中最早出现的家族经商团体。因代代经营，在如今宁波镇海留下了绵延数里的望族聚居地——郑氏十七房村，宅上有街，街中有市，宅院之间，水系发达，规模宏大、结构严整，它是到目前为止我国最大且保存完整的明清建筑群。

1853 年，小刀会起义爆发。起义者迅速占领了上海县城及周边嘉定、宝山、南汇和青浦等五座县城，其间，上海及周边县城的百姓纷纷进入"中立区"。这个上海历史上的第一次"难民潮"使租界人口由原来的几百人猛增至 2 万多人。而富有远见的郑熙将凤祥银楼临时搬迁至宁波，宁波凤祥银楼即始办于该年。两年后上海局势稳定，凤祥银楼重新在南市大东门开业。

1857 年郑熙病故，"老凤祥"仍由宁波帮在经营，有资料称银楼自此已转售给慈溪费氏家族。

1860 年，清军江南大营兵溃，苏州、杭州等江南富庶地区相继被太平军占领。上海因中外联防，尚在清政府手中。许多地主、绅商乃至普通民众挟资避难上海，上海人口骤增 30 万人，1862 年一度增至 70 万人。人们往往购买金银饰品随身携带，以备不时之需。1886 年，银楼迁至大马路抛球场（当时被称为望平街），更号为"怡记"。此后相继改号为"植记""庆记",楼名也改为"老凤祥银楼"。

甲午战争后,外资可以直接来华投资办厂,中国各地商民也纷纷来沪投资,直接带动了上海银楼业的发展。1896 年,上海银楼同业公会在上海大东门建造了最早的"大同行"银楼公所。1900 年义和团运动后,上海成为"东南都会",是经贸、金融中心,规模较小的银楼也逐渐开始设立,如杨福庆、费文元、老宝兴等银楼。清末上海开展城乡自治。上海市商会的建立,使上海的商贸、百业经营发展走上了一个新的轨道。此时的老凤祥银楼已诞生近 60 年,但一直属于小规模经营,一方面记号不断变更,另一方面银楼多次搬迁,直到 1908 年迁址南京路盆汤街(今南京东路 432 号),重新恢复"裕记"号,才进入稳定发展期。

1914 年,第一次世界大战期间,因外汇低落、金价大跌,在金贱银贵的情况下,上海银楼业得以蓬勃发展。此时的银楼设立如雨后春笋一般,极盛时有 400 多家。为与同行业竞争,"老凤祥"开始做出自己的特色。

此时"老凤祥"出现了一位至关重要的人物——费祖寿。费祖寿以"兢兢业业、励精图治、善于经营"享誉业内 30 年,为"老凤祥"的品牌文化夯实了基础,使"老凤祥"的精致金银、珠翠、钻石、玲珑镶嵌闻名遐迩。费祖寿聘用能工巧匠,善雕琢、精镶嵌,制作的礼器饰品种类繁多,加工精致细巧。

20 世纪二三十年代,人们的服饰理念在改变,夏天女子衣着已风行短袖露臂、旗袍皮鞋。费祖寿根据服饰的变化,制作外粗中空的手臂镯应市,秋冬则以花式细梗的手腕镯任客挑选。女子旗裙装及鞋子款式的多样化,使她们对金脚链也有了要求,费祖寿便因人而异,开设定制业务,满足顾客。"老凤祥"灵活经营,金饰产品深受顾客的欢迎。尤为突出的是银制礼品,以吉利口彩取悦顾客,如在造房礼品大银盾上刻上"金玉满堂",在出生礼品麒麟上刻上"麒麟送子",在送婚礼扁牌、屏风上刻上"百年好合",在祝寿礼品银质大寿桃上刻上"寿比南山"等吉利口彩,备受顾客欢迎。1931 年,上海名人杜月笙家举办杜家祠堂落成典礼,杜家中型水缸大小的银鼎礼品及各方名人所送贺礼,不少是由"老凤祥"能工巧匠所制作。英国犹太裔商人哈同的夫人罗迦陵曾到老凤祥银楼定制白玉翡翠镶金烟枪、烟盘;宋美龄、章士钊等名人也都与"老凤祥"的首饰与摆件有深厚渊源。

自费祖寿接手以后,"老凤祥"在 20 世纪 30 年代创造了库存黄金数以万两,日销售黄金达千两的骄人业绩,迎来了第一个鼎盛时期,被列为九大银楼之一(见图 1—图 3)。为提升老凤祥银楼的形象,提高品牌竞争力,费祖寿出巨资将南京路盆汤街(今南京东路 432 号)的银楼改建成一座钢筋水泥楼宇,店铺共三层:上层是制作工厂,中层是成品展示区,下层是仓库。此店址延续至今,既成为"老凤祥"总店的标志,又使老凤祥成为我

图1、图2 "老凤祥"柜台与20世纪30年代的"老凤祥"银楼旧址

图3 20世纪30年代"老凤祥"全体员工合影

国原店原址历史最悠久的银楼之一（见图4—图7）。

"八一三"淞沪会战期间，银楼同业公会曾讨论认购救国公债事宜，决议各银楼各店认购5%，每银楼认购50元。1938年上海沦陷后，日伪上海经济局为了控制上海银楼业，要求各银楼必须加入公会，对全上海的银楼实行统一管理。但银楼业只是表面统一，内部仍分同义、凝仁、仁义三组，业务活动仍各自为政。

抗日战争时期，为保存实力，"老凤祥"将部分资产内迁，在重庆开设分号，上海总号勉力经营。老凤祥银楼还冒着极大的风险，将"合法黄金"调换给新四军，帮助采购大批药品和医疗器械，运到新四军驻地，挽救了大量战士的生命。抗日战争胜利后，银楼铸胜利纪念币和纪念戒指以兹纪念。人们视黄金为保值手段，银楼营业更盛。这时老凤祥银楼已发展为拥有1000万法币资产的大银楼。1946年2月，南京国民政府为了准备发动内战，颁布了"紧急经济措施方案"，实行黄金国有，禁止黄金、外币自由买卖。1948年，国民政府实行"币制改革"，再次废止黄金买卖。银楼所有金条，均须遵令上缴国家银行，违者以黑市买卖按律论处。上海乃至全国的银楼业再次遭到空前的打击，老凤祥银楼等被迫停业，奄奄一息。在此期间，上海银楼皆不愿将持有黄金前往兑换，或秘密将金条熔成饰物，或私藏金块以图自存。

1949年5月，中国人民解放军接管上海，并于6月发布《华东区金银管理暂行办法》以稳定金融、安定民心、保护人民财产，制止金银投机操纵，防止走私贩卖。鉴于整个金银制品市场形势，"老凤祥"受到巨大的冲击，几经周折的老凤祥银楼于1949年9月宣告停业。

中华人民共和国成立后，老凤祥银楼迎来了新的转折点。1952年6月，由人民政府出资购买老凤祥银楼全部固定资产并筹建的"国营上海金银饰品店"正式开业，跟随国家大环境变化而变化。随后"老凤祥"一直以市场需求为导向，承接了多项国家级的金银制作工作，达到一个辉煌的时期。1953年，老凤祥银楼全年销售合黄金3287公斤，银2619公斤，相当于抗日战争前全市银楼一年的总销售量。随后，老凤祥银楼于1954年承接了上海中苏友好大厦（现上海展览中心）的钢塔、五角星、角亭的鎏金工程，1958年7月银楼改名为"上海金银制品厂"，1959年为北京人民大会堂制造了直径9.5米的大型鎏金五星葵花顶灯和银制餐具。

1972年，接到国务院"发展民族传统工艺争取外汇的指示"，"老凤祥"重新组织技艺人员归队，设计制作了摆件"麒麟送子""小刀会"，大型孔雀牡丹摆件更是构思独特、造型新颖。产品销往中国香港、澳门地区和东南亚、欧洲等地，出口创汇200万—400万元。

党的十一届三中全会之后，1980年10月，"老凤祥"率先在上海恢复市民来料加工黄金饰品业务；翌年10月，又增设市民来料换货业务，并进行亚金材料及精密烧铸材料石

图4、图5、图6、图7 "老凤祥"位于南京路的门面

膏粉的研制，在首饰制作新材料的研制上领先一步。1985年1月，"老凤祥"恢复并启用"老凤祥银楼"招牌后，当年生产黄金饰品32816千克，共200多种产品，完成产值3.3亿元。此后，"老凤祥"荣获东南亚钻石设计比赛中国区最佳设计奖、制作奖、中国工艺美术百花奖。"老凤祥"在中国首饰领域获得荣誉和成果数不胜数：行业质量评比荣获第一名、中国工艺美术百花奖金杯奖，是第一个获得国际最佳设计奖、国家科学技术进步奖、国家质量金奖，并且在中国足金首饰设计大赛中获得两项大奖的企业。

自1995年起，"老凤祥"首饰连续数年被推荐为上海市名牌商标，1999年起"老凤祥"商标被认定为上海市著名商标，2000年被认定为中国驰名商标，2002年被认定为高新技术企业，并通过ISO国际质量管理体系认证，荣获中国名牌和中国驰名商标。"老凤祥"的销售利润更是迅速提升并保持每年30%至50%的高速增长。2010年上海世博会，"老凤祥"获得了贵金属产品特许经营权。

公司凭借集研发、设计、生产和销售于一体的人才队伍优势，拥有多家专业厂、研究所、典当行、拍卖行，遍布全国31个省区市（除中国港澳台地区外），共2300个销售网点，全国覆盖率90%以上，市场占有率11.3%，2012年销售收入近250亿元。"老凤祥"坚持传承传统首饰的精湛工艺，融会欧美首饰的先进理念，引领首饰潮流的经典时尚，获得的荣誉包括中华老字号、中国500强最具价值品牌、亚洲品牌500强、中国驰名商标、中国名牌产品和全国用户满意企业等。"老凤祥金银细工制作技艺"荣列国家级非物质文化遗产保护名录。近年来，上海"老凤祥"以其浓厚的海派文化气息开拓海外市场，在澳大利亚悉尼等地设立专卖店，将品牌影响力推向世界，是中国首饰业的金凤凰、常青树，是"中国黄金首饰第一品牌"。

非物质文化遗产遇到高新技术研发

金器制作高度仰赖"工艺"。古代科技水平较低，工艺的实现更多依靠工匠的手艺。到了现代，技术力也支撑起了金器制作的水准。"老凤祥"作为有腔调的老字号，对这两方面都尤其重视。在继承传统文化的同时紧密契合现代设计，是"老凤祥"现在的课题，这将使品牌迸发出新的生命力。2017年，在老凤祥银楼旗舰店举办的"老凤祥金银细工非遗传承展"中，20世纪二三十年代的三十几件经典工艺品亮相。这之中的《八宝熏香炉》《凤鸣壶》《盛世观音》等作品精美绝伦，具有浓郁的古典韵味，令人们不禁感叹其技艺的高超。基于对金银细工制作技艺的传承，"老凤祥"拍摄了以"中华文明之美"为主题的纪录片，片中展示出大量非物质文化遗产制作工艺以及巧夺天工的精美臻品。

手艺上，有着 170 年历史沉淀的"老凤祥"不仅延续了古典制作工艺和技法，还率先设立了"原创设计大师工作室"。

首先，"老凤祥"肩负延续文化、传承历史的责任，坚守"美丽、经典、大气、吉祥"的设计理念，将品牌特色融入首饰中，赋予每个系列产品优美的名字。如传统文学题材的《西厢和月》，精美的牙雕融入中国古典园林风景，浸透出浓郁的文化清芳。正是这种古典气韵的传承，使得"老凤祥"在诸多首饰品牌中独具一格，而"老凤祥"的每一件首饰也如同星辰，闪烁在漫漫银河之中。

其次，"老凤祥"较为完整地继承了中国传统的金银细工制作技艺精华，历经清朝、民国、新中国至今数代人的传承，融会了抬压、錾金、钣金、拗丝、镶嵌和雕琢等各种技法的"老凤祥金银细工制作技艺"。2008 年，"老凤祥金银细工制作技艺"荣列国家级非物质文化遗产名录，是见证中国金银文化发展历史的活化石，是"老凤祥"独具品牌特色的招牌。金银细工制作技艺是以金银等贵金属为原料进行器物加工的制作工艺。由于金银器物大都比较昂贵精致，加之其材料的优异延展性，可薄至蝉翼、细至毫发，故其采用的技艺都非常繁复、细巧、重工，由此形成一门独特的精细工艺。

"老凤祥"著名的非物质文化遗产工艺"金银细工"已经传承到了第七代，代表性传承人有张心一、沈国兴、吴倍青等。而新生主力变为了"80 后"。现在的"老凤祥"拥有 10 名中国工艺美术大师、12 名上海工艺美术大师和数百名中高级技能人才，其中有一部分高级技术人才还参与了文物修复的工作。中国工艺美术大师张心一在《海派百工·璀璨非遗》微纪录片中说到，现在时代变了，人们欣赏的眼光也不同，除了继承一个传统的技艺外，还要在传统工艺上有创新和创举，因此近期设计的一些产品还尝试与其他材料相结合。产品一定要和现代的工艺、现代的技术、现代的理念相结合，这样的设计才有生命力，才能把技艺传承下去。

在高新技术研发方面，从手作时代到如今的车间生产，"老凤祥"从没有停下追逐技艺上精益求精的脚步，一直在不断创新。从传统的"黄金、铂金、钻石、白银"四大类首饰产品，发展到涵盖"白玉、翡翠、珍珠、有色宝石"这新四大类的产品，从传统的"实录""焊接""弹压""切削"等手艺，到融会贯通西方首饰的镶嵌制作技巧，"老凤祥"一直在推陈出新。为了保证技术与设计的更新，"老凤祥"还率先在业内成立了"原创设计大师工作室"，保证了产品的更新频率与质量，企业更是因此被认定为"市级技术中心"。

近年来，为了让饰品满足新时代消费者的质量要求，"老凤祥"将新技术运用到了古典饰品风格中，大力开拓金银礼品、收藏品生产，积极学习国外优秀首饰制作工艺技术，引进国外先进首饰加工装备。同时也不断迎合消费者新口味，聘请国内外优秀设计师设计创新。在全国首届足金首饰设计比赛中，"老凤祥"的产品斩获十二项大奖，并在"中国工艺美术品百花奖金杯奖"中荣获产品质量奖。"老凤祥"同样着力于门店连锁网络开发，注重服务质量提升，开展老凤祥银楼特色服务，增强了消费者对"老凤祥"品牌的满意度。

2001年，时任总经理的石力华面对"老凤祥"严峻的"滑坡"局势，注重深入调查研究，以企业家敏锐的眼光和丰富的实战经验，发掘、培育蕴藏在"老凤祥"首饰制造业中的高新技术，果断采取企业以引领"高新技术"求发展的措施，使"老凤祥"一举扭转困境，成功实现"战略大突围"。首先是关注当下：积极做好每年研发成功的高新技术产品的生产和市场销售工作，通过产品结构调整和部门预算目标管理，扩大当今首饰制造业中具有领先技术的"连续成型同步焊接贵金属饰品""电铸成型贵金属饰品""CAD精细模具成型贵金属饰品"等高新技术产品的生产和销售，根据市场消费需求，不断提高上述产品的销售比重和市场占有率，使其为企业的经济效益创造实在的效益增长。其中仅"连续成型同步焊接贵金属饰品"这一项产品经过引进技术的消化吸收和革新改进，其产品销量占金饰品总量的40%，销售收入占到高新技术产品销售额的91%，连年同比增长25%以上。其次是关注未来：依据市场消费需求和高新技术产品（项目）的行业新动向，通过对项目的技术可行性进行分析，确定了基因首饰研究等六个新增项目的实施计划，落实部门和人员进行新一轮的高新技术产品（项目）试制，为"老凤祥"创新工作的持续开展和技术能级水平的不断提高赋予新的内容。

自此之后，"老凤祥"以扎实的技术创新工作和"高新技术"成果，先后有公司本部及3个子公司通过了市级"高新技术企业"的评定，从而使"老凤祥"这个世纪品牌重新焕发了"青春"，并迎来了品牌发展的又一个"春天"。石力华在指导公司职能部门、子公司和专业厂进行专利开发后的新品应用工作时，通过每年的科技大会，与下属签订经营目标责任书，明确把产品更新率和专利申报数列入必考范围之内，真正使"产品开发为抓手、专利技术为支撑"的专利应用工作落到实处，确保了"老凤祥"产品更新率每年保持在25%以上。截至2004年年末，"老凤祥"在申请、注册专利产品上累计完成申请数573个，获得授权数321个，并以技术专利取得的近百项注册成果，获得上海市人民政府"发明创造专利奖评审委员会"颁发的"上海市发明创造专利奖申请优胜奖"，为此上海市知识产权局和市经委授予"老凤祥""上海市专利示范企业"的称号。企业通过不断开发以旅游纪念品为代表的"四新产品"，使"老凤祥"这一"金字招牌"涌现出为满足美化人民生活需求而创作的活力，也为自身开拓旅游纪念品市场创造了商机。此后，"老凤祥"参与首饰制造行业的标准化工作和贯标工作，成为参加全国首饰标准化技术委员会人数最多、参与制定国标最多的企业，这也使得企业自身的标准体系日趋完善，为"老凤祥"产品技术的水平优化和提高奠定了坚实的基础。

经营管理"战术"上融合创新

20世纪80年代末,"老凤祥"公司的现代化质量管理正式起步。为了能在首饰市场始终占有一席之地,"老凤祥"始终保持管理体制的创新和变化,并注重标准化的品牌管理,实行"创新卓越,协同高效"的管理理念,按"用户至上、质量第一、管理从严、产品创新"的企业宗旨推行全面质量管理。"老凤祥"率先在传统首饰行业增强标准化管理工作,成为中国轻工系统标委会的委员单位。公司建立健全了《老凤祥银楼十大管理标准》,完善售后服务中心,并推行中华人民共和国国家标准《质量管理体系—要求》(GB/T19001–2000),将质量管理体制覆盖到饰品和纪念品的生产、设计、开发和销售中。

2001年后,"老凤祥"在经营策略上也变得非常大胆。"老凤祥"主要是根据市场需求变化,积极探索营销方式的转变,在做好传统销售服务的同时,总结提炼出银楼的"十大服务特色规范"。比如,与金融业合作探索开展对高端客户的专场VIP营销,使"老凤祥"从营销理念、经营模式、服务方式上实现对传统首饰营销模式的突破;"老凤祥"在流通领域首创的"金条回购""钻饰回购"已作为全行业及银行业的推广项目;"克拉裸钻回购"已作为美国波士顿商学院研究生教育的案例。这些创新,目前已在行业内形成一股潮流,给消费者带来收藏投资便利,也给企业带来生机。

经营黄金饰品与金融不可截然分开。黄金原材料价格天天变化,而"老凤祥"每月的订货量为淡季10亿—20亿元,旺季40亿—50亿元,所以,要用国际金融的理念经营黄金饰品。比如,"老凤祥"很早就进入市场购买套期保值产品,特别是2009年国际金融危机时,"老凤祥"遇到很大风险,黄金价格暴跌,套期保值产品年终亏损,但实金部分交割是盈利的,这种风险是企业必须承担的。不仅如此,2002年,上海市黄金交易所开业,采取会员制,每个会员会费50万元,"老凤祥"一口气买了3个席位。当时,很多人认为开银楼的"老凤祥"没有必要去黄金交易所买席位,但现在,一个席位价格已经涨到2000万元。

凤"翔"海外

在众多老品牌陷入衰落期时,"老凤祥"开展国际化运作,在风雨中屹立不倒,稳住脚跟。

作为一个百年老牌,"老凤祥"近年来吸取西方首饰制作的工艺技巧,融合中国传统的制作技艺,设计出越来越多的精品首饰,为品牌注入新的元素,激发活力,延续、发展出优秀的品牌文化。"老凤祥"的经营思路是在延续优秀传统文化的基础上紧跟现代时尚风格，这种时尚在东西方文化的碰撞中越发具有活力，在文化的相互借鉴中寻找创新点，再在这之上繁衍生花，见证新时代女性在不同领域、不同场合呈现的独特时尚气质。积极与时尚接轨，令"老凤祥"成功立于主流时尚领域的不败之地，为老字号品牌开辟出一条发展之路。"老凤祥"对首饰产品的范围也进行了扩大，从传统的白银、黄金、铂金、钻石发展到珍珠、彩宝、翡翠、白玉，从匠人手作到如今现代化车间生产。

"老凤祥"以迪士尼动画为题材，结合西方文化和中国传统首饰制作工艺，设计出牙雕和金银细工制作的首饰摆件，吸引了许多年轻消费者的目光，迈向更广阔的市场。2015年，"老凤祥"又设计出"柔力玫瑰金手镯"系列。该系列吸取意大利手工的精湛技艺，使产品呈现出时尚、简约、大方的美感，同时手镯轻盈灵活，可单手操作，十分符合现代人的审美与佩戴习惯。由中国工艺美术大师、国家级非物质文化遗产项目"金银细工制作技艺"第五代传承人张心一制作的《八仙神葫》受到联合国教科文组织前总干事伊琳娜·博科娃（Irina Bokove）的称赞。

"老凤祥"作为走向海外的中国珠宝第一品牌，发扬"敢想、敢做、敢突破"的"三敢"精神，在海外布店19家，先后在日本、新加坡、韩国、美国、澳大利亚等15个国家和中国港澳台地区注册了商标。2012年，"老凤祥"在中国香港地区正式成立珠宝公司，为"老凤祥"在海外的发展奠定了基础。2012年8月，"老凤祥"第一家海外特许专卖店在澳大利亚悉尼开业。2014年12月，"老凤祥"在全球租金最高的商业街区之一的美国纽约第五大道开设专卖店，引发华侨、华人和美国本地消费者的轰动，其被赞誉为"中国的蒂芙尼"。"第五大道店是老凤祥对外展示的窗口，要告诉世界，老凤祥是可以与国际一流珠宝品牌同台竞技的品牌。"老凤祥股份有限公司董事长石力华说，"老凤祥正在打造有国际竞争力的民族品牌，要加速'走出去'。"

除了开设门店，公司还加大兼并收购力度，利用上市公司的融资和平台能力，寻觅国外市场的合适并购对象。"老凤祥"的一系列海外发展战略为"成为亚洲一流、国际知名的品牌"的美好愿景打下坚实的基础。自2003年起，"老凤祥"每年都派出专业人员分别前往意大利、瑞士、西班牙、德国、日本等世界珠宝首饰的时尚地标考察交流、学习，同时，吸引了一批从英国、加拿大、俄罗斯、澳大利亚、德国、日本等海外珠宝设计专业出身的青年才俊加入。"老凤祥"以中国香港为窗口，借助其文化上同根同源和高度的国际化，与国际最前沿的珠宝设计和营销理念"亲密接触"。

回顾近年来的发展，特别是近两年来的改革调整，"老凤祥"正以更新的经营理念、更宽的发展思路、更切合实际的举措，一步一步续写并改写着历史。品牌战略使"老凤祥"步入发展的快车道，人才成为企业发展的第一生产力，服务则是取信于民的制胜法宝。"营销创新、管理创新、技术创新"贯穿了"老凤祥"发展的全过程,更是未来发展的重要理念。同时,"老凤祥"致力于企业文化的继承与创新,将"老凤祥"品牌百年来的文化底蕴注入企业的各项工作和市场活动中,逐步使企业走上了既有规模又有效益的双赢之路,并慢慢走向国际舞台。

其他品牌

"踏个"永久

脚踏未来,骑行永久

(创始于1940年)

品牌主要事件

1940年，上海第一家自行车生产厂——昌和制作所（上海自行车厂前身，"永久"的生产厂）在上海的唐山路成立。

1949年，第一辆"永久"牌自行车诞生。

1957年，中国第一辆26英寸轻便车在"上海永久"诞生。

1958年，"永久"牌81型公路赛车试制成功。

1962年，"永久"经典ZA51型载重车问世，并研制生产出邮电车。

1965年，"永久"为第一支自行车连队提供26英寸军用自行车。

1981年，"永久"获得"万斤粮换永久车"美誉。

1989年，"永久"出口自行车远销海外。同年，中国运动员骑"永久"自行车SC654夺得第14届亚洲自行车锦标赛男子四人组100公里计时赛冠军。

2001年，"永久"商标被认定为"上海市著名商标"。

2002年，"永久"作为燃气助动车的指定生产厂家之一，生产新型LPG助力车。

2004年，上海永久车业年总销售量突破200万辆，占据全国销量第一。

2006年，"永久"牌自行车成为中国国家自行车队指定产品。

2008年，"上海永久"改名为"中路股份"。

2010年，品牌新命名为"永久C"。

2014年，上海永久自行车有限公司荣获上海市"高新技术企业证书"。

2015年，"永久单车俱乐部"创建成立。

2019年，"中国品牌价值评价信息发布"活动在上海举行。上海永久被评定为品牌强度880，品牌价值46.60亿，荣登中华老字号榜排行榜第12位，是唯一上榜的自行车企业。

2020年，"永久"品牌强度升至895，中华老字号排名升至第11位，品牌价值40.08亿。

2020年8月，"永久"入选2019年中国轻工业百强企业。

2020年12月，"永久"荣获"2020 Parents BEST优选车床座椅奖"。

从"铁锚"到"永久C"

自行车是中国第一个普及型的工业品。1843年,随着外国资本的输入,英国、日本等国的自行车先后打入中国市场,上海陆续出现销售自行车的车行,其中规模较大的有同昌车行和大兴车行等。1860年后,北京、上海、广州等大城市开始零星进口自行车这类新奇工具。1868年,上海首次从欧洲运来几辆自行车。当时的自行车是一种人坐在车上,两脚踮地引车而走的业余消遣的娱乐性代步工具。根据1868年11月24日《上海新报》的记载,"兹见上海地方有自行车几辆,乃一人坐于车上,一轮在前,一轮在后,人用两脚尖踮地,引轮而走。又一种,人如踏动天平,亦系前后轮,转动如飞,人可省力走路。不独一人见之,想见者多矣。"当时自行车是稀少之物,都是那些金发碧眼的外国人在骑行。上海人称之为"脚踏车",而在上海的外国人非常喜欢这种脚踏车,经常骑车在外滩游耍,偶有能看到接触过西方文化且家境富裕的中国人骑脚踏车。1876年,葛元熙的《沪游杂记》中也提道:"车式前后两轮,中嵌坐垫。前轮两旁设铁条踏蹬一,上置扶手横木一。若用时骑坐其中,以两足踏镫,运转如飞。两手握横木,使两臂撑起,如挑沙袋走索之状,不致倾跌。快若马车,然非练习两三月,不能纯熟。究竟费力,近不多见。"1884年,吴友如的《申江胜景图》绘制了中国开始出现骑自行车的情景并配以诗文《华人坐马车脚踏车》(见图1):巧制双轮掉已便,秃襟短袖态翩翩。侬家学得西人技,厌向烟斗效执鞭。下泽真堪陋少游,牵来匹马拟骅骝。笑他薄笨酸寒学,引避先教路曲投。一色春光入望开,同车堪赋亦优哉。香车欲上重回首,为待吴娘结伴来。两行红粉意偏娇,中座华年气倍骄。却忆东山游宴客,可能若辈景同描。随着上海外国人不断增多,自行车数量也逐年增加,到了1897年,上海自行车已经有几百辆之多。《点石斋画报》中《赛脚踏车》(见图2)也提到:"脚踏车一代步之器也。曷足以彰明典礼,而未始不可以鼓动性情。前年海上尚不多见,至近年来,始盛行之。本届庆贺英皇之日,各西商喜脚踏车之多而乘坐者之众也。于是豪情霞摹、逸兴云骞,共集于泥城桥迤西之赛马场。车则钢丝如雪,轮则机栝维灵,一升一降,不疾不徐,如鹘之飞,如鹰之隼,瞬息万里,操纵在两足之间,而东洋车不能方斯迅疾,马车亦无此轻物,由其驾驭之熟,而练习之深也。以视跑马之专借马力,跑人之专用人力者,迥乎不同矣……行见脚踏车之利用,日盛月新百进而益上者,此特小试其端耳。"[1]脚踏车是代步的工具,前年上海还比较少,这两年多了起来。这一年,上海公共租界为庆祝英国女王维多利亚登基60周年而在上海跑马场举办了一次自行车比赛。西方商人骑脚踏车上街的更多了,在泥城桥西的赛马场上,钢丝如雪,其技之娴熟,练习之深,令人叹为观止。1898年4月1日,《申报》以《脚踏车将来必盛行说》为题作为头版社论。1911年,上海邮政局进口了100

---

[1] 吴友如等:《点石斋画报(大可堂版)》第14册,上海画报出版社,2001,第175页。

图1 《华人坐马车脚踏车》

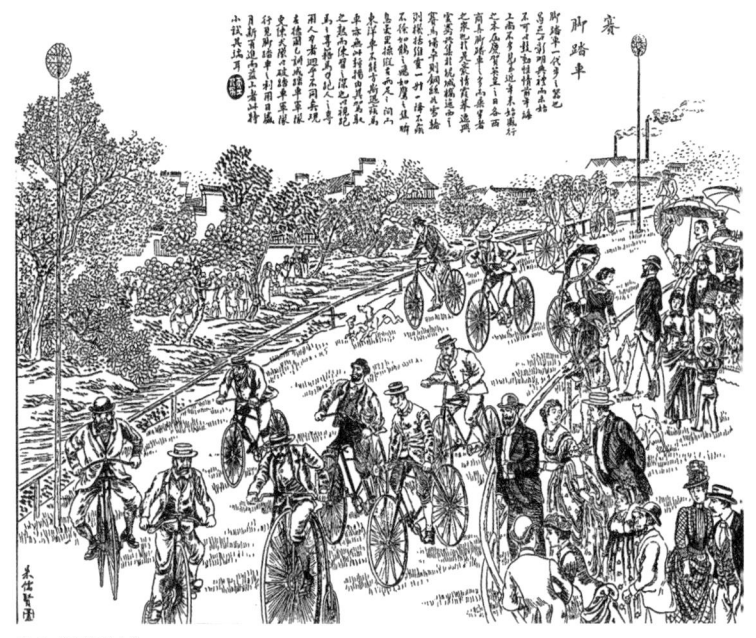

图2 《赛脚踏车》

辆英国自行车作为工作用车,自行车终于开始普及开来了,但其生产地基本是英国、日本、德国等工业化程度较高的国家,至于自行车国产化还遥不可及。1926 年,上海大兴车行尝试自行生产自行车,他们从日本挖来 2 名技工,使用进口部件组装出了"红马""白马"牌自行车,这具有里程碑式的意义。据《上海市脚踏车商业同会行业历史沿革》记载,自 1929 年起,各省市县建筑公路,因驾驶轻便,价格低廉,为各界乐于采用,由本市推及各埠……在这一时期,由于物价平稳,业务很是正常。

民国时期,上海、天津两地一些原做自行车售卖、修租的商铺,开始少量仿制生产自行车零件,再利用进口部件组装整车,贴牌销售,如同昌车行的"飞马"牌、"飞鹰"牌,得利车行的"五旗"牌、"红狮"牌等。1937 年七七事变后,全民族抗战爆发。同年 11 月 11 日,上海租界在淞沪会战后沦为孤岛,由于租界相对稳定,人口从战前的 168 万猛增至 400 多万,并且游资充裕,为上海的品牌建设提供了良好的市场需求、资本支持以及廉价劳动力保障,上海品牌经济发展得以延续。此后日本为进一步加紧经济侵华的脚步,尝试直接在华投办厂。1940 年秋,日商小岛和三郎在上海唐山路开设了昌和制作所,这是上海第一家外资开设的自行车生产厂家。正如所有本土产业诞生之初那样,昌和制作所生产规模不大,设备简陋,制造工艺与技术较为落后,手工操作占七成以上。因此,制造的自行车品种比较单一，全部使用黑色油漆，规格均为 26 英寸，牌号叫"铁锚"，年产量约 3000 辆（见图 3—图 6）。1943 年，《企业周刊》提及，彼时的上海没有一个工厂能自行供给全部零件，甚至无法流畅组装一辆自行车，所谓的制造厂仅是零件配合厂。

1945 年 12 月抗战胜利后，昌和制作所作为敌国产业由国民政府资源委员会接管后，成为"上海机器厂第二制造厂"，而"铁锚"商标也被弃用，改名为"扳手"牌，象征着工人阶级，开始生产 28 英寸和 26 英寸平车。1947 年 9 月，上海机器厂第二制造厂改名为"上海机器厂"。此时上海市政府公用局统计上海市通行之自行车数量已达 19 1907 辆之多。

1949 年 5 月 28 日，中国人民解放军进入上海后的第二天，上海军事管制委员会重工业处委派在抗日战争期间在工人中极有号召力的朱兆衍等工人接管了上海机器厂，1950 年 1 月，上海机器厂改名为"上海制车厂"。当时有史料记载，厂里有职工 242 人，除了生产"永久"牌自行车外，还零星生产"扳手"牌自行车零部件，主要以修配为主。

1952 年 9 月，上海制车厂与新星机器厂合并，定名"红星制车厂"。1953 年 8 月，红星制车厂正式更名为"上海自行车厂"。

中国工业产品历史中的一条重要线索是批量制造的国产化。就自行车而言，从单个零件的模具制作、加工到焊接、电镀、油漆工艺的改进，从新产品重要部件图纸的绘制到整个生产过程机械化、自动化比率的提高，工时、成本的压缩控制，基本上都是当时国营大厂的工人比照国外同类产品，一点点摸索出制造方法，一步步研究、改进生产工具。当时国家轻工业部提出赶超英国知名自行车品牌"兰令"（RALEIGH）的目标（见图 7）。根据这一指示，上海自行车厂和上海自行车三厂皆以"兰令"的同类车型为蓝本，并提出"两轻一牢"的质量要求——自重轻、骑行轻、强度牢，先后制成了 28 英寸"永久"牌 PA13 型平车，自行车以锰钢为材料，强度高、车体轻。

如同早期的德国、日本，中国曾经的工业设计与产品制造始终围绕一个"仿"字。一直以来，"仿"不是抄袭，而是一种态度、一种方法，以所仿产品为参照物，平衡现有的技术、资源、专利，努力达到应有的功能指标，甚至超越它，更可以将这种做法理解为一种"融合式创新"：它是结合大环境不断平衡产品后的产物。"仿"的最大价值首先在于过程，其次才是作为结果的产品。由"仿"至"造"，在缺乏技术支持和生产条件简陋的情况下，弄清产品结构、重新研发设计、改造旧设备，用并不复杂的原理、尽可能低的成本解决关键问题，大幅提高品质和生产效率，其中发挥关键作用的，是人的实践智慧。对此，仅用科技含量高低去评价未免有些简单，难以描述清楚的是里面的"巧"——巧妙、巧劲儿。它是一种工艺精神，一种设计价值观，甚至是美学追求。在那个年代，设计、技术、生产各环节人员的探索、执着、斗志和自信心，在某种程度上，可以说是当年"国货自强"

图3、图4　昌和制作所（上海自行车厂前身，"永久"的生产厂）

图5　昌和商标与昌和"铁锚"商标

图 6　同昌车行在当时报纸上推出的产品广告

图 7　20 世纪 30 年代的"兰令"自行车

的精神动力，在今天依然值得大力倡导和推崇。

1952年至1958年间，上海自行车产业链工厂纷纷合并，最终形成上海自行车厂（含多家原先的零件生产厂）、裕康五金制造厂、大兴车厂、礼康辐条厂等工厂，上海自行车行业的高速整合极大地提升了行业的产能与设计能力。20世纪五六十年代，王世封在上海自行车厂任代厂长期间，组织领导的全厂技术革新、技术改造以及科学研究工作均取得重大突破，先后建立了电镀、油漆、焊接与热处理等工艺的自动生产线，从根本上改变了原来手工操作的落后生产面貌，劳动生产力有了显著的提高。他在《永久故事》一书中自信地说："1957年厂里一年的产量是3万辆，我当厂长以后，经过几年的努力，在60年代产量达到20万辆，成为全国产量最高的自行车企业，这是相当令人自豪的。"

1958年至1965年间，中国的自行车工业经历了第二次重要发展，除上海、天津、沈阳、广州四个传统生产基地各自组成了专业化的生产与协作体系之外，江苏、浙江、山东等省则将分散在省内各个市、县，隶属于不同地区的整车厂和零部件厂集中管理，由省轻工业部门实行定点生产。1958年，国家决定于1959年召开第一届全国运动会，要求上海制造符合正式比赛规则的国产赛车。上海自行车厂接到任务后立即组织力量，在分析国际名牌赛车的基础上设计"永久"牌81型公路赛车，并于1959年1月生产300辆，5月成批生产，该车自重14公斤，车架选用优质无缝钢管，把手、前后轴皮、前后闸等零件均采用铝合金，传动部件用高级合金钢，后轮为外四飞。在1959年9月的第一届全运会上，上海队骑"永久"牌81型公路赛车以优异成绩夺冠，该车填补了国内赛车生产的空白（见图8）。

欧美在19世纪下半叶自行车的最初普及和热潮，与一系列社会变革息息相关——第二次工业革命、工人阶级的兴起、女性解放运动、同现代精神一脉相承的自行车运动等等。早在1896年4月的雅典举办的第一届奥运会，自行车就被列入比赛项目，包括场地自行车赛和公路赛。此后一些综合性运动会中也设有自行车竞赛项目，自行车逐渐成为西方较为普及的运动竞赛项目。

在中国，自行车骑乘现象可谓近代乃至现代中国社会变迁、中国体育事业发展的一个缩影。民间娱乐场所出现了自行车技艺表演，上海张园有西人踏车之戏。自1885年开放以来到20世纪初，张园一直是上海最大的公共活动场所，中外游人咸集，常举行各种体育竞赛，中国第一个自行车赛场即修建于此。1903年7月，《新闻报》连日刊载"张叔和花园公司"大幅广告，宣传张园新开中西头等番菜馆、脚踏车大赛场、幻术宫等。"张叔和花园公司"成立以后，这里时常举行各种体育竞赛。比如，1903年秋举行了脚踏车大赛，其中华人赛程是1.6公里（1英里），设有贵重奖赏，参加者不限资格，只要交费五角即可，进场学习、练习者不取分文。1915年5月，第二届远东运动会在上海举行，运动项目有自行车比赛，

图8 "永久"牌81型公路赛车与中华人民共和国建设成就之一——南京长江大桥一同出现在中国外事宣传画册上

最盛时有两万余人,学生界有上海圣马利亚女学、中西女塾、南洋女子师范等校女学生。1916年10月,上海某新闻社及轮友会发起各国人联合脚踏车竞走大会,参加比赛者可至发起处或本埠十家中国脚踏车行报名。1926年,万国自由车比赛在上海筹备举行。比赛前夕,《申报》提到:"吾国各种运动大半以学界加入者为多……中华健儿岂惟莘莘学子惟不加注意耳……此自行车虽小道,然于国家之荣辱、个人之精亦至有关系。"自行车比赛之余,爱好者们还骑车远足旅行或在上海周边城市"自骑游"。类似中国青年会一类的社会组织,也帮助了自行车的普及。他们利用暑假组织夏令营活动,20岁以下者无论商界学界人士皆可加入和使用青年会的各种设施,包括健身房、运动场、游泳池等,并根据意愿参加青年会的竞争比赛项目,其中就有自行车比赛。到北洋政府晚期,在上海本地机器脚踏车总量中,华人拥有者约占2/3,当地更是成立了机器脚踏车会、机器脚踏车俱乐部,以发扬国耀,提倡体育,并定期举办机器脚踏车旅行。至20世纪20年代,除上海外的中国其他城市也曾举办国际性自行车比赛。自行车已遍及南北各大城市,自行车骑乘者越来越多。上海市民在公务之余多一处户外消遣娱乐之地,不仅能一饱眼福,还可调剂生活、裨益身心。

文化源于人类的社会生活,是人类创造的物质和精神财富的总和,又反过来塑造着人的生活和行为方式。体育是一种社会文化现象、活动,体育文化是广义文化的一个组成部分。体育文化是人们在以身体活动为方式达到增进健康、提高生活质量、实现全面发展的过程中创造的物质、精神财富,包括外层的体育物质文化、中层的体育制度文化和最内层的体育精神文化。在近代，西方文化在中国的传播一般是一个从物质层面、制度层面进而深及精神层面的过程，自行车运动在中国的传播同样遵循了从器物上的好奇到行为上的模仿，最后到文化上的自觉的过程。自行车的骑乘对象由封建帝王扩至一般民众，由男性扩至女性群体；自行车的骑乘范围由开埠较早的上海，向北、向内陆辐射扩散到京、津、鄂等地；由器物及制度，进一步升至精神，平等、竞争、民主、开放等现代观念得以传播，民族精神得以振奋，爱国主义得以弘扬。

1961年，上海自行车厂成功研制了"永久"102型机动脚踏两用车，这种车辆可借助汽油发动机驱动，也可用人力骑行，极为适合中国人的使用习惯。1965年，该厂对102型进行了结构改进，改为103型。1970年再次改进，"永久"104型两用车问世。在之后的10年里，上海自行车厂又对104型进行了断断续续的改进，直到1981年才完全定型。定型后的两用车被定名为"永久"107型，该车采用薄壳结构，交流电流，缸体为铝合金，其内壁镀以硬铬，增加了耐磨性，后因生产任务的变更，该车被转让给上海自行车二厂，二厂在此基础上增加了蓄电池，使其成为中国首款油电两用脚踏车。

1964年，一款对中国平车未来设计产生巨大影响的车辆诞生了，该车便是"永久"牌PA14。其诞生源于在1958年上海轻工业局会议上，上海自行车行业提出的质量赶超英国"兰令"牌自行车的目标，并要求扩大自身品牌的产品线。上海自行车厂立刻投入研发工作，并于1964年初成功研制出"永久"PA14型高级平车，并小批量试制200辆。前叉和链条等主要部件采用了高强度、低合金锰钢制造，使产品强度有了保证，并提高了加精度，同时采用镀镍工业和六种色漆品种，使整车重量、骑行轻快性、构件强度、档碗耐磨性、电镀油漆质量、成车装饰和轮胎性能等10项指标达到"兰令"牌的质量要求，全面提高了"永久"牌自行车的产品质量和市场占有率。

20世纪七八十年代，中国曾经被称为"自行车王国"，小小的自行车承载了很多故事，也见证了老百姓的生活巨变。那时期出现的"三转一响"一词，自行车即是其中的"一转"，是当时年轻人结婚必备物件之一，是很多年轻人梦寐以求的奢侈品。若谁家能同时拥有自行车、缝纫机、手表和收音机，可谓是过上了富裕且幸福的"小康"生活。此外，自行车也是重要的运输工具，普通百姓日常生活的吃用等物品，基本都是靠自行车运送回家的。另外，自行车又是重要的交通工具，如同现在的私家车一样，虽然城市里的人可以乘坐公交车上下班，但自行车往往更方便、更快捷，大大提高了出行效率。自行车不仅成为那一代人珍爱的"大件"，也成为老百姓心中衡量生活水平的标准之一。而在中国，自行车广受青睐的原因是它的实用性——便利、迅捷、自由、无能源依赖、路况适应性强、能载人、可负重。对当时的中国百姓而言，自行车不是时髦物件，而是民生用品，人们对它的青睐源于出行的刚性需求。虽然在物资匮乏的年代，自行车要凭票供应，并且价格不菲，但它仍然是可以靠努力，日积月累慢慢攒出来的，拥有一辆自行车是指日可待的，就像好生活也是指日可待的。

当时还有"多卖粮只为买'永久'"的说法。1981年秋，湖北应城农民杨小运超额完成任务，售出了两万斤公粮（征购任务8530斤），政府问他想要什么奖励，杨小运说他想要一辆"永久"牌自行车。当时被任命为上海自行车厂厂长的王元昌听到这个代表消费者需求的声音时，感激和愧疚之心一时涌上心头。王元昌写信给《人民日报》表态："杨小运的要求，就是农民兄弟的要求，农民兄弟要'永久'，'永久'工人要尽责。"他承诺在完成212.5万辆年生产计划的基础上，再增产1200辆，应城县凡是全年超卖万斤粮的农户，都供应一辆"永久"自行车。很多职工八小时内拼命干，加班加点义务干；他们连午餐时间都不放过，轮流吃饭，只为了能用这一点宝贵的时间多生产一个零件。有了向应城县送车的实践之后，"永久"自行车厂开始了在杨小运家乡建立"永久村"的试点工作，后来，"永久"自行车在乡村被誉为"不吃草的小毛驴"，说它"能顶一个劳动力"。除了数量和质量，消费需求和市场竞争让不同品牌车逐渐形成自己的产品风格。"永久"自行车以其系列齐全、工艺精湛、舒适轻快、坚固耐用而素享盛名，被消费者誉为"结实的小伙子"。

20世纪80年代末至90年代初，"永久"自行车最高年产量达到近330万，相当于每天生产约一万辆自行车。原上海自行车厂厂长王元昌在《国货的前世今生》采访中谈道："尽管当时上海用电很紧张，但是'永久'牌不能停产。'永久'停产一天，都要市政府批准。365天基本上是轮休着转。"因为行业的材料与技术优势，机械工业和国防工业工厂也参与一部分的自行车生产。然而20世纪末，由于产业结构滞后、产量过剩、杂牌林立、需求替代品冲击，以传统自行车为主的经营模式已经无法吸引大众消费力，"永久"遭遇到企业最艰难的低谷期，人员负担越来越重。

1993年，"永久"正式上市，成为中国第一个完成现代企业制度改革的上市公司。21世纪之初，上海一家民营企业中路集成成为"永久"新东家，持有其54%的股份。上海永久这家老公司在经历20世纪的辉煌成就后，开始进入企业最艰难的过渡期。虽然在非洲和南美地区仍有一定的销售力，但其最经典的28式老自行车还是渐渐淡出了我们的视野。

2010年对"永久"来说是重生的一年，一个新时代的自行车品牌"永久C"正式诞生了，沉寂了许久的老字号终于又回到了国人的生活里。"永久"重新定义了现代中国城市骑行的生活态度，为了显示自己的全面改造和革新，企业将品牌更名为"永久C"。

"永久"设计在路上

1949年，上海制车厂摒弃原有的"扳手"牌商标（见图9），着手设计新商标，正式开始了融合创新之旅。1949年6月1日，上海军事管制委员会重工业处接管工厂后没几天，便全面恢复中断了近一年的生产，工厂开始彻底走上一条新道路。因"扳手"牌商标出自国民党政府之手，工厂领导决定放弃"扳手"牌，并聘请专业人员设计一个新的商标。一开始，考虑到当时我国与苏联的特殊关系，新商标被短暂定名为"熊球"牌，以迎合潮流趋势。商标是一只北极熊站在地球顶端，淡黄色的北极熊代表苏联，由黄色块与灰色块组成的地球即为整个世界，意为共产主义一定会在全世界实现。但在之后的"头脑风暴"中，厂领导考虑到"熊球"二字的政治色彩太浓，希望走市场化道路，反复酝酿和商讨后，创新地将"熊球"的谐音"永久"作为商标名称，既含蓄保留了象征苏联老大哥的"北极熊"与"地球"意象，还饱含对共产主义长存永久的期望。商标最终定稿时在原先的"熊球"图案设计上增加了"永久牌"三个红字，这是"永久"自行车的第一个商标（见图10）。它在1949年底伴随着中华人民共和国的成立而诞生，标志着厂里工人以自己的心血创造了中华人民共和国自行车工业历史上的第一个奇迹。

对商标的思考仍在继续：不少人觉得白熊和地球令人感到沉闷，缺少了轻快感，"永久"便打算弃用白熊和地球图案，只保留"永久"两字（见图11）。1955年，为了促进新老产品的生产过渡，当时厂里搞了新老产品零件对比小型展览，许多职工提出，自行车生产由英制规格改为公制规格，这是个具有历史意义的事件，能否同时设计一个与"永久"自行车相媲美的新商标，使之脱离上海解放初期开始使用的等线体美术字的框框，突出"永久"产品的特色和勃勃生气。这一倡议得到了厂部领导重视，许多职工献计献策。厂计划科有个职员叫邵再生，平时爱好美术，而当时厂里还没有专职的美工设计人员，为此厂部就调他担任自行车美工工作，他就是上海自行车厂第一个专职美工。之后，他先后构思和设计了多个"永久"商标图案，但不甚理想。厂领导支持他走出去，向上海美术设计方面的专家学习请教，寻求对"永久"商标设计的帮助。当时，许多专家出了点子，也设计出了一些别致的图样，但是，均未达到可采纳的程度。后来一个偶然机会打破了思维僵局，邵再生在一本日本杂志上看到了一个拟物图案，它将一些物体变为简单的线条后，再巧妙地组合成文字，邵再生瞬间获得了灵感：以自行车形状为构图基础进行设计。邵再生向上海美术设计院专家张雪父先生请教，张雪父也觉得是个好点子，他们两人很快顺着这个思路，反复推敲了许多构图。1956年，张雪父结合商标汉字的外形和主营商品的外观，创新地设计了"永久"标志（见图12）。这是一个非常具有代表性的设计，设计师经过多次研究，最终以"永久"两个汉字为基础，将永字的"丿"与久字的"㇏"分别延伸成自行车的

图9 "扳手"牌商标

图10 "永久"第一个商标

图11 1951年"永久"标志

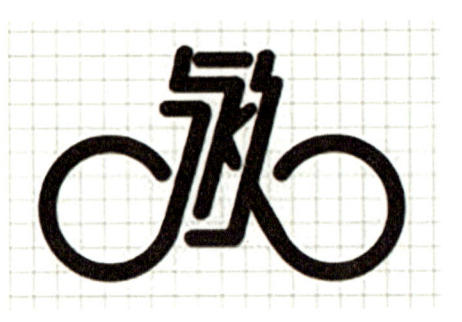

图12 1956年"永久"标志

前后轮，剩余的笔画则变化成了侧视的自行车的其他部件。商标形状简约、抽象，但不失巧思，对称且平衡，融入了中国文化，体现了汉字的优美，也是所有不识得汉字的外国人能看懂的，这一设计对"永久"商标的传播推广做出了不可磨灭的贡献。1957年，上海美术设计公司的倪常明又根据张雪父设计的"永久"商标（见图13），加入了社会主义的齿轮、麦穗，代表了顶天立地的工农大众，又添加了五角星和闪耀的背景光芒，丰富了商标外观，使之更接近国徽的形状，融合了20世纪50年代主流的设计风格。

张雪父（1911—1987）是浙江宁波镇海贵驷妙胜寺村人。幼喜习画，初中毕业后赴沪就业。1929年入上海白鹅绘画研究院所办夜校学西画，1935年师从国画名家赵叔孺习国画。其国画作品墨色丰润、敷色雅丽，殊荣颇多，熔中西画术于一炉，独具风格，擅花卉走兽，尤精牡丹。他还是一位著名的工艺美术大师，除了负责设计"永久"自行车商标，还参与了北京人民大会堂上海厅室内装潢设计等。无论是商标设计，还是建筑装饰，都融入了他对美的不懈追求，这使他的美术创作具有其他国画家不曾有的双重性，即国画艺术的大胆泼墨与工艺美术的独具匠心。

由于频繁的出口贸易，"永久"也曾应外商要求，推出过仿英国"兰令"镀铬铜牌商标（见图14）。伴随时代的进步，"永久"仍在商标样式上不停进行融合式创新。内销市场的商品标识同样追求个性时尚，而作为出售商品的商标使用政治机构、国徽风格的形式则不太符合，思想过于新潮。"永久"设计团队听取了企业高层的意见，设计出符合时代风格的商标标牌，之后根据各方及企业高层的指导，又设计了新的商标，融合了传统风格与现代设计风格（见图15）。由于原有的用户对国徽风格的商标印象比较深刻，新商标与老商标的风格差异较大，对品牌的形象延伸有一定影响，因此，设计团队考虑吸取原来国徽风格的红底白字的醒目特征，对商标重新设计。于1980年设计的在传统文化基础上具有现代感的商标，一直沿用到今天，得到了大众的认可（见图16）。

2010年8月初，"永久"自行车对其风格重新设计，为了突出改变与新意，品牌重新命名为"永久C"（见图17）。

"永久"制造永辉煌

1955年，国务院第一机械工业部（管辖全国自行车企业）提出由上海、沈阳、天津三家自行车厂联合设计标准定型的自行车。第一机械工业部组织力量在上海永久率先试制成功了一辆28英寸PA-11型平车，命名为"标定车"，它的诞生是我国自行车产品由英制规格向公制规格全面过渡的起点。上海自行车厂在技术、物资等方面做了大量试制准备

图 13　1957 年"永久"商标

图 14　"兰令"商标

图 15　1976 年"永久"商标

图 16　1980 年"永久"商标

图 17 "永久"品牌商标设计演变

工作，于 1955 年 12 月制造成功 10 辆样品车，全部达到设计要求。1956 年，上海自行车厂将标定车投入批量生产，并以此为标准，统一了国内自行车零部件的名称和规格，为自行车零部件互换、通用创造了条件，同时也意味着我国自行车开始走上工业化道路。尽管在基本的车型和结构上还脱离不了以洋品牌"兰令"车为模式，但开创了中国自行车行业的先河，成为中国自行车工业发展史上的里程碑。

1957 年，自行车生产改由国家轻工业部归口管理。翌年，轻工业部在青岛召开全国自行车工业会议，讨论和通过了自行车的产品标准，统一了零部件名称、尺寸和质量指标，制定了我国自行车工业第一个"部颁标准"。是年，上海自行车厂设计试制了"永久"牌 31 型轻便车，该车采用回转式车把，钳形线闸，焊边车圈，单支撑和书包袋，车轮直径为 26 英寸（66.04 厘米）。由于在设计前参考了国外大牌自行车的设计，在整车上采用了大量当时和国际同步的设计，首次开创男、女式轻便车款，投放市场后获得了消费者的极大认可，销量惊人。该车成为国内第一辆轻便自行车。改革开放初期，企业研发并向市场推出了一系列新产品，PA17-1 型就是在这样的形势下推出的，它由替换了锰钢材料的 PA-13 型演变而来，是价廉物美、性价比比较高的一款车型。其中推出的 26 英寸 QE301 型、QF401 型城市高级轻便车（QF401 型是女式轻便车），是在 26 英寸轻便车基础上改进的，结合 28 英寸车结实、安全和 26 英寸轻便灵活的优点，解放思想打破传统思维首创的自行车车型，迎合了时代发展的时尚需求，适合城市生活，作为代步交通工具使用。整车造型、用材、饰品部件，以及外观表面处理拥有耳目一新的设计，因此车型一进入市场，马上受到消费者的欢迎。

"永久"自行车十分注重设计，达到了比较完美的状态，成为 20 世纪 70 年代以来中国自行车设计的标杆，同时企业始终以经济效益作为工业设计乃至企业的重要目标，因而一方面其产品成为各类中国对外贸易活动的明星，另一方面也迅速地完成了自身在资本、技术、生产、品牌、管理等各方面的积累和升级换代。

"永久"牌 PA17 型自行车是其全部产品设计的缩影，其整体设计从"功能性"和"实用性"出发，造型整体结构匀称，重心平稳。所有零部件全部裸露在外，一览无余，体现出简洁的机械美学思想。从线条上看，直线和曲线相互配合默契，不仅考虑了形态上的美观、满足了力学上的平衡，而且还符合人体工学的要求。

由于自行车是从功能的角度出发进行设计的，因此每一个零部件都有其重要的使用特征，并且零部件的设计更多考虑到的是使用性能而并不仅仅是外观。《1975 年上海自行车商品手册》中收入了当时"永久"牌和"凤凰"牌自行车通用零部件示意图，其中包括"永久"牌 PA17 型自行车。

"永久"牌 PA17 型自行车的品牌标志设计是品牌识别方式之一，且具备了装饰功能。除了主梁的醒目位置有品牌标志外，自行车的大部分零部件上都有品牌符号。这种品牌装饰设计的手段不但使产品更加美观，而且大大提升了产品的美誉度和认知度。"永久"牌 PA17 型自行车的品牌标志有多种形式，大部分由多个品牌符号组合而成。"永久"牌最主要的品牌符号是中文"永久"二字变化组合成的自行车造型，还有"永久"拼音、"永久"中文字形。这些字形有的运用立体浮雕工艺，有的则采用平面设计或是凹陷的造型设计，颜色上主要采用红、白、黄、黑相搭配或是利用材质自身的颜色（见图 18、图 19）。

从技术支撑角度看，"永久"为了实现设计预想的目标，造就完美的产品，在生产设备、技术引进及改进方面下了很大的功夫，并将此作为一项长期的任务来完成。例如，"永久"在设计自行车时，为使表面油漆更加乌黑发亮，并使电镀件表面更加平整、光亮，能够在日晒雨淋的情况下不发生锈蚀，工厂专门改进了喷漆工艺，并组成攻关小组对电镀设备进行了改进，保证表面加工达到设计预想的效果，增加产品的美观度。车身贴花在制作时也有专门的协作厂配套，以此提高金色贴花的色彩饱和度和光亮度。

在计划经济时代，物质资源缺乏，产品是主要导向，人们对于物质的需求还远不能得到满足。而我们今天所处的时代，产品同质化已经不是难题，物质需求也基本得到满足，

图18、图19　"永久"自行车细节

人们所做的消费并不只是单纯地买回所要的商品，更多是对品牌和精神层次的消费需求，使用价值和精神需求同样重要。因此，针对"80后""90后"的年轻消费者，"永久"特别推出了子品牌"永久C"，并加以独特的品牌设计理念，颠覆了购买者长期以来对"永久"的刻板印象。以环保加复古为基本设计理念，新出的系列不仅外表时尚新颖，而且将现代与复古融为一体，引起了众多消费者的关注。当然经过这一番改造后的定价也因此提升了不少，基本款都在千元左右，价格快赶上美利达（Merida）或者捷安特（Giant）了。

"永久C"旨在为城市短距离交通提供最佳出行工具，以经典回归为主题，提倡低碳环保，唤起中国创造的使命以及全新的追求自由和健康的"轻客"文化。以"这不是一辆单车"体现自行车的文化内涵。"永久C"的品牌定位是：

Classic——经典复古的，保留了"永久"珍贵的经验和工艺；

Chic life——不只是一辆骑行工具，也是对生活方式的一种思考；

Clean——不只倡导低碳骑行生活，"永久C"在设计过程中也运用了多种环保材料；

China——不只是中国制造，也是中国创造。

"4C"是"永久 C"所倡导的"轻客"文化：自由、独立、环保、热爱生活、百无禁忌，是对生活方式的新的理解。它卖的不仅是自行车，还是一种全新的都市生活体验、一种生活态度和方式。

"永久 C"有一个强大的幕后设计团队——"乘思"（Crossing），团队有各个专业的技术人员：工业设计师、建筑师、网络设计师、平面设计师、广告人以及市场营销策划人员。他们大多是"80后"，是新时代的佼佼者。团队依靠各自的知识体系与专业技巧，再加上他们在国外求学时获得的新视野，逐渐提炼出"永久 C"的设计机会点——"面对越来越糟糕的交通，中国城市三公里距离的最佳交通工具应该是自行车。只不过，这辆车可以更轻，更有设计感，更符合年轻人的审美"。"乘思"团队以"永久"经典的 28 横梁大自行车和 26 双斜梁自行车各一辆为基础做"减法设计"，将多余的部件都拆掉，只剩下不影响骑行的结构和零件。这样的设计虽然很现代，但仍不失"永久"的经典外观与独有元素。

随着时代的进步和科技的发展，许多老字号品牌不能适应现代人的生活方式，无法满足顾客的消费需求。虽然"永久"品牌约有 150 个产品，8 条产品线（见图 20），消费群体的受众面广，涵盖儿童、家庭、企业、特殊职业等消费群体，能满足日常出行、置业需求等，但在品牌建设上存在诸多问题：品牌形象古板，定位模糊；品牌宣传落后，推广薄弱；品牌经营保守，新意匮乏等。跨界营销是老字号实现年轻化的重要手段，建立青年群体对品牌的好感度，是老字号选择跨界营销的重要意义所在。

"永久"尝试跨界

2014 年，"永久"将自行车文化和咖啡文化结合，上海永久所属的中路股份副总经理陈海明此前在接受记者采访时说，永久咖啡馆是"永久"打造的全新 O2O 平台，骑行族可以在这里交流骑行心得并向品牌提出建议，"永久"会作参考，比如开发一些自行车的周边产品来进一步增强消费者对品牌的黏性。当然，除了给城市里的骑行族提供一个集散地，"永久"也在考虑通过跨界卖咖啡的方式给自己做宣传。在咖啡馆里，复古的"永久"自行车混搭新潮的店面设计，既让喜欢骑行的人在更加轻松的环境里重新认识自行车，也为那些对"永久"自行车有情感记忆的人提供了一个空间。这是一个多功能业态融合的场所，包含单车售卖区域。为满足年轻群体的个性化需求，品牌 VI 视觉系统更具时尚感和符号化。在品牌跨界传播的过程中为消费者提供情感化体验不仅能够贴近消费者本身，更能够提高知名度及消费者认同感。消费体验的完善在给消费者带来幸福感和满足感的同时，也激活了品牌与消费者之间的情感互动与交流，情感化需求得到满足，使消费者产生情感共鸣。品牌以自身的文化为立足点，以消费者需求及市场变化趋势为核心，制定相对应的营销策略，以此推动品牌持续发展。

寻找合适伙伴，力争强强联合。阿迪达斯运动品牌与"永久"自行车品牌的跨界合作，看中的是传统怀旧与新潮品牌间新旧的碰撞与融合。著名品牌专家叶茂中也说过，打造品牌的最好方式是制造冲突。YONGJIU服饰的诞生就有着天然的冲突基因。唯有冲突，才能标榜新生代的个性和独特，才能更好地凸显品牌的差异化。"永久"品牌是中国文化的烙印。"永久"自行车是一代人的回忆，见证了中国改革开放40年的发展。2019年，阿迪达斯作为一个时尚的品牌，借助"永久"自行车的文化跨界，让品牌借力春节来一波营销，带动了新的一波复古文化风潮。阿迪达斯是极度看重品牌展示的商家，通过喜庆的装饰，通过与中国原生态品牌的融合，有效地吸引一批新生代人群。

通过增强品牌曝光度，老字号的知名度可以得到提升。2021年10月，战术竞技手游《和平精英》携手中华老字号、自行车行业龙头品牌"永久"自行车跨界联动，双方不仅联合推出了四款限量联名产品，还推出了"天生一队，四排上车"四排故事征集活动。跨界合作以《和平精英》四大人气角色小队为设计灵感，打造了四排车队潮酷自行车——"吉莉勇气款"折叠车、"舰长探索款"山地车、"梦幻火箭款"折叠车、"浪漫波比款"通勤车，为特种兵们带来青春"骑"迹。这也是本土品牌"永久"自行车首次与竞技手游合作。以"四排更永久"为主题，寓意着特种兵们无论在何时何地，都能与志同道合的队友四排并肩，相伴骑往青春路上的每一站旅程。

同时，两大品牌携手，以中国游戏讲好中国故事。"永久"作为中华老字号的民族品牌，以坚持传承与创新为理念，以深厚的历史为立足基础，不断革新突破，为年轻群体打造出具有时代感、使命感的国民车。而《和平精英》有着对市场发展和年轻用户需求的敏锐嗅觉，两者之间的跨界合作通过丰富的创意，将内容快速展现在各个圈层，牢牢抓住年轻人的目光。"永久"自行车与《和平精英》强强联手，基于品牌理念的契合与共振，推出了IP文创潮车，展现出国民品牌全新的潮流形象，让更多的年轻人开始看到并关注国牌的魅力。

当前许多老品牌的产品和宣传方式成功吸引了更多消费者关注，使他们成功尝试了跨界营销，这得益于传统文化与流行文化的有机融合。尤其在互联网平台上，老品牌懂得改变策略，融合新老元素，是赢得消费者认可的关键。综合看来，其跨界营销的背景有：一是老品牌往往有着悠久的历史、较高的知名度、稳定的用户群体，多年的经营带来的坚实的群众基础。二是在当前社会背景下，大众思想观念呈现多元化发展趋势，心态包容性更强，

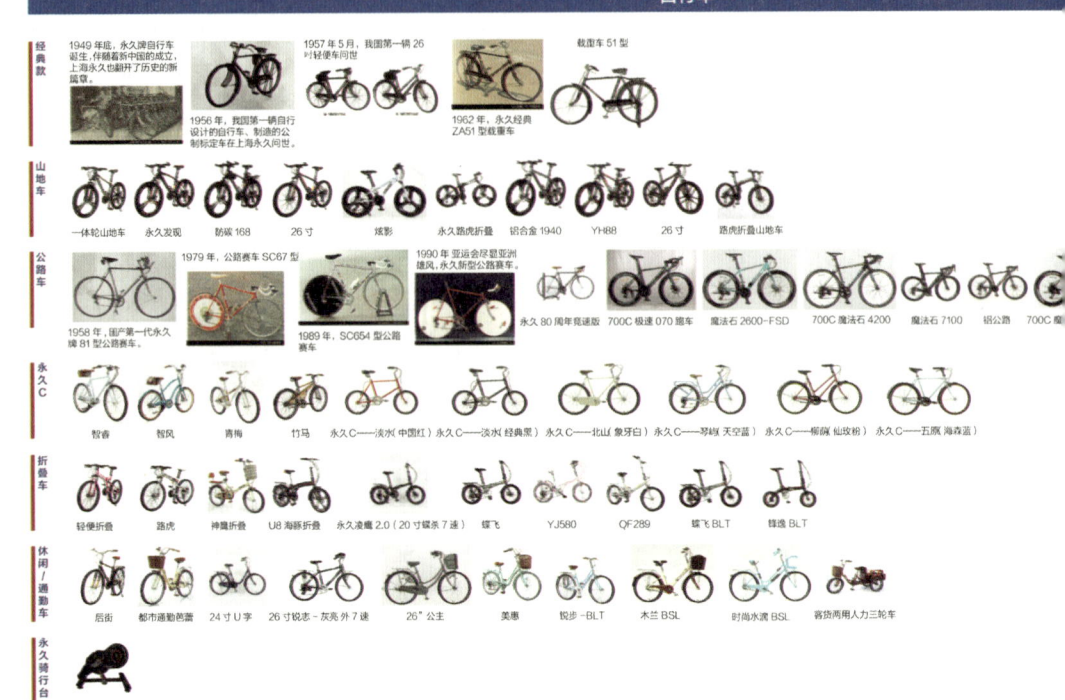

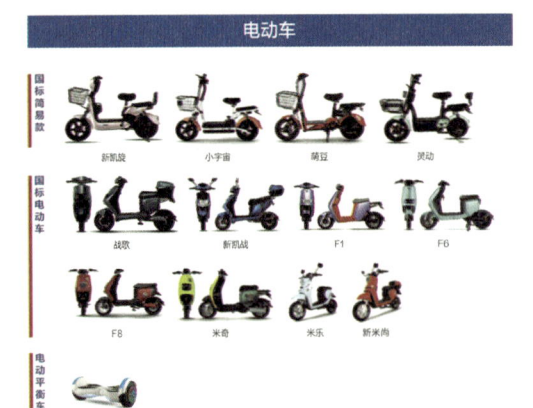

图 20 "永久"产品矩阵图

童车

男童: 霸道-BYN | FZ-201梦幻黑 | F118 | 途乐 | 途乐-2 | 蝰蛇 | 冒险家 | 华韵 | 飞驰霸道313 | 中国龙-JL

女童: 美心公主-JL | 魔法公主 | FZ-401 | FZ-333 | FZ-203 | F166 | YJ-ZD-01 | LJK-206 | 钻戒-JL | 皓月

自行车: 永久儿童自行车时尚系列 | 枪手-JC | 飞马 | JD-F3 | JD-F1 | F1940-S | F5 | F660 | F301 | 飞驰-JL

滑步车: 猎豹 | JX-X06 | JX-X03 | JX-X01 | FX68 | FX58 | AL-1309 | 卡洛-JL | 906儿童平衡滑步车 | 永久新618儿童平衡滑步车

三轮车: JY-S08 | FL01 | 三轮童车减震四合一型 | SJ-401A | SJ-101B

滑板车: ST091 | ST090 | ST088 | JD-H2 | JD-H1

婴儿推车: FT3005 | FT3001

扭扭车: 扭扭车311

OcNomo2400-MX | No mo2400/2400Y

电摩

电摩 1962年10月,102型轻型摩托车问世

星途 | 星耀 | 星越 | N1 | 锐驰
锐客 | 锐战 | 尚琪 | 尚乐 | 尚酷

其他
燃气助动车LPG

服饰鞋
阿迪达斯服饰

饮品
永久咖啡

对跨界概念、不同事物的结合具有更高接受度。三是老品牌具有极强的文化底蕴和信誉，跨界营销放大了其明显的优势，增强了共同性，并吸引更多消费者关注。四是老品牌在现代发展中更加积极寻找突破路径，以期恢复以往高速经营发展的态势。在此过程中，老品牌通常倾向于找到知名的，目标相同的，但产品类别几乎不相干的企业合作，制造新鲜感，迎合当前社会市场转变方向，使企业融入时代环境中。五是互联网的快速发展为老品牌实现跨界宣传提供了渠道，增加了便利，加快了速度。

老品牌找到合适的企业进行跨界营销合作，能够激发多倍价值，提升自身和对方产品经济效益，对实现自身发展具有重要意义。

首先，跨界营销能够提升老品牌产品知名度。传统老字号品牌产品设计领域相对狭窄，与那些产品类别几乎不相干的企业合作显然能够拓宽宣传渠道，使得更多非常规领域的消费者了解品牌，打破行业间的"次元壁"，双方的消费者通过跨界产品被聚集起来，开始关注对方品牌与产品，最终实现客群相互融通，增加品牌客户流量。

其次，跨界营销有利于品牌形象建设。一般而言，老字号品牌留给人们最多的印象是国货、质优、价廉、保守、传统等等，跨界营销往往采用更多现代化的宣传措施，能够突破潜在消费者的认知限制，使老品牌衍生出新奇、大胆、有趣等特点，重塑现代化的新品牌形象。

最后，利用老品牌跨界营销运作，还能实现IP输出。老品牌借助其独特的形象要素，输出其商标和著作权，能够使双方实现IP强化。在此过程中，双方的品牌话题性和记忆点也增加了。品牌是以认知为核心的，老品牌知名度在年轻群体中下降或弱化，需要激活品牌后在新的认知基础上进行品牌价值创造，吸引更多消费者关注，并增加产品讨论度和记忆点，提升话题性，提高其在市场中的地位。

其他品牌

"亮个"亚浦耳

创新自强,神州之光

(创始于1921年)

品牌主要事件

1921年，"亚明"创始人胡西园先生研制出中国第一只白炽灯泡。

1923年，中国亚浦耳灯泡厂成立，这是中国第一家民族照明企业。

1924年，开始组建灯泡专业制造厂，并生产出我国第一批国产电灯泡。

1948年，"亚浦耳"试制成功我国第一根日光灯管。

1956年，积极响应国家号召，实行公私合营。

1959年10月，根据上级领导要求，将中国亚浦耳电器厂更名为"亚明灯泡厂"，同时将使用了30多年，并已在社会上具有较大影响的"亚浦耳"牌，改名为"亚"字商标。上海亚明灯泡厂一举成为我国规模最大的灯泡专业生产企业。

1963年，研制出我国第二代光源"荧光高压汞灯"。

1975年，设计定型我国第三代新光源"高压钠灯"。

1985年，中国第一条引进的高压钠灯生产线投产。

2002年9月，上海飞乐音响股份有限公司收购上海亚明灯泡厂有限公司100%股权，进入绿色照明行业。

2007年，上海亚明灯泡厂有限公司"亚"字商标被商务部认定为"中华老字号"。

2008年，上海亚明灯泡厂有限公司被认定为上海市"高新技术企业"。

2008年6月，上海亚明固态照明有限公司成立。

2009年4月，"亚"字商标被认定为"中国驰名商标"。公司董事会明确将集中优势资源，聚焦绿色照明产业，实现超常规快速发展。

2010年5月23日，上海亚明江苏建湖绿色照明基地一期竣工投产，二期开工典礼在江苏省盐城市建湖县隆重举行。

2011年6月，上海亚明灯泡厂有限公司全资设立上海亚明合同能源管理有限公司。

2012年1月，上海亚明灯泡厂有限公司更名为上海亚明照明有限公司。

做中国人的灯泡

1882年7月26日下午7时,上海的傍晚有些不同,成百上千的市民,聚集在外滩,等待一个重要的时刻。入夜,英国人立德尔筹建的上海电气公司开始供电,外滩、南京路和百老汇路三条主干道的15盏弧光灯照亮了漆黑的夜上海,市民纷纷往前簇拥呼喊"电灯!电灯!"。沿途通天雪亮,轰动全市,这是中国百姓头一次见着电灯。为了纪念这一时刻,2010年国家电网确定7月26日为国家电网馆馆日。

20世纪上半叶的中国,积贫积弱,内忧外患不断。许多有识、有志之士,怀抱着"科学救国""实业救国"的志向与理想,纷纷投身于民族工业的振兴与发展。他们披荆斩棘,奋力开拓,历尽艰难,开拓出中国民族工商业的一片天地。其中,从北仑走出去的胡西园就是一位杰出的代表,他被称为"中国光源之父""中国灯泡之父""中国照明电器工业的开拓者"。胡西园曾回忆:"在我童年时,电灯泡漂洋过海首先出现在上海。入夜,我漫步街头,看到大商铺橱窗里安装的闪闪发亮的电灯泡,我常常伫立在橱窗前,久久不愿离去,对着这种新从国外传来的碳丝电灯泡发呆,看到它不烧油,又无须火,也能发出光来,倍感新奇。由此,我对电灯泡产生了极大的兴趣。以后我常常设想如何制造电灯泡……"

胡西园(1897—1981),名修籍,镇海柴桥(今宁波市北仑区)人(见图1、图2),出生于一殷富之家。他的父亲胡赓皎是个秀才,由于父亲的开明,胡西园得以从小受到较好的教育。他少年时就读于镇海中学,从那时起便对工艺制造怀有浓厚的兴趣,后考入浙江高等工业学校修读机电专业,如饥似渴地获取当时涌入中国的西方科学知识。1919年五四反帝爱国运动爆发,尚在求学的胡西园受到强烈震撼与感染。他立志将制造电灯泡工作作为自己的终生事业,一定要让中国人能够用上中国人自己制造的电灯泡。

1920年毕业后,胡西园怀着实业救国的理想只身到上海赚钱,曾开办过一家恒昌造船厂和一家五金号。当时的中国电灯泡市场完全为外国人所垄断,没有国产灯泡,为了改变这种局面,他把业余时间投入了电灯泡制造技术国产化的研究上。他广泛搜集各种与制造电灯泡有关的书籍和技术资料,并添置了简陋的设备和原材料,在家中办起一个小小实验室,不分昼夜地开始试制(见图3)。

在艰难的试制阶段,朋友周志廉、钟训贤听说他的目标后,也加入了研制队伍。这两人一个毕业于南洋大学机械系,曾留学德国,一个毕业于南洋路矿学校,曾留学日本。他们虽然不是主攻电光源和电器制造专业的,但可以取长补短,集思广益。

在人类早已能够登上月球的今天,一只电灯泡已经不足为奇了。但是在100年前的中国,在连一根钉子也要向外国人买的时代,中国人要自己制造出一只电灯泡并非易事。当时,电灯泡制造工艺虽已在国内外杂志上有过零星介绍,但系统的技术资料还未能为国人

图1 亚浦耳灯泡厂创始人胡西园及其妻子

图2 胡西园像

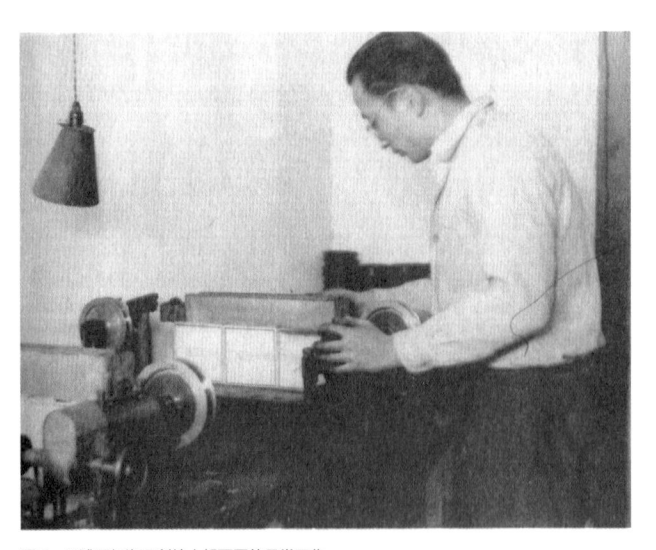

图3 亚浦耳灯泡厂创始人胡西园的日常工作

所尽睹。胡西园等人便根据零星材料，结合实物不断琢磨、不断试验。失败、总结，再失败、再总结……经过无数次试验，他们终于在1921年4月4日成功地制造出了第一只国产电灯泡（长丝白炽泡）。国产灯泡的研制成功，在当时的确是件了不起的事。随后胡西园成立的中国亚浦耳灯泡厂成为中国第一家民族照明企业。

1922年11月，德国人奥普（OPEL）的一家小型电灯泡制造厂因难以与国际品牌竞争，经营困难。胡西园经朋友周志廉介绍，筹资盘进德商奥普公司电器厂的全套机器设备。1923年，他在上海北福建路唐家弄242号开始了电灯泡的生产并扩大工厂规模。根据协定，他聘请奥普为工厂工程师，在第一只国产电灯泡的基础上继续探讨质量的改善问题，使"亚浦耳"灯泡成为精良优美的国货（见图4—图10）。

对于品牌的命名，胡西园有其用意及雄心，当然也不乏那个时期民族实业家的苦衷。20世纪20年代初，鉴于我国工业尚处于萌芽期，市场上的工业品均为洋货。在电灯泡中，人们对德国"亚司令"和荷兰"飞利浦"的产品甚为青睐，中国人崇尚洋货的风气盛行，"亚浦耳"曾先用"神州""国光""三海"这些纯粹中国化的厂名和商标，均无法打开局面。为此，企业为了生存不得不迎合消费者心理，联想到德国"亚司令"和荷兰"飞利浦"这两大名牌灯泡，决定取"亚司令"之"亚"字与"飞利浦"之"浦"字，"亚""浦"二字横贯两大名牌灯泡的首尾，寓横跨超越之意，并勉励企业同仁将来要执电灯泡工业之牛"耳"的壮志和愿望，遂用"亚浦耳"三字作厂名；以"亚"字作商标，拼成一个洋气的牌子，希望用与外文谐音的手段达到推广国货的目的。"后来甚至误传'亚浦耳'是德国人姓名，'亚浦耳'是德国工厂。我觉得这样对我厂产品销售反而有利，因此也就听其自然。"胡西园后来这样回忆道。[1] 1923年，在继续沿用原来的厂名和商标的同时，胡西园在厂名上冠以"中国"两字，称中国亚浦耳灯泡厂，以OPPEL为洋文商标，加入英文字母P以示区别，"亚"字为中文商标，中国亚浦耳灯泡厂正式成立了。面对外商的挑战，为了求生存、求发展，胡西园只好将投在造船厂和五金号的资本抽调出来，悉数投入亚浦耳厂，改名为"中国亚浦耳电器股份有限公司"（见图11）。

在最初宣传电灯泡产品的过程中，"亚浦耳"品牌结合了当时的民众心理，着重强调盘进德国电灯泡厂，聘请外国工程师，提升品牌质量。

亚浦耳灯泡厂的迅速发展引起了我国灯泡行业的错觉，误以为国货在品牌命名时十分洋派便可畅销国内外，随后相继出现了如德士林、西而登、华尔登、德而可等"洋派"品牌名的灯泡厂，但都以失败告终。物美价廉、品质优良是国货品牌发展且畅销于国内外的根本原因。品牌命名与标识是品牌推广的第一步，而其发展与巩固是建立在货真价实的产

---

[1] 胡西园：《追忆商海往事前尘：中国电光源之父胡西园自述》，中国文史出版社，2006，第7页。

图4　20世纪20年代末，中国亚浦耳灯泡厂总事务所职员在办公楼前合影（左二为胡西园）

图5、图6　亚浦耳灯泡厂旧址

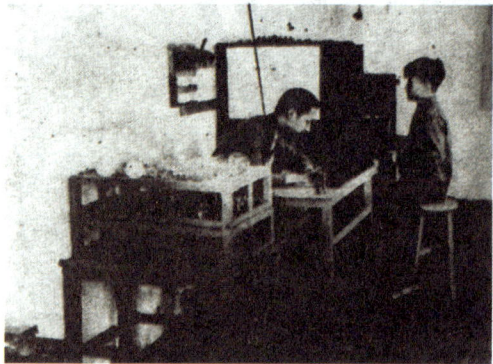

图7、图8、图9、图10
1928年亚浦耳灯泡厂员工合影及灯泡制作场景

221

图 11 "亚浦耳"的品牌商标

品之上的。

  虽然"亚浦耳"已成功制造灯泡，但制作工艺的复杂性与原材料的特殊性，成为亚浦耳厂最棘手的问题。如钨丝等关键原材料，国内工厂无法提供或产量不足，需向外国订购。虽然"亚浦耳"有尽可能采用国货原材料的意愿，但根据实际情况，能够应用且符合标准的国产材料不多，反而影响灯泡的产量和质量。货比三家后，"亚浦耳"最终选用了美国阿斯勒厂的材料。这种材料在生产技术上能与"亚浦耳"紧密衔接，前后互补，有效融合，两厂建立了长期的供需关系，美国成为"亚浦耳"的海外原料基地。抗日战争胜利后，双方业务迅速扩大，成为双赢的合作伙伴。

  为抵抗外商的围攻，"亚浦耳"不断研制"亚浦耳"灯泡新产品及其他电器产品，如电扇、电炉、电钟、马达等产品，采用"亚浦耳"为商标，以此补贴"亚浦耳"灯泡销售的暂时不足。另外通过社会集资组成的中国亚浦耳电器厂股份有限公司，与美商展开了竞争。

  20 世纪 20 年代中期，西方灯泡行业推出的充气灯泡呈乳白色光芒，耗电量低，销量极好，广受欢迎。但此款灯泡的制造工序繁复，技术要求高，原材料甄选严格，外商估定凭借中国人当时的技术水平、制作设备、材料供需等条件在短期内无法制造和生产，故抬高售价，占领中国市场，规定批量售卖充气灯泡必须搭配普通灯泡，从而排挤中国灯泡。

胡西园把研制充气灯泡称为"做争气灯泡"。亚浦耳厂研究了从国外采购的制造充气灯泡的机器样本和参考资料，除少数无法自制的设备必须进口外，大部分设备均由本厂自制。胡西园根据国外工艺流程资料多次试验，反复摸索，终于在1926年下半年试验成功。1927年，"亚浦耳"品牌生产的充气灯泡质量已达到当时的国际标准，打破了外商市场垄断。

抗日战争爆发后，相当一部分民族品牌表现出强烈的爱国主义热情，它们或内迁重庆、九江、苏南等地，或停止生产经营远走中国香港等地，坚决不与日本人合作。荣崇敬、刘鸿生、王云五等32名著名企业家联名呈文国民政府，胡西园、吴蕴初、叶友才等著名企业家也以个人名义纷纷请求当局支持民族企业内迁。为坚持生产，胡西园将"亚浦耳"迁至重庆。内迁中不少企业是中国民族品牌的佼佼者，它们积极支持抗日，共赴国难，包括大中华橡胶厂、新亚制药厂、华生电器厂、商务印书馆等。内迁企业达148家，既较好地支持了抗日战争大业，又较好地推动了后方产业品牌以及企业品牌的建立与发展，对战后内地的产业品牌以及企业品牌发展产生了深远的历史影响。

1949年5月上海解放后，为巩固新生政权，"六大任务"得到开展。1949年8月25日《大公报》、8月26日的《商报》都刊登了"亚浦耳"决定在天津设分厂的消息。为响应"六大任务"号召，"亚浦耳"负责人员时隔一周出发，预定次年一月出货。之后，"亚浦耳"成功研制出我国第一根日光灯管，《商报》于1949年8月19日报道："亚浦耳"开始制造日光灯，一只日光灯可以用足三千小时。

1956年，胡西园观时局、识大体，响应党和政府的号召，主动推进亚浦耳电器厂公私合营。1959年10月，为完成增加出口为国家赚取外汇的任务，"亚浦耳"将使用了30多年的品牌更名为"亚明"，并改用"亚"字商标。此举既能满足新时代需求，又能延续经典名称元素，堪称融合式创新的典范。1963年10月，朝鲜平壤灯泡厂派负责人到"亚明"进行长期观摩学习，之后"亚明"多次接待第三世界国家照明企业的负责人，以供应当时各兄弟国家及友邦的需要。

"亚浦耳"会宣传

"亚浦耳"从诞生之日起，同强大的外国垄断资本经营的灯泡公司的斗智斗勇从未停止。当时在我国灯泡市场称王称霸的欧美电器生产商，并没有将国货"亚浦耳"品牌放在眼里。他们认为中国的"亚浦耳"在技术力量、产品销售、商标社会影响等方面，均无法与洋品牌竞争，迟早会因被洋货压垮而歇业。在胡西园的努力下，国货"亚浦耳"占据了灯泡市场七成多的份额，"亚浦耳"品牌不但没有被外商挤垮，还在不断扩大生产规模，很快引起了欧美、日本厂商的高度关注。

据《上海地方志》记载，至1933年，全市共有华商灯泡厂11家，从业人员1200余人。此时，西方各主要工业国家已逐渐从一战中恢复过来，大量机械化的商品急需拓展海外市场。民族照明产业面临着外商对华资本的倾销。在此期间，抵制洋货、提倡国货的社会风气为民族照明工业的发展提供了一丝消费情感上的有利条件。

当时，"亚浦耳"遭到了外商的围攻，外商妄图将其扼杀在摇篮中。外商灯泡销售商在美商奇异灯泡厂的倡议下，联合德国"亚司令"、荷兰"飞利浦"、匈牙利的"太史令"等多家灯泡企业，组建了一个专业灯泡公司"中和灯泡公司"。四家外商企业利用他们雄厚的资金，联合推出一种副牌灯泡，并采用超低价的营销手段，向市场大量倾销廉价灯泡。美商认为"亚浦耳"灯泡的价格低于他们的灯泡价格就要面临亏本，企图将以"亚浦耳"牌为首的中国灯泡完全挤垮。

面对挑战，胡西园没有退缩，而是奋起抗争，沉着应对，而当时高潮迭起的爱国运动则使"亚浦耳"左右逢源，几经风浪的"亚浦耳"始终能够绝处逢生。胡西园对此早有准备。为争夺上海市场，胡西园首先从产品和销售环节下手，成功组织技术力量降低了成本，并利用上下游的控制力减少中间商。在宣传方面，亚浦耳厂充分研究当时国内流行的商品宣传手法，并有针对性地利用当时风起云涌的国货运动与国货情结，以"中国人请用中国货""国货亚浦耳灯泡""中国首创、省电耐用"的广告语作为推销产品的有力武器。20世纪30年代中后期，亚浦耳厂曾大胆地将一只宽2米、高2.5米的大灯泡模型装在卡车上，参加国货工厂的游行；亚浦耳厂无偿供应上海圣约翰大学校庆活动所需的30 000只灯泡，作为交换，圣约翰大学要在学校广场树立一个大型"亚浦耳"品牌灯泡广告牌，并用小灯泡装饰前述的广告语——细细想来，在美资筹建的圣约翰大学做宣传相当为国货长脸。同时，胡西园依靠国外华侨的热忱支持，将"亚浦耳"灯泡出口到东南亚、澳大利亚和南美等地，还在其他电器市场推出产品，从不同领域提升知名度，并因此获得大批订单，成功抵制了欧美产品的倾销。

胡西园甚至曾与倾销灯泡的美商打官司，并获胜。为阻止"亚浦耳"灯泡销量的上涨，1935年年初，美国奇异灯泡厂推出了每只价格仅一角银圆的"日光"牌灯泡，一次性集中向我国市场投放50万只灯泡，意图打压中国灯泡企业，占领市场。胡西园感到震惊之余马上着手商量对策，后调查到奇异灯泡厂因轻视中国《商标法》，未在中国注册登记"日光"牌商标，迅速组织研发并在国内注册"日光"牌灯泡，而后即刻投入生产。注册核准后立即在媒体上大做国货"日光"灯泡广告，使奇异灯泡厂的"日光"灯泡顷刻滞销。奇异灯泡厂则立即委托美国律师哈华致函胡西园："亚浦耳厂生产'日光'灯泡的冒牌行为侵害美国在华经济利益，奇异厂要求'亚浦耳'赔偿经济损失，否则要通过法律解决。"胡西园方面显然对此不以为然。由于双方商谈不成，美商马上通过律师向管辖地的上海特区法院，控告"亚浦耳"牌商标所谓的冒牌行为，要求赔偿经济损失。胡西园接招并委托律师戴景槐在法庭上进行辩护。最后法官认为，美国奇异灯泡厂所使用的"日光"牌灯泡商标，未向中国商标行政管理部门申请注册，即未取得商标专用权，也同样不能受到商标法律的保护，而要求胡西园先生赔偿美商的经济损失，没有任何法律依据。

胡西园也揭露了美商对"亚浦耳"产品的暗中破坏。美国奇异灯泡厂"维权"官司失败后又出一计：在菲律宾市场上售卖钨丝寿命极短的冒牌"亚浦耳"灯泡。华侨用户的投诉纷至沓来。后胡西园对退货产品进行检测，发现涂在灯泡钨丝上的红磷有杂质，随即要求车间检验员严格把关每个细节，随时汇报异样，谨防对手陷害。不久后，技术员周某发现一职员偷偷将未知粉末加入红磷原料中。胡西园调查后发现此人受雇于奇异厂，潜伏在亚浦耳厂从事破坏活动。内鬼被清除后，奇异厂仍不罢休，再唆使一些不法商人把廉价收购来的劣质日货灯泡冒充"亚浦耳"灯泡在市场上推销，以此来破坏"亚浦耳"灯泡的声誉。胡西园得知这一信息，立即派专人追查，终于在上海华山路一处发现一批冒牌日货灯泡。胡西园一面要求上海租界巡捕房协助惩办，一面通过同业公会和舆论媒体澄清了事实。

就这样，"亚浦耳"品牌结合20世纪二三十年代盛行的国货情结，创新大胆地进行宣传，与国内民众共同"抵制洋货、使用国货"，在各种场合大做"亚浦耳"产品广告，大力提倡使用国产灯泡以抵制外来经济侵略，从而取得了明显的成效。亚浦耳厂的广告坚持以提倡国货为中心内容，从心理上、情感上对消费者产生一种亲和力，从而赢得越来越多用户的信任。"亚浦耳"不仅深受国人的欢迎，也吸引了一些外国企业与机构成为其用户。其广告宣传语对"亚"字牌电灯泡的评价，不离"中国首创，省电耐用"八个字的范围，品牌亦在广告和产品外包装盒上加上"国货"二字，统称为"老牌国货亚浦耳"。

"亚浦耳"品牌在广告中突出产品的特点，把产品的结构性和特点，用经过精心推敲而确定的词语，向社会广而告之。这些广告语言简意赅，易于牢记。这是当时比较普遍采用的一种以诚取信的广告手段。广告宣传作为一种用来联络买方卖方思想、感情和传递信息的好方式，是使产品印入人们思想的先行军。在"亚"字牌灯泡广告上，有一个占2/3位置的灯泡画面，配以两种固定的广告用语，一句为"出品最早，货色最好，中国首创"，另一句是"国货老牌，省电耐用"。这两种表述方法，突出同样的内容，即国产、优质、老牌。国产是爱国时尚之所趋；优质，凸显省电、耐用的特点，这是电灯泡用户最关切的消费诉求；老牌，表明其在当时中国人的心目中乃是信得过产品的代名词。"亚浦耳"品牌早期的对外广告，主要以提倡国货为中心（见图12—图21），广告主体是品牌名称、产品类别和产品使用场景，彰显生活特征，通过广告介绍而买到恰如其分的货物，容易引起观者的共鸣，

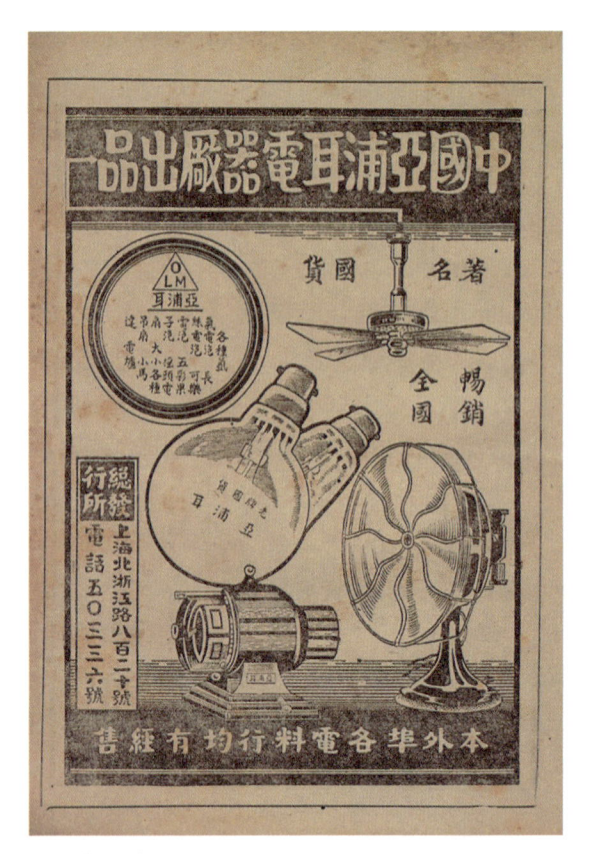

图12 "亚浦耳"品牌广告

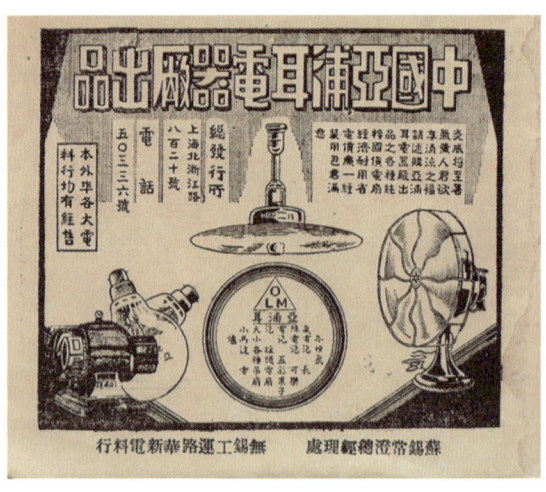

图13 "亚浦耳"品牌灯泡、电扇产品等广告图样

图 14、图 15 "亚浦耳"品牌广告

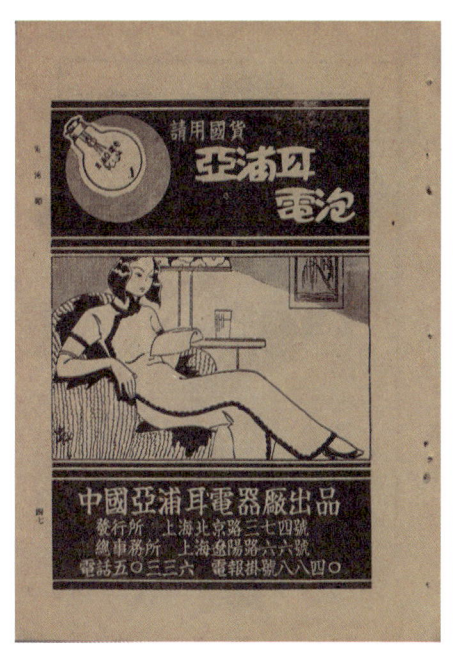

图 16、图 17 20世纪 20 年代末 "亚浦耳"品牌广告

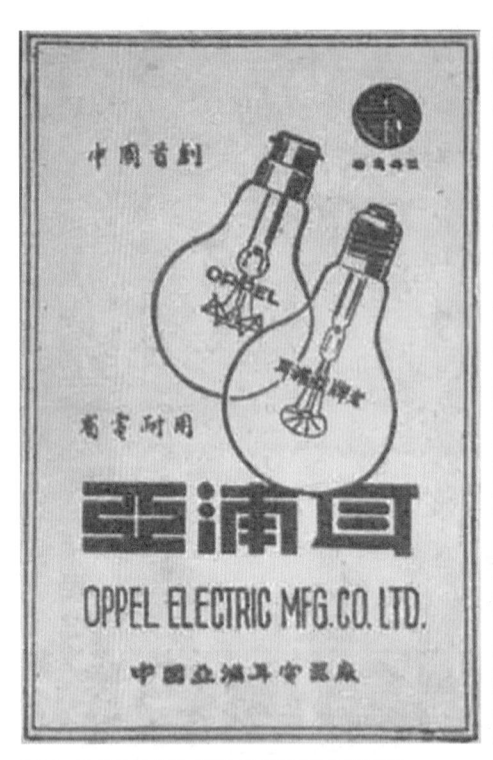

图18 20世纪30年代"亚浦耳"品牌户外广告招贴画

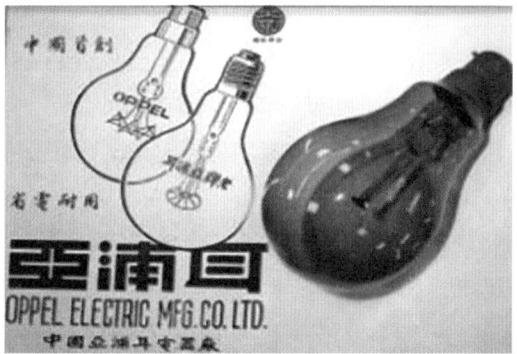

图 19、图 20 "亚浦耳"品牌产品外包装盒

图 21 "亚浦耳"品牌产品外包装盒

赢得用户的信任。广告简单、大气、完整、实用，具有很强的识别性和较为持久的记忆性，有利于品牌的有效传播。"亚浦耳"品牌非常注重广告宣传，使国人知而购用，大小报纸、杂志、画报上，电影院、戏院、轮船码头、风景区的游艇、各线火车铁路站牌等公共场所中均有"亚浦耳"品牌灯泡广告。同时，"亚浦耳"品牌还利用各种机会扩大品牌宣传，提高国货的声誉和知名度。在民国时期由"中华慈幼协会"确立的4月4日儿童节，"亚浦耳"邀请小学生来厂参观，每人赠送一包印有"爱国同胞，请用国货"的食品、一只灯泡并附上意见书，请家长们填写使用意见，一方面是为了改进、提高产品质量，另一方面希望孩子们从小树立爱用国货的观念。

代表了中国照明业

2002年9月，上海飞乐音响股份有限公司收购了上海亚明灯泡厂有限公司100%的股权，于2012年将其更名为上海亚明照明有限公司（见图22）。"亚浦耳"继承发扬了民族进取和创新精神，在我国照明事业发展历程中创造了无数个第一，如第一只高压水银灯、第一个高压钠灯、第一条金属卤化物灯引进生产线等等。

"亚明"的发展轨迹基本上反映了中国照明业技术进步的历程。20世纪80年代，"要光明找亚明"的广告词曾经风靡一时。亚明公司凭借自身的技术优势和综合实力，承担了北京奥运鸟巢中轴大道、天安门城楼、人民大会堂、上海展览中心、八达岭长城等重大照明工程业务，产品还销至全球40多个国家和地区。

进入新世纪之后，"亚明"大胆引入现代企业管理模式，集聚人才，扩大品牌效应，发展高端照明产品，引进先进技术，加快自主创新，隆重推出了高效节能的"1923"品牌HID光源系列产品，同时研发以节能、环保为主要特点的绿色照明，以满足国内外用户对优质照明产品的需求。"亚明"还为客户提供了迅速、便捷的售后服务，构建了全方位覆

图22 "亚浦耳"更新后的品牌标识

盖的营销网络，赢得各方的好评，在国内照明行业产生了重大影响。

"亚明"以"质量·诚信"为企业核心价值观，以企业资源管理和质量管理两大系统作支柱，以核心能力和管理文化为基石，团结全体员工共同奋斗，实现公司"倡导绿色照明，坚持技术领先，打造一流企业"的使命、意愿和战略，打造了光源、电器、灯具、零部件产品系列，覆盖工业照明、商业照明、民用照明等领域。

近几年，通过积极参与奥运会、亚运会和世博会的各个项目，"亚明"早已迈出稳健的复兴步伐。今天，亚明灯泡厂仍然是全国最大的光源生产基地。它是我国本土照明企业的开山鼻祖。在100年的发展历程中，"亚明"每一步都留下了引以为自豪的光辉足迹。第一只灯泡、第一支陶瓷金卤灯、中国照明领域第一家上市公司……中国照明产业的每一次升级，都能看到"亚明"的原动力。这家老牌企业从诞生之日起就带着做大、做强的雄心壮志，而今更是焕发着新的勃勃生机，它将用对照明事业持续了百年的热情，点亮中国照明产业未来的光明之路。

振兴民族品牌，尤其是"亚"字牌，是"亚明"人卧薪尝胆到合资企业学习、培训、实践、发奋图强的根本原因。"亚明"提出了"一个基础，三个突破口"和"四个统一"的营销策略，即借助上海亚明原有工业照明渠道优势的基础上，实行"亚明"品牌的统一、店面形象统一、销售渠道统一、营销组织统一，寻求与设计院的合作力度、"亚"字和"1923"两大品牌的宣传推广及工程加品牌连锁专卖店建立的突破。

在被上海飞乐股份有限公司收购以后，"亚明"借鉴国外先进经验，组织结构再升级，精简部门，裁减冗员，理顺职能部门关系，梳理工作流程，同时构建了产品设计、制造、销售、工程一体化的经营模式。

近年来，"亚明"结合传统的文化思想，在ISO9000和ISO14000体系的基础上，糅合并借鉴了欧洲质量奖（European Quality Award）、美国马尔科姆·波多里奇质量奖（Malcolm Baldrige National Quality Award）中先进的国际管理标准，按照《卓越绩效评价准则》国家标准要求，初步形成了具有自身特色的现代企业经营管理模式，从强调产品质量、服务质量出发，走上了追求经营质量卓越的道路。

从传统照明向固态照明发展，从产品到应用，从照明器件到解决方案，"亚明"根据这一发展趋势，调整市场方向，调整产品结构，调整生产方式，推进照明产品"一体化"和技术领先的发展战略，力争成为中国一流的照明企业，争当人类第三次照明革命的排头兵企业。

参考书目

[1] 贺贤稷主编.《上海轻工业志》.上海：上海社会科学院出版社，1996

[2] 《上海对外经济贸易志》编纂委员会.《上海对外经济贸易志》.上海：上海社会科学院出版社，2001

[3] 王太平、姚鹤徽.《商标法》.北京：中国人民大学出版社，2020

[4] 丁剑冰.《中国品牌史（近代卷）》.北京：中国文史出版社，2020

[5] 葛元煦.《沪游杂记》.北京：朝华出版社，2018

[6] 余秋雨主编.《中华老字号——杏花楼》.吉林：吉林摄影出版社，1997

[7] 由月东主编.《上海日用工业品商业志》.上海：上海社会学院出版社，1999

[8] 凯文·莱恩·凯勒.《战略品牌管理（第3版）》，卢泰宏、吴水龙译.北京：中国人民大学出版社，1999

[9] 艾·里斯、杰克·特劳特.《定位》，王恩冕、于少蔚译.北京：中国财政经济出版社，2002

[10] 邢建榕主编，上海市档案馆编.《上海档案史料研究（第十七辑）》.上海：上海三联书店，2014

[11] 贾彦主编.《上海老品牌》.上海：上海辞书出版社，2016

[12] 戴鞍钢.《中国近代经济地理·第二卷：江浙沪近代经济地理》.上海：华东师范大学出版社，2014

[13] 姜卫红.《迈向全球城市的密钥——上海品牌经济发展历史研究》.北京：商务印书馆，2022

[14] 姜卫红.《站在新的文明起点上——中国品牌经济体系、政策与价值取向》.北京：商务印书馆，2022

[15] 胡西园.《追忆商海往事前尘：中国电光源之父胡西园自述》.北京：中国文史出版社，2006

[16] 全国政协文史和学习委员会编.《追忆商海往事前尘：胡西园回忆录》.北京：中国文史出版社，2015

[17] 钱乃荣.《上海话大词典（第二版）》.上海：上海辞书出版社，2018

[18] 王莲峰.《商标法学（第三版）》.北京：北京大学出版社，2019

[19] 让·波德里亚.《消费社会》,刘成富、全志钢译.南京:南京大学出版社,2000
[20] 张奇明主编.《点石斋画报:大可堂版(第14册)》.上海:上海画报出版社,2001
[21] 左旭初.《中国商标史话》.天津:百花文艺出版社,2002
[22] 余明阳、杨芳平.《品牌学教程》.上海:复旦大学出版社,2009
[23] 当代中国丛书编辑部主编.《当代中国的轻工业(下)》.北京:中国社会科学出版社,1986
[24] 左旭初.《百年上海民族工业品牌》.上海:上海文化出版社,2013
[25] 左旭初.《民国化妆品包装艺术设计研究》.上海:立信会计出版社,2016
[26] 姜卫红、雷新军主编.《上海品牌发展报告·2012——品牌与创新》.上海:上海社会科学院出版社,2013
[27] 谢京辉主编、姜卫红、闫彦明副主编.《2016上海品牌发展报告:全球经济复苏下的品牌经济》.上海:上海社会科学院出版社,2016
[28] 熊月之主编.《上海通史第9卷(民国社会)》.上海:上海人民出版社,1999
[29] 宋钻友.《广东人在上海》.上海:上海人民出版社,2007
[30] 马咏蕾.《品味百年——沪上食品老字号商标设计》.上海:上海锦绣文章出版社,2013
[31] 毛溪、孙立.《品牌百年——沪上百年轻工老品牌》.上海:上海锦绣文章出版社,2014
[32] 沈榆.《中国工业设计之路(概论卷)》.大连:大连理工大学出版社,2017
[33] 许正林.《上海广告史》.上海:上海古籍出版社,2018
[34] 菲利普·科特勒、约翰·卡斯林.《混沌时代的管理和营销》,李健译.北京:华夏出版社,2009
[35] 黄志伟、黄莹.《为世纪代言——中国近代广告》.上海:学林出版社,2004
[36] 上海百货公司、上海社会科学院经济研究所、上海市工商行政管理局.《上海近代百货商业史》.上海:上海社会科学院出版社,1988
[37] 秦亢宗.《流金岁月:上海名商百年史话1843—1949》.上海:东华大学出版社,2014

[38] 陈树滋主编.《上海橡胶工业业》.上海：上海社会科学院出版社，2000

[39] 张馥玫.《世纪"广生行"——20 世纪中国产业环境下的设计体制研究》.南京：东南大学出版社，2020

[40] 吴友如.《申江胜景图（下册）》.南京：江苏古籍出版社，2003

[41] 《永久故事》编委会.《永久故事》.北京：中国轻工业出版社，2020

[42] 徐涛.《自行车与中国骑车人（1868—1949）》.载丁贤勇、江沛、杨玄博主编.《交通、区位与近代中国经贸发展：第二届中国近代交通社会史研讨会论文集》.北京：社会科学文献出版社，2022

[43] 中国食品工业协会.《中国食品工业五十年回顾（上）》，《中国食品工业》1999 年第 9 期

[44] 中国食品工业协会.《中国食品工业五十年回顾（下）》，《中国食品工业》1999 年第 10 期

[45] 张忠民.《1954 年上海私营工业企业的扩展"公私合营"》，《中国经济史研究》2014 年第 3 期

[46] 张毅.《糖纸包装设计的本土化实践流变——以国民品牌大白兔为阐释对象》，《装饰》2022 年第 5 期

[47] 李羚靓.《"国民奶糖"大白兔品牌跨界合作的可行性研究》，《中国艺术》2019 年第 5 期。

[48] 傅灵犀.《摩登想象与土洋之辨：民国时期汽水风俗考》，《青海民族大学学报（社会科学版）》2022 年第 1 期

[49] 熊月之.《张园晚清上海一个公共空间研究》，《档案与史学》1996 年第 6 期

[50] 左旭初.《百年饮料"正广和"》，《中华商标》2001 年第 3 期

[51] 熊月之.《略论上海人形成及其认同》，《学术月刊》1997 年第 10 期

[52] 陈艳、范凯熹.《民族的力量——1912 年—1949 年中国品牌发展》，《中国广告》2014 年第 1 期

[53] 樊卫国.《近代上海的市场竞争与工业企业的生存发展》，《档案与史学》1998 年第 3 期

[54] 左旭初.《"百雀羚"牌润肤膏，七十年不变的包装》，《上海包装》2013 年第 4 期

[55] 陈畅.《感知上海"回力"老品牌的历史文化内涵》，《上海地方志》2019 年第 4 期

[56] 吴印.《回力鞋业的定位、转型和创新》,《世界橡胶工业》2011 年第 3 期

[57] 赵佐良.《上海品牌设计的前潮与后浪》,《上海采风》2020 年第 5 期

[58] 左旭初.《"亚浦耳"抗"敌"记》,《中华商标》2009 年第 8 期

[59] 朱钟炎.《"永久"自行车标牌和产品设计的行进》,《中国自行车》2016 年第 11 期

[60] 王小茉.《由仿至造：国产自行车品牌与制造的发展历程》,《装饰》2015 年第 9 期

[61] 吕旭涛.《从文化好奇到文化自觉：近代中国自行车运动的传播轨迹——以＜申报＞为考察中心》,《沈阳体育学院学报》2019 年第 1 期

[62] 汪行福.《资本主义精神与批判的命运——解读博坦斯基、恰佩罗的〈新资本主义精神〉》,《哲学动态》2012 年第 10 期

[63] 郑成思.《我国商标制度的沿革——商标制度的起源及发展（二）》,《中华商标》1997 年第 6 期

[64] 祝丹凤、马树玲、陈家琳等.《杏花楼的变迁与海派文化——一个外来品牌在上海扎根的本土化过程）》,《中华商标》1997 年第 6 期

[65] 阿咪、何菲.《旧上海，名媛之城》,《上海风采》2006 年第 8 期

[66] 耿志、朱惠国.《社会转型与民国词的新变》,《词学》2018 年第 2 期

[67] 刘建明.《符号消费理论的认知边界与假命题》,《新闻爱好者》2019 年第 8 期

[68] 郎万瑞.《难忘开城——纪念抗美援朝胜利 50 周年》,《党史博采》2003 年第 7 期

[69] 上海市人民政府.《上海市国民经济和社会发展第十个五年计划纲要》,《政府公报》2001 年第 9 期

[70] 孔祥毅.《上海工商行政管理志》.上海：上海社会科学院出版社，1997

[71] 中国粮油食品进出口公司上海市食品分公司革命委员会.《关于爱民糖果厂大白兔奶糖对外供不应求事》.上海：上海市档案馆，档案号：B189-2-1308-20，1971

[72] 上海市橡胶工业公司革命委员会.《关于补发"回力"商标注册证》.上海：上海市档案馆，档案号：B182-3-183-29，1973

[73] 中国百货公司上海市公司.《中国百货公司上海市公司关于上海脚踏车商业概况》.上海：上海市档案馆，档案号：G95-1-2-29，1950

[74] 上海市工商行政管理局.《上海市工商局革委会关于飞马牌、回力牌等商标的证明材料、情况汇报等》.上海：上海市档案馆，档案号：B182-3-183，1973

图书在版编目（CIP）数据

上海出品：1848-2024上海品牌故事 / 李羚靓著. --
上海：上海人民美术出版社，2025.3
ISBN 978-7-5586-2983-9

Ⅰ. ①上... Ⅱ. ①李... Ⅲ. ①品牌－经济史－研究－
中国 Ⅳ. ①F279.23-092

中国国家版本馆CIP数据核字(2024)第111314号

上海出品：1848—2024上海品牌故事

著　　者：李羚靓
责任编辑：孙　青　张乃雍
排版制作：朱庆荧
技术编辑：齐秀宁
审　　校：马海燕
出版发行：上海人民美术出版社
地　　址：上海市闵行区号景路159弄A座7F　邮编：201101
印　　刷：上海印刷（集团）有限公司
开　　本：720×1000　1/16　15印张
版　　次：2025年3月第1版
印　　次：2025年3月第1次
书　　号：ISBN 978-7-5586-2983-9
定　　价：128.00元